档案里的南大记忆丛书　　丛书主编　吴　玫

抗戰中的南大記憶

主编　吴　玫
副主编　王　雷　姜树珊
参编　杨小艳　杨友妹　郁善青

南京大学出版社

图书在版编目(CIP)数据

抗战中的南大记忆 / 吴玫主编. —南京：南京大学出版社，2022.3
(档案里的南大记忆丛书 / 吴玫主编)
ISBN 978-7-305-25035-4

Ⅰ.①抗… Ⅱ.①吴… Ⅲ.①南京大学－校史－史料－1937－1945 Ⅳ.①G649.285.31

中国版本图书馆 CIP 数据核字(2021)第 222825 号

出版发行	南京大学出版社
社　　址	南京市汉口路 22 号　　邮　编　210093
出 版 人	金鑫荣
丛 书 名	档案里的南大记忆丛书
丛书主编	吴　玫
书　　名	**抗战中的南大记忆**
主　　编	吴　玫
责任编辑	黄　睿
照　　排	南京南琳图文制作有限公司
印　　刷	徐州绪权印刷有限公司
开　　本	718×1000　1/16　印张 23　字数 360 千
版　　次	2022 年 3 月第 1 版　2022 年 3 月第 1 次印刷
ISBN	978-7-305-25035-4
定　　价	120.00 元

网　址：http://www.njupco.com
官方微博：http://weibo.com/njupco
官方微信号：njupress
销售咨询热线：(025) 83594756

* 版权所有，侵权必究
* 凡购买南大版图书，如有印装质量问题，请与所购
　图书销售部门联系调换

抗战前后的南京大学校史沿革图

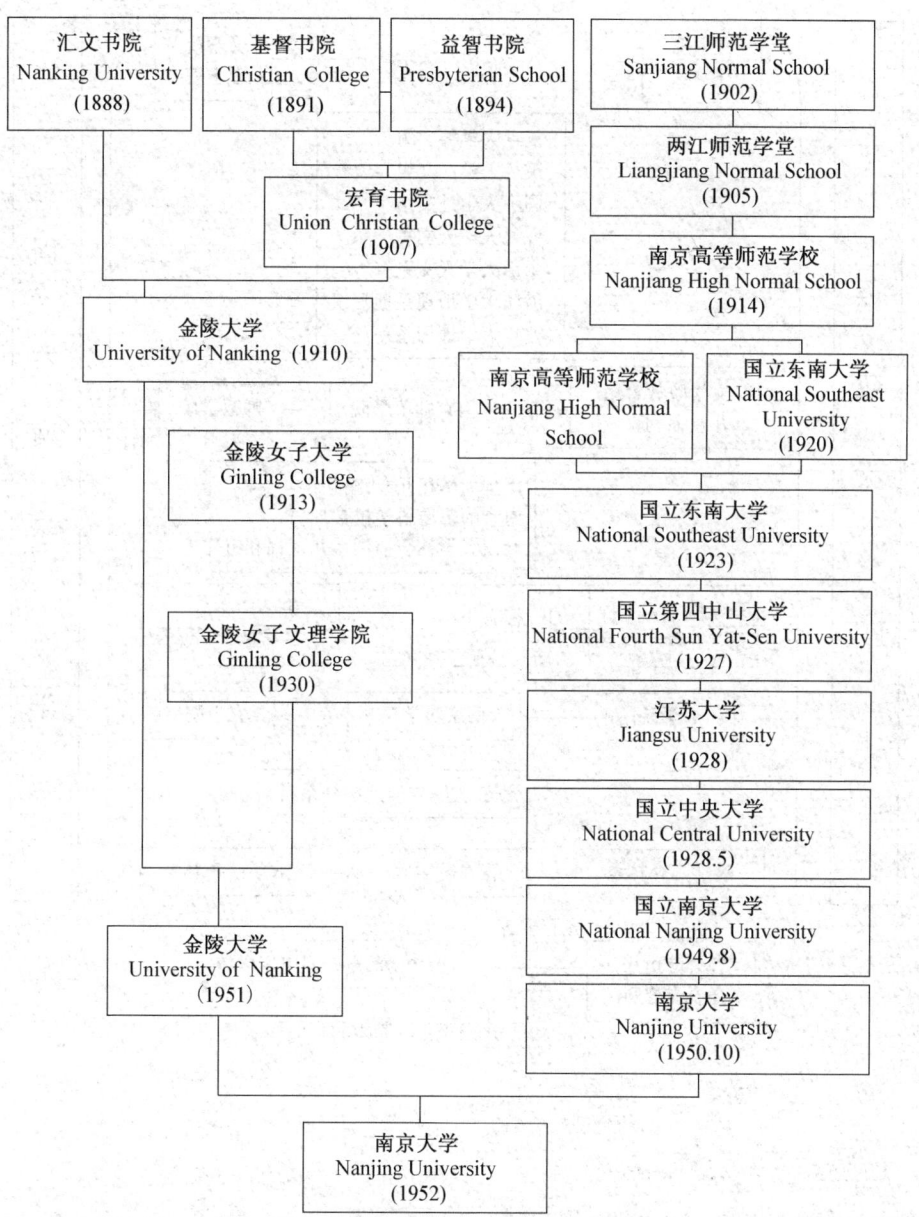

1952年院系调整示意图

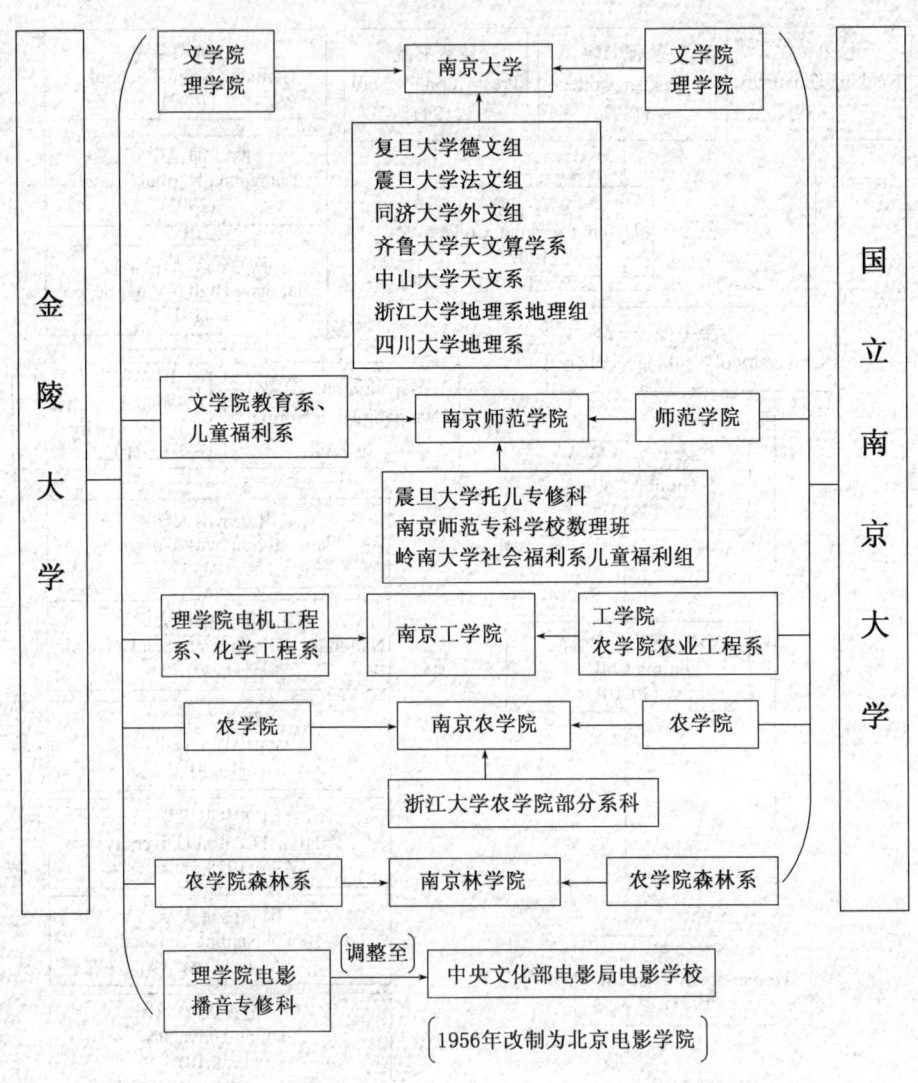

序

南京大学档案馆吴玫馆长嘱我为该馆同仁编著的《抗战中的南大记忆》作序。我无由推托;看完书后,我更乐为之序。

为何呢?

第一,因我忝为南大人。我 1978 年 2 月底进入南京大学学习,1982 年 1 月从南大毕业,在南大学习、生活了 4 年,其间户口就落在南大,扎扎实实当了 4 年"南大人"。南大成为我生命中生活时间第三长的地方。第一长的,是我从南大走出去的地方——现居地北京,第二长的,是我向南大走过来的地方——故乡淮安。南大是我生命中的重要驿站;南大 4 年是我一生的重要过渡期;在南大的收获,为我一生赋能、让我终身受用。我在这里学习、成长,我在这里充电、蓄能,我在这里蜕变、转化。

不过,在校期间,因发愿要写一部中国古代经济史而致全力于经济史料的收集,对南大校史素无研究,因而知之甚少。这次为了写序,我"被迫"阅读了全书,知道了中国抗战 14 年中南大前身的诸多亮点和南大先贤的许多壮举。他们真的让我有"眼前一亮"或"心头一震"的感觉。看完全书,我所留下的"抗战中的南大记忆",就浓缩成了两个字:爱国。从书中我看到:抗战期间,今日南大的前身国立中央大学、金陵大学、金陵女子文理学院等校师生,在局部抗战 6 年中,开展过反日救国、抗日救亡、抵制日货等斗争,对东北、长城、淞沪、绥远等地的抗日将士,给予过慷慨支援;他们曾经在校园内为压过敌焰而捐资树立大旗杆,也曾在校园外为抗日请愿流热血。在全面抗战 8 年中,他们曾从江之尾逆流而上到江之头,实行前所未有的千里大迁校;也曾在川中顶着敌机炸弹坚持上课,以知识报国。他们中,有的参军上前线,直接杀敌立功劳;有的到后方,鼓动民众抗日,或促进民众改良生产,为抗日增国力;有的到缅甸、印度去远征;有的到敌后支援根据地军民的抗日。他们都"读书不忘救国,救国不忘读书";一边读书,一边救国;身在读书,志在救国。他们体内流的,都是爱国的热血;他们身上体现的,都是爱国的精神;他们留给后世的,都是爱国的故事。可以说,这本书,是一部南大的爱国史,是一部南大师生的救国史、报国史。这让我改变了过去对南大历史和南大历史地位的认识:原来南大也有过轰轰烈烈的爱国历史!原来南大师生也有过惊天动地的爱国壮举!原来南大也有着如此丰富的用于进行爱国主义教育的红色资源!这本书让我、肯定也会让其他人,对南大刮目相看、更加引以为荣;这本书让我、肯定也会让其他人,增长好多新的知识、产生好多新的认知;这本书是对南大、对我引为骄傲的母校的一个新包装、新宣传,它给予南大以新的品质,把南大提升上了新的高度。这就体现出了这本书的意义和价值。它所揭示出来的爱国精神,将是南大永远的教育资源,是南大不竭的发展动力,是南大人代代传承的精神遗产。

既然这是一部南大的爱国史,那我这个南大人,序南大的爱国史,当然该!

第二,因我又是档案人。我走出南大后到的第一个单位,是国家档案局;从事的第一份工作,是档案工作,这是我终身从事的第一职业和唯一职业。我是有着30多年"档龄"的档案人。对南大档案,我有着亲切的感情。我刚参加工作的第一项工作任务,是对中国第二历史档案馆要销毁一批历史档案而提意见,因我见目录中有关于南大前身的档案,就建议不要销毁;在得知他们还是要销毁后,又专门写信给我的系主任茅家琦老师,让他派人去挑了一些档案回来;之后,又曾陆续地为南大复制中国第二历史档案馆馆藏中大、金大档案而做过一些力所能及的事。因此我对南大的档案和档案人,都格外亲切;我对南大档案人用南大档案所撰写的母校史,当然分外珍视。尤其是我看到,这本书把散见于各处的档案,用"南大抗日"这一主题给聚集了起来、串联了起来,把散落在数千卷几十万页档案中的一个个亮点,给挑了出来,拼接到一起,就像把一块块碎布拼接成了华服,把一根根兽毛集合成了裘衣。它体现的,是南大档案人对南大档案的深加工、再锻造,从而赋予了南大档案以新的价值,使南大档案散发出夺目的光彩。这种对档案的挖掘、加工,让我这个档案人,不禁为他们骄傲自豪,为他们击节叫好!因为他们不但有档案人的素质,而且有史学家的素养;不但为我们档案人争光,而且为我的母校添彩;不但为南大抗战史留下丰富的记忆,而且为中国抗战史添加新的一页。

既然这是一本南大档案人用档案写就的南大史,那我这个出自南大的档案人,序南大档案人用档案写的南大史,当然该!

　　第三,因我曾把本书中多次说到的拉贝日记等申报为"世界记忆"。我注意到:本书一共十章,但有三章都讲的是拉贝——当年在南京建立国际安全区、庇护了20多万难民免遭日军屠杀的国际和平人士。其中第四章讲的是拉贝日记,第九章和第十章讲的是拉贝日记的诞生地——拉贝故居及今天的拉贝纪念馆。此外也讲到了在安全区工作的马吉的纪录影片和程瑞芳的日记。拉贝日记、马吉纪录影片和程瑞芳日记,都是当时记载日军南京大屠杀暴行的有力铁证。特别是拉贝,就生活在今南大鼓楼校区,我在校时出入了四年的西南楼,离拉贝日记的诞生地很近。2014年,我曾主持把拉贝日记、马吉纪录影片和程瑞芳日记及其他南京大屠杀档案,向联合国教科文组织申报"世界记忆",并把程瑞芳日记比喻为"中国的《安妮日记》"。经过一年多同日本政府和民间右翼势力的反复斗争,终于在2015年得到批准,记录日军南京大屠杀罪行的拉贝日记等,正式成为权威国际组织"官宣"的"世界记忆"。自此,日军南京大屠杀成了日本在世界上永远抵赖不掉的战争罪行,日本也被永远钉在了历史的耻辱柱上。看到本书的这些章节,我更觉得我同本书有缘。

　　一个把拉贝日记送入"世界记忆"的人,一个在拉贝日记诞生地边上读了四年书的人,序一本浓墨重彩写拉贝的书,当然该!

　　谨用以上数语,序此三因、三缘,并为本书、也为读者添些花絮、增些谈资。

杨冬权

2020年12月18日

于京华典兰台书房

目 录

第一章 抗日救亡运动 ... 1

第一节 九一八事变后开展的斗争 ... 2
第二节 支援英勇的抗日队伍 ... 9
第三节 "珍珠桥惨案"爆发 ... 26
第四节 金大校园的"旗杆事件" ... 31
第五节 反对伪政权建立"冀东防共自治委员会" ... 34
第六节 支援一二·九运动 ... 35

第二章 中央大学西迁与办学 ... 40

第一节 西迁过程 ... 40
第二节 西迁运输 ... 45
第三节 校址校舍 ... 55
第四节 炸弹下的中央大学 ... 66
第五节 赴缅甸腊戍抢运实验仪器及教学用品 ... 72
第六节 战时校园文化生活 ... 77
第七节 教学与科研成果 ... 83
第八节 共产党组织的发展与新青社 ... 100

第三章 金陵大学西迁与办学 ... 113

第一节 西迁路线 ... 113
第二节 校址校舍 ... 116
第三节 金陵大学在成都华西坝 ... 120

第四节　炸弹下的金陵大学……………………………………… 123

　　第五节　战时校园文化生活……………………………………… 127

　　第六节　教学与科研成果………………………………………… 132

第四章　蒙难与抗争…………………………………………………… 155

　　第一节　南京沦陷和惨绝人寰的大屠杀………………………… 155

　　第二节　拉贝笔下的中国军民抗争……………………………… 161

　　第三节　金陵大学发起建立"南京国际安全区"………………… 166

　　第四节　金陵大学医院的医疗救助……………………………… 195

　　第五节　中央大学师生为南京难民捐款………………………… 196

　　第六节　清毒运动………………………………………………… 198

第五章　众志成城……………………………………………………… 208

　　第一节　投笔从戎　奔赴疆场…………………………………… 208

　　第二节　捐款捐物　支援抗战…………………………………… 233

　　第三节　科教救国之"九三学社"………………………………… 238

　　第四节　欢庆抗战胜利…………………………………………… 243

第六章　中央大学的东还复校………………………………………… 246

　　第一节　东还准备………………………………………………… 247

　　第二节　师生分八批东还南京…………………………………… 251

　　第三节　南京方面的复校工作…………………………………… 254

　　第四节　重庆校产的处理………………………………………… 256

　　第五节　复校初期的发展………………………………………… 258

第七章　金陵大学的东还复校………………………………………… 281

　　第一节　东还准备………………………………………………… 281

　　第二节　图书仪器的运输………………………………………… 285

　　第三节　师生漫漫归乡路………………………………………… 286

第四节　南京做好复校准备……287
　　第五节　复校初期的发展……288

第八章　参与战后国际审判……296
　　第一节　东京审判……296
　　第二节　南京审判……306

第九章　重建历史记忆……311
　　第一节　发现《拉贝日记》……311
　　第二节　寻找《拉贝日记》的诞生地——拉贝故居……315
　　第三节　拉贝故居的前世今生……316
　　第四节　平仓巷3号的历史变迁……322
　　第五节　校园里的遇难同胞丛葬地……330
　　第六节　南京大学对南京大屠杀史的研究……332

第十章　保护利用记忆遗产……335
　　第一节　"拉贝纪念馆"发展历程……335
　　第二节　拉贝纪念馆志愿者服务与和平教育……338
　　第三节　拉贝纪念馆在国内外的影响……345

参考文献……352

后记……355

第一章　抗日救亡运动

中国抗日战争,是中国人民反抗日本帝国主义侵略的正义战争,是世界反法西斯战争的重要组成部分,也是一场促进民族觉醒和民族团结的战争。在这场战争中,经过漫长而曲折的斗争,中华民族同仇敌忾、浴血奋战,在东方战场取得世界反法西斯战争的胜利。

这场战争的爆发不是偶然的,是近代日本长期推行对外侵略扩张的"大陆政策"的必然结果。1868年,明治维新后,具有深厚军事封建传统的日本,效法西方,"脱亚入欧",实行资本主义改革,迅速走上对外侵略扩张的军国主义道路。1874年,侵犯中国领土台湾,随后又强行将中国的藩属国琉球并入日本版图。1894年,日本借口朝鲜事端,发动了中日甲午战争,次年,迫使战败的清政府签订了不平等的《马关条约》,强占了台湾全岛及所有附属岛屿和澎湖列岛等中国领土,攫取了巨额战争赔款和一系列在华特权,国力得到极大的扩充,其对外扩张的野心急剧膨胀。1900年,日本通过《辛丑条约》获得在中国京、津等地的驻兵权。1905年,日本在日俄战争中获胜,从俄国手中夺取了在中国东北南部的权益。1914年,第一次世界大战爆发后,日本借口对德国宣战,强夺胶济全线,攻占青岛,夺取了德国在山东的特权。1915年,公然向袁世凯政府提出独霸中国的"二十一条"。1927年,日本内阁召开东方会议,炮制"田中奏折",制定了独占中国、称霸世界的战略构想。

为加快实现大陆政策的既定目标,日本帝国主义趁世界发生经济危机和中国国民政府忙于"剿共"内战之机,经过周密策划和精心准备,于1931年制造了震惊中外的九一八事变,发动了长达十四年之久的侵华战争。

第一节　九一八事变后开展的斗争

1931年九一八事变的消息传到南京后,人们非常震惊,广大民众空前的抗议浪潮随之而起。师生们当时的想法是请国民政府立即出兵东北,收复失地,罢免不抵抗将官的职务。

中央大学(简称中大)学生反应最快,率先开始罢课,宣传抗日。蒋介石为控制局势,连忙在9月23日上午借中央大学礼堂,召开南京市国民党党员紧急大会。会上蒋声称:"此刻必须上下一致,先以公理对强权,以和平对野蛮,忍辱含愤,暂取逆来顺受态度,以待国际公理之判决。"[①]会议要求,一切必须服从中央,任何人不得自由行动。但这番言论并未能平息要求出兵抗日的浪潮。

当日,南京各社会团体及市民20多万人,在公园路公共体育场举行各界反日救国大会,其中金陵大学(简称金大)教职员和学生全体集队前往,队伍整齐,感情热烈,很为各界所关注。为表示誓死抗日的决心,南京各界纷纷成立抗日救国团体。9月24日,南京成立了"首都各界抗日救国会",中大经济系教授叶元龙[②]担任主席,该会坚决要求政府下令出兵抗日。26日,中大成立了"教职员抗日救国会",对日本侵略我东北领土、大肆屠杀平民、藐视公理、国民政府无积极表示、外交软弱无能,表示异常愤慨。当天救国会在中大南高院召开了教职员和学生的联席会议,决定次日上午举行示威游行,到中央党部、国民政府请愿,请愿内容八条:"1. 即刻促成和平统一;2. 对日下最后通牒,积极备战;3. 撤换王正廷;4. 明令恢复民众运动;5. 切实实行军事训练;6. 从速选人胜任外官,充各国缺额公使,以利外交;7. 责成边疆长官切实负

---

① 王德滋主编:《南京大学百年史》,南京大学出版社,2002年,第186页。
② 叶元龙(1897—1967):安徽歙县人。1915年考取上海大同大学,后到国外留学,获美国威斯康星大学经济学硕士学位;回国后历任金陵大学、大同大学、暨南大学、中央大学教授,1938年任重庆大学校长;新中国成立后,任上海财经学院教授、上海社科院历史研究所研究员。

守土之责;8. 请政府厉行国民外交。"①同时致电在北平手握重兵的陆海空副总司令张学良,请其"统率三军,戮彼倭寇",坚决打击日军,收复沦陷的国土。

金大的反日救国工作也迅速开展起来。9月24日,金大师生即在校内分别组织了"教职员反日救国会"和"学生反日救国会"。25日发行的《金陵大学校刊》"反日专号"上,刊登了以全体教职员名义向世界各学术团体发出的《金大教职员为日本出兵占领满洲向世界各学术团体宣言》和金大学生自治会发出的《为日本出兵侵占东三省致全国各报馆电》,宣言文曰:"日本处心积虑谋吞满蒙垂三十年,近年以还,遇事寻衅,无端逞凶,五三济南之惨案初已,万宝山之屠杀又生,其侵掠阴谋益为显著。本月十八日夜,竟藉口中村事件,唆使其浪人突然炸毁南满铁道,复伪称我方所为,乘机出兵袭击我守军,占领沈阳、青岛,摧残文化机关,击毙无辜人民,尤复虚构事实,大肆宣传,其蓄意破坏东亚和平之阴谋,于斯可见。夫两国不幸而至以兵戎相见,亦须采取正当之步骤。今日本一方令其公使宣言,采用外交方法解决悬案,一方阴遣军队袭击无防御无抵抗之守军并拘捕军事长官,擅委地方官吏,其蔑视我国主权,弁髦国际公法,至此已极。况我国正值天灾流行,灾民遍地,救死不遑,乃日人竟豺狼成性,乘人之危,攻我无备,更属罔顾人道,泯没天良。同人为维护世界和平计,特此郑重宣言,俾我友邦人士咸知日本此次暴行,甘为全世界之公敌,若不予惩戒,促其觉悟,将使凶焰益张,公理灭绝,而使人类复返于任性争夺之境界,此不能不望我全世界拥护和平、表彰公理、主持正义之学术团体督促各国政府严厉制裁日本此项非法暴行,并望我友邦人士均能研究事变真相,毋为日本诡诈卑污之饰词、虚构妄揑之事实所蒙蔽。是为至幸。金陵大学全体教职员叩。"②

金大学生自治会电曰:"各报馆转全国同胞共鉴:日本帝国主义蓄心谋我久矣,五·九、五·三诸役,早置国际正义公法为度外,不复视我为独立之邦。近年以还,鉴于国民政府之革命外交,每惴惴自恐,睹我国内战之频仍,则又沾沾自喜。本岁空前水灾,日帝国主义所认为千载一时之良机也,以故万宝山

---

① 南京大学校庆办公室校史资料编辑组、学报编辑部编辑:《南京大学校史资料选辑》,南京大学出版社,1982年,第325页。
② 《金陵大学校刊》,第33号,1931年9月25日。

案、朝鲜屠杀华侨案,设法挑衅,无所不用之极,近更架造证件,藉口中村事件,于九月十九日占我沈阳,并及长春、安东、营口各地,希完成其并吞满蒙之好梦。消息传来,令人发指。九月十七日,重光公使所发中日问题说明书,所谓日政府对中村事件之实际手段,所谓正谋友谊之解决者,今乃暴露于我国民之前矣。阴贼险狼(应为险狠——引者注),一至于此,是而可忍,国无亡日,自救之道,惟有:(一)请政府电粤立时息争,以革命手段一致对外;(二)全国同胞本敌忾同仇之精神,在政府指挥下,奋发图存;(三)全国同胞,今后应啮臂铭心,卧薪尝胆,倭寇不去,誓同俱亡。民族存亡,国家安危,在此一举,电布腹心,愿同勷力。南京金陵大学学生自治会。"①

　　宣言和通电发出后,外语教师将宣言、通电翻译成外文,及时通知外国媒体,呼吁国际社会制裁日本。为表示对同学抗日救亡运动的支持,金大破例停课3天,让同学上街宣传抗日。学校当局利用校刊开辟了《反日专号》(后改为《国难特刊》),专门用来发表师生的抗日文章。《国难》卷首语,悲愤激昂,表达了同学们要求团结御侮,共赴国难,收复失地的强烈愿望:"东省沦陷,朝野愤懑,掷笔从戎,健儿危涕;辍文报国,志士坠心,其成效纵难睹,其意气固甚壮也。迩者东北烟尘,氛迷四海,国联集议,盟威仍不逾坫;委团复命,日阁已承认伪国。返观吾华,向之群力赴国难者,今乃濒于崩析;向之断车哭都门者,今则趋于寂静;清夜追思,怆恨曷胜。幸我师友研磨,历久愈进,上及军事财政外交之革新,下讫个人思想行为之改造,著为文章,积成卷轴,编辑既竟,感喟涕零,名以《国难》,盖未识似此经国大业,能与我祖宗艰辛缔造之河山,同垂不朽也。"②

　　金大校园里竖起了壁报栏,"每日悬于校园入口处,用五彩颜色,将中日问题研究所得,用图画及文字表出,使之读之,惊心动魄,使倭寇万恶,深入脑海"③。学校每晚都请著名学者演讲中日问题,如9月24日晚,南京中央政治学校教授萨孟武讲"日本之大陆政策",25日晚,曾留学日本的王古鲁教授主讲"日本文化侵略之机关",26日,在中央大学任教的地理学家张其昀到校演

---

① 《金陵大学校刊》,第33号,1931年9月25日。
② 南京大学高教研究所校史编写组编:《金陵大学史料集》,南京大学出版社,1989年,第314页。
③ 张宪文主编:《金陵大学史》,南京大学出版社,2002年,第468页。

讲"正大光明之国际关系"等。学生会则在同学中举办"抗日救国演讲竞赛",优胜者由陈裕光①校长亲自颁奖。校方组织全体学生进行军事训练,男同学以"义勇救国军"名字命名,编为一个营,每晨7点到8点开始集体操练,练习野战。女同学也组织起来,学习救护知识,进行柔软体操训练,中午听军事学术演讲,下午全体同学上街宣传及检查日货。在九一八事变后的那些天里,金大校园沉浸在悲愤而高涨的反日气氛中,校园里停止一切娱乐,一片严肃愤慨的景象。

九一八事变后,国际联盟出面调解,提出了解决方案,即中日两国都撤兵,使两国人民的生命财产不受损害。外交部部长王正廷公开表态,对国联的答复表示满意。9月26日,金大教职员抗日救国会致函王正廷,不同意国联的解决方案,对他的表态"大惑不解""不胜悚异",要求王继续和国联交涉,严令日军撤到原防区,并对我国人民财产的损失予以赔偿。学生也在金大校刊上发表文章,批评国联遇到弱小国家之间相互争执还能调解一下,但遇到强国欺凌弱国,常常敷衍了事,少有成效,是帝国主义国家行霸的工具。

为反对国民政府对日妥协,要求停止内战,一致抗日。9月28日上午9点,中大学生一千余人,冒着大雨整队赴中央党部请愿,沿途高呼抗日救国的口号,受到市民的鼓掌支持。到党部门口后,中央党部秘书长丁惟汾出面接见。面对学生的请求,他表示政府正在研究出兵抗日,大家要相信政府、上下要团结一致等等,历时半个多小时。学生得知中大校长朱家骅②正在中央党部出席纪念周,就要求他带领大家到外交部请愿,朱家骅在学生的强烈要求下,勉强与学生同赴外交部。到外交部后,学生们质问王正廷,言语间发生了冲突。

中大学生离开外交部后,又前往国民政府(今总统府),去国民政府的还有

---

① 陈裕光(1893—1989):字景唐,浙江宁波人。1915年毕业于金陵大学,1917—1922年在美国哥伦比亚大学深造,攻读化学,获有机化学博士学位。1922—1925年任北京师范大学教授、代理校长。1925年任金大教授,1927年任金陵大学校长,直至1951年卸任。是金大第一位华人校长,也是第一位被国民政府承认的中国教会大学华人校长。1987—1989年任南京大学校务委员会顾问,1989年病逝于南京。

② 朱家骅(1893—1963):字骝先,浙江湖州人。中国近代教育家、科学家、政治家,中国近代地质学的奠基人。1930年12月—1932年1月任中央大学校长。

金大学生、复旦大学学生及上海各大学请愿代表,共五千余人。上午十点多,大家冒雨鹄立在国府二门前,虽然衣服尽湿,但是秩序井然,大家的表情都非常严肃、悲愤。首先国民政府监察院院长于右任出现,他请各大学代表分别陈述请愿要点。复旦、金大、中大等学校的学生代表分别谈了各自请愿的要点。于右任在大雨淋漓之际,登台向学生表示,大家冒雨来请愿,如此热情令他深受感动,并逐项答复了学生提出的要求。随后中大代表递上了质问外交部部长的信函,于接收信函后,带领大家喊"打倒日本帝国主义"等口号。

学生继续要求见蒋介石,蒋初拟请各校推派的代表进见,各校推代表三人进入国民政府后,仍坚持请蒋出来训话,蒋只能答应,即偕学生代表及于右任、邵力子、叶楚伧、陈布雷等,出至二门前,登台讲话:"今天上海及南京各大学学生来府请愿,在此国难当头之际,有此热烈之表现,国府同人决不辜负青年同胞之意思。青年为国家之命脉,青年之行动言论态度,关于国家之存亡者极大,政府同人很乐意见到有秩序有条理之请愿,政府亦一定接收诸位之请愿,不至辜负诸位……日本之横暴,凡是中国人,一定存心复仇。青年尤应用冷静的头脑、热烈的血,以应国难……"①同时要求"上海的同学速即回沪,在京的亦赶速回校"。蒋讲完话后,各校学生呼口号,整队回校,复旦学生整队回中大暂住。《金陵大学校刊》记载:

> 昨日报载,日本侵略益形严重,又接上海复旦大学学生七百余人来京请愿之讯,今晨六时,军事训练委员会派武装整齐救国军两班,赴下关欢迎复旦大学同学。校中七时廿分至八时廿分,因天雨,全体学生集合体育馆,站立听军事演讲,旋回礼堂,开全体大会,议决全体赴国民政府请愿,推代表议决请愿案件原则:1. 请求政府驱逐日兵出境;2. 饬令东北长官,死守未失土地;3. 此次日本出兵东三省不得认为地方问题,应归中央办理;4. 要求政府无论形势如何严重,不得缔结辱国条约;5. 严惩外交不力专员。
>
> 八点三刻,全体男女同学冒雨整队向目的地国民政府出发……

---

① 《申报》,1931 年 9 月 29 日。

同时请愿者,有中央大学、复旦大学,所拟请愿条件,与本校大同小异……首由于右任院长接见,各代表陈述意见后,于院长表示完全接受。末后由于院长领导,高喊"打倒日本帝国主义"口号,三校同学又坚请蒋主席表示意见,候约二十分钟,蒋主席即出立高台接见,表示接受请愿意见,并有慷慨激昂之演讲,随后本校同学即整队返校。自始至终以本校学生纪律为最佳,秩序为最好。①

金大教职员、学生、工友共同成立的反日救国会,下设宣传委员会、军事训练委员会、检查日货委员会等,积极宣传抗日。经济系学生向映富②对反日救国会的工作进行了概述:"本校全体教职员学生,于月之廿三日参加首都反日救国市民大会,队伍整齐,感情热烈,颇为各界所注意。旋以暴日进逼不已,本校为本市大学中开学最早者,反日救国应为本市学界之领导。乃于廿四日起请求学校停课三日,校本部、农专科、蚕桑院、教职员学生工友共同组织本校反日救国会。全体大会为最高机关,次为连席(应为联席——引者注)会议,由教职员代表三人、校本部学生代表三人、农专代表一人、蚕桑院代表一人、工友代表一人,各特种委员会每会代表一人组成之。次则有常务委员会总理一切,其下设宣传委员会、军事训练委员会、日本研究会、日货检查委员会、毒瓦斯及交通电讯研究会。教职员方面,注重国际宣传,并发表特刊。学生方面,自早至晚工作紧张,纪律严明,全校停止娱乐,一片严肃愤慨之象到处可见。又会中推出代表,联络各学校组织、南京全市学界反日救国会。本校已被推为常务委员,星期日全校工作进行,仍照常加紧,师生间以救国不忘读书,读书不忘救国,故已定于(星期一廿八日)恢复上课。然反日救国工作、仍不稍懈……"③

然而,面对师生的满腔救亡热情和拳拳爱国之心,国民政府不仅报以冷漠,敷衍了事,还三令五申加以压制。在痛心疾首之下,10月初,陈裕光暨全

---

① 《金陵大学校刊》,第35号,1931年10月2日。
② 向映富(1908—1962):四川宣汉人,章太炎、黄侃弟子。1928级金大经济系学生,后就读金大国学研究班。1943年当选金大理事,抗战中积极为金大募款,1946年陈裕光致四川省主席张群信函中,称其"品学俱优,人极干练"。
③ 《金陵大学校刊》,第35号,1931年10月2日。

体教职员致电国民政府主席蒋介石:"呈请国府,速息内争,移师抗日。本教职员为日军进逼日急,国民奔走呼号已声嘶力竭,而政府迄未有具体表示,颇滋疑惑,特由陈校长领衔呈请国府速息内争,移师抗日。兹录其原呈于次……比年以来,党内之争,无时或已,同志之仇,深于敌国,中枢之力量日孤,人民之失望益大。往事已矣,不忍重提,际此国家存亡,间不容发之时,急宜憬阋墙之戒,息其豆之煎,举国上下,抱最后之决心,实现和平统一。苟利国家,遑顾其他。与其屈于强寇,何如屈服于同志;与其同室而操戈,曷若移兵以御侮……"此电文大义凛然,字字严正,对蒋介石政府"勇于对内,怯于对外"是一毫不留情的揭露和严厉谴责,要求对内实现和平统一,对外调整外交政策,充实全国军备。后国民政府复函:"所呈颇有见地,候选送中央特别外交委员会,分别采择施行。"①

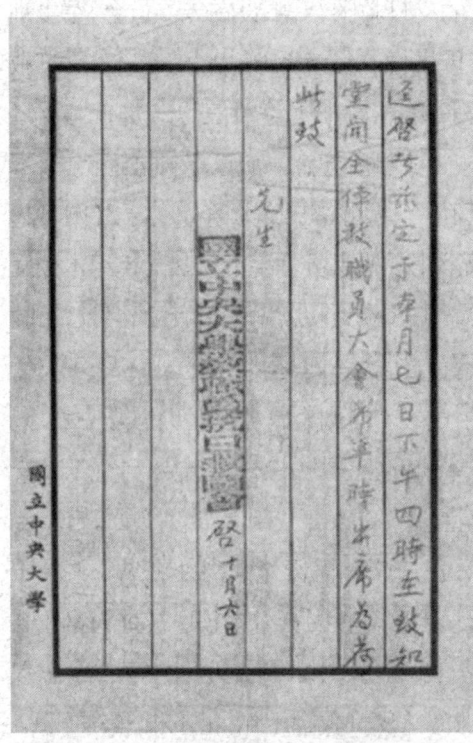

图1-1 中大教职员抗日救国会召开会议的通知(1931年10月6日)

10月7日下午,中大学生再次去国府请愿,要求政府宣布对日的新政策;请政府发给中大步枪两千支;对日政府向我国要求于48小时内答复长江流域停止一切反日运动的外交函电,政府应有强硬态度;希望公务员不要随意离开南京等。蒋介石先派了中央军校的李书华出面接见学生,学生坚持要蒋亲见答复,傍晚蒋介石在中央军校接见了中大的学生,说了一通肯定会抗日的话,到晚上9点学生才散队返校。8日上午,金陵大学、金陵中学等学校的义勇军代表到中央

---

① 《金陵大学校刊》,第36号,1931年10月9日。

党部请愿,要求政府给各义勇军发枪支,尽快抗日,组织部副部长张道藩出面接见,答复此事已请训练总监部办理、大家不要着急等等。

中大为了研究日本侵略满洲的政策,在法学院图书室内设了一个抗日文库,搜集了大量相关的书籍放在文库里,并进行了分类编目,让有兴趣研究此问题的学生前去阅读,希望学生写读后感,写研究论文。

12日,陈裕光校长在全体师生大会上发表了慷慨激昂的演讲,谴责日本的侵略给中华民族带来深重灾难,给人类文明造成了严重破坏,逆世界潮流而动,要求金大师生用国货,不用日货,并带领全体师生宣读永不使用日货誓词:"我校师生以覆我之青天为誓,以照我之白日为誓,以祖国山河为誓,以祖宗丘坟为誓,誓以热血,誓以至诚,终我一生,永不使用日货。如有悔心,或生二志,人天共戮。此誓。"

于是一场轰轰烈烈的"抵货"运动开展起来了。金大师生积极投入,学校校服、笔墨、纸张等教育用品材料全部采办国货,拒用日货。学校还邀请了日本问题专家高宗武等来校进行抗日形势、日军在韩国屠杀华侨情况等演讲,激发学生的爱国热情。教职员编印了抗日宣传册,向农村宣传,内容包括日本侵略我国的简讯、抗战歌、口号、插图、提倡国货等,文字通俗易懂,并附有日历,便于保存。

第二节　支援英勇的抗日队伍

一、支援东北抗日义勇军

东北抗日义勇军是九一八事变以后东北各族各阶层人民、部分爱国官兵和绿林武装等自发组织起来的各种抗日武装的统称。义勇军的成分比较复杂,其中农村各阶层群众占50%以上,原东北军官兵及公安警察约占25%,绿林武装约占20%,知识分子和工人、商人、地主、士绅等约占5%。①

九一八事变后第二天,东北地区就有义勇军的活动。1931年11月以后,

---

① 《中国抗日战争史》编写组编:《中国抗日战争史》,人民出版社,2011年,第59页。

在中国共产党的引领、支持和全国抗日救亡运动的推动下,义勇军更加蓬勃地发展起来。义勇军分布极广,在东北三省154个县中,有义勇军活动的达到93个,占60.4%。他们四处出击,袭击日、伪据点,破坏铁路、桥梁,伏击出扰之敌。他们在武器装备、军事训练各方面处于劣势的情势之下,为了挽救民族危亡揭竿而起,以血肉之躯和敌人以死相拼,这种民族气概、爱国精神得到了全国人民的声援。

金大学生自治会将"推进抗日工作,募款接济东北义勇军"作为自治会一项重要的日常工作。1931年年底,金大女生自治会为捐助义勇军,40多个女同学,放弃休息,通力合作,经过半个月的排练、准备,在寒假里开了一场募捐文艺演出,有抗战话剧《九一八》《南归》和英文短剧以及凤阳花鼓戏等,金陵女子大学(下称金女大)、汇文女中及中华女中同学也参与了表演,整台节目精彩纷呈,获得了观众雷鸣般的掌声。演出共募得大洋500多元,全部捐给了在冰天雪地里英勇战斗,捍卫疆土的东北义勇军。

1932年9月26日,金大社团南社(两粤在校学生和教职员组织)聚会时,大家一致认为聚会娱乐时不应该忘记救国,"即席提意自由捐款救济"筹得大洋60元,遂汇往东北,支持义勇军。后他们又在校刊上发表文章《北风寒峭》①:"北风寒峭,义勇军孤战无援,挣扎死门,其犹不为残暴日寇消灭者,全恃民众不断之接济。该会以吾国学子,恒河沙数,倘尽能如南社诸公踊跃输将,必可集腋成裘,蔚为实力屏障。不知本校同学感想如何?"希望同学们不要忘记在东北孤军奋战的义勇军,像南社会员一样积极捐款。

10月,金大的同学会组织了两场为义勇军筹款的足球赛,邀集同学会中的足球名将多人组成劲旅,与中大学生混合队作两日角逐,所得票资,悉数捐助东北义勇军。一些校友专门放弃休息,自费从外地赶来参加比赛,"同学会足球名将,虽散居各地……昨日同来十二人"②,由于校友中足球名将较多,因此比赛激烈而精彩,吸引了南京众多大中学生前来观看,所得门票收入都捐给了义勇军。

---

① 《金陵大学校刊》,第70号,1932年10月31日。
② 《金陵大学校刊》,第68号,1932年10月17日。

12月19日,在金大校务会议上,经陈裕光校长的提议,参会者第二次讨论了教职员捐助义勇军事宜,决定从自由捐助入手,为顾及有些教职员的经济状况,制定了分期缴付办法,陈裕光分别致函各教职员说明此事,大家纷纷响应,几天之内,认捐数额就达到大洋830元。

1933年11月9日,《国立中央大学日刊》上刊登了中大为东北义勇军募捐的通知,要求教职员连续6个月,将每月工资的1%捐出,学校先垫付资金汇给东北义勇军。

二、支援马占山将军抗日

1931年10月初,日军进逼黑龙江省,形势非常危急,黑河警备司令兼步兵第3旅旅长马占山①受命出任黑龙江省政府代主席兼代军事总指挥,领导全省抗战。10月16日,日军以伪军张海鹏部3000余人向嫩江江桥南端进犯,被守军击败。日军闻讯后立即以第16联队为骨干组成"嫩江支队",准备出战江桥。为此,马占山增调兵力约1.6万人,加强江桥防御。

11月4日至5日,日军嫩江支队在飞机和炮火支援下,连续两次向江桥发起进攻,均被守军击退。6日,日军增调两个大队驰援嫩江支队,并发起更大规模的攻势,激战竟日,中国守军坚守阵地。11月12日,日军又以步、骑兵3000余人,发起轮番攻击,未能得逞。18日拂晓,日军增至7000余人,再次向马占山阵地发起总攻。激战至下午6时,守军伤亡严重,奉命撤退。19日,黑龙江省省会齐齐哈尔沦陷。

江桥抗战是九一八事变爆发后东北军官兵大规模抵抗日本侵略的壮举,表现出中国人民不屈不挠的抵抗意志,得到了全国人民的赞扬和支持。

全国各地群众自动组织慰问团、后援会,捐钱捐物,支援黑龙江省抗战。上海、哈尔滨等地的青年学生纷纷投笔从戎,组织了"青年援马团",参加抗日队伍,奔赴疆场。金大同学对于马占山孤军抗日誓死不屈之精神非常钦佩。

---

① 马占山(1885—1950):字秀芳。祖籍河北丰润,生于吉林怀德。马占山之蜚声全国,是因驰名中外的江桥抗战。当时日本关东军无理要求中国军队撤离江桥,黑龙江省代主席马占山明确表示,作为一省主席,守土有责,不让国土沦陷。

11月,学生组织51个募捐队上街募捐,共募得大洋1300元,除此之外大家省吃俭用,把各自的零用钱也捐了出来,"干事会整理清楚,计共大洋二百九十七元一角,小洋一百九十四角,铜元八十八枚,共合大洋三百十四元五角,业已捐助援马青年团云"①,同学们为马占山抗日的经费做了力所能及的贡献。

1931年12月,青年援马团由上海到南京后,住在金陵大学,该团大力宣传马占山在黑龙江省打击日本侵略的嚣张气焰,捍卫中华民族尊严的事迹,鼓舞了师生的抗战意志。离校前,青年援马团团长张少杰在金大大礼堂发表了演讲,南京各学校团体都派了代表来参加,张表示援马团团员将冒着危险到黑龙江,同马占山部队一起抗日,即使战死沙场,也是死而无憾,大家听了都嘘唏掩泣。校刊报道了张少杰演讲的情况:

> 青年援马团于二十年十二月二十八日告别本校北上,临行该团团长张少杰在本校大礼堂首都各学校团体欢送会中演说,说至"明知此去天寒岁暮,有死无生,然国已不国,生何可喜,死又何悲"等语,阖座为之嘘唏掩泣,其情景犹历历在吾人目前。今锦州失守,热河告危,援马已无去路矣,想见该团之愤慨也。爱录其诀别辞于后,用志爱国征人怀抱之一斑,其辞云:"别矣,永别矣,相见无日矣。在此绝别临期心弦震裂之时,敬致最后绝言于我同胞前……兹同人等今日北上,纯系尽我天职,出诸自动。明知天寒路远,亦决冒险前进,得能达到黑地,同马将军歼彼倭奴,则虽暴骨沙场,死也无憾。所望我热血同胞,前仆后继,踏着我等血迹,勇敢前进。同胞乎,我等行矣,别矣,魂游塞外,后会难期,易水高歌,悲不成语,谨祝后方同胞,为国珍重。"②

金大农学院三年级学生王至培,四川成都人,性格沉默寡言,但极富爱国感情。青年援马团到达南京后,他和团员们彻夜长谈,了解了该团的情况后,

---

① 《金陵大学校刊》,第46号,1931年12月25日。
② 《金陵大学校刊》,第47号,1932年1月8日。

毅然歃血宣誓,决定随团出发,奔赴东北疆场。12月25日校刊上报道:"昨据王君自称,渠自东北为日人吞并,政府坐视马占山失败,精神痛苦已极,迄闻沪上有青年援马救国团之组织,无日不向往之。今此愿得遂,甚觉安慰,个人成败利钝,原非所计云。"①同学们听到这个消息,都很支持他,专门为他开了欢送会,校内爱国救亡运动达到高潮。

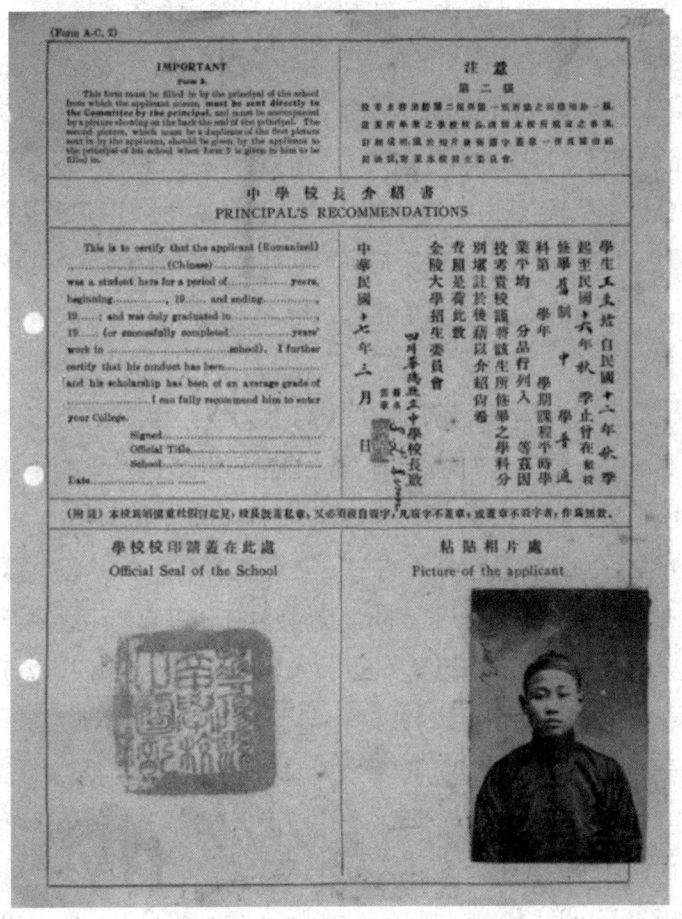

图1-2　1928年王至培报考金大时,四川华阳县中学校长的介绍信

① 《金陵大学校刊》,第46号,1931年12月25日。

三、支援"一·二八"淞沪抗战

日本侵占中国东北后,又准备在中国沿海最大城市上海发动进攻,以转移欧美各国对其侵占东北、炮制伪满洲国的注意力,迫使国民政府承认其占领东北的既成事实,并企图把上海变成它侵略中国内地的桥头堡。

1932 年 1 月 28 日午夜,日军海军陆战队以装甲车为前导,分三路突袭闸北,攻占天通庵车站和上海火车北站。国民革命军第 19 路军在总指挥蒋光鼐、军长蔡廷锴指挥下奋起抵抗,一·二八淞沪抗战爆发。在淞沪抗战中,中国第 19 路军和第 5 军在人民群众支持下浴血奋战 30 多天,以装备简陋之师,抗击装备精良之敌,连续击败日军的进攻,迫使日军三易主帅,数次增兵,死伤惨重,使侵华日军遭受九一八以来最沉重的打击。中国军队为反抗侵略、洗雪国耻,也付出了伤亡约 1.4 万人的重大代价,在中华民族抗日战争史上写下了光辉的一页。

在淞沪战事中,日军凭借陆海空的优势兵力,对上海狂轰滥炸,"倭奴肆暴蹂躏上海吴淞""炸弹纷落如雨,前途危险极甚",[1]位于上海的中央大学商学院和医学院损失惨重。商学院过去一直以租赁房屋办学,1931 年 4 月在上海江湾新体育会路刚新建成院舍一座,这次在日军的炮火中,房屋、校具、图书等尽遭焚毁,共计损失 104.7 万元。医学院"校具仪器书籍用品之易于携取者盖被抢去无余,至于院舍,计正教室(即办公室各科教室及各科实习室)及解剖室全部被毁,学生宿舍(并图书室)及动物室半部轰毁"[2],共损失 55.66 万元。由于校舍被毁,医学院后来只得借用圣约翰大学校园维持上课。日本不顾公理公法,轰炸炮击平民区,摧残学校、文化机关,使学生流离失所,如此罪恶行径激起了广大师生的极大愤慨。

当时中央大学虽已放假,但是许多同学仍留在学校。1 月 30 日,淞沪抗战的消息传到南京,中大全体留校学生 500 余人立即赶赴行政院,向政府提出质问,为何解散抗日救国会,解散抗日群体,行政院院长汪精卫避而不见,只派

---

[1] 《中央大学档案》,第 5857 卷,第 96、101 页。
[2] 同上书,第 132—133 页。

秘书出面应付,学生愤然离去。当时的《申报》报道:"中大全体留校学生五百余人,卅日赴行政院递质问书,质问三点:一、接受无理要求;二、明令解散抗日救国会,献媚外邦;三、明令禁止民众组织义勇军。并以吴铁城身为市长,接受无理要求,解散抗日群体,求欢帝国主义者,请即撤职查办,为后来者戒。秘书曾仲鸣接受,允代转汪。学生认为不满,一日再质问。"①

31日,中大教授会发表《告国民党领袖书》,正告国民党当局不要依赖国联,应派部队参战,对民众的抗日运动不能压制。当时的《申报》报道:"中大教授会卅一日发表告国民党领袖,慎重进退,谓进非倖致,退亦非宜,然世平则享拱而深居,世乱则退避而畏缩,朝拜命而夕挂冠,晚辞职而晨受禄,朝位非儿戏,诸公贵任所在,甚愿存以慰之。中大教授卅一日忠告政府,对日强硬到底,勿依赖国联,急调海空军力助陆军作战,对民众抗日运动勿再压抑。"②

中大医学院院长颜福庆③在"上海市民地方维持会"中担任会员,负责医疗救护工作,他组织在沪的师生和医务人员成立了医疗救护队,奔赴前线为伤病员服务。其中中大医学院的教职员工及留校学生被编为救护第四队,出入枪林弹雨,到2月中旬,他们共救护了士兵、市民300多人,取得了很好的救护成绩。

在南京的中大学生组织了"前敌后援队",支持第19路军抗战。万一、向超凡、吴子我等17位同学于2月8日携带教育部介绍信和京沪卫戍总司令陈铭枢的介绍信,乘火车到达苏州,请缨抗敌,被安排在第19路军内做救护、输送等工作。当时的《民生报》报道了中大后援队支援第19路军抗战的新闻:

> 中大学生组织前敌后援队,原计廿六名定昨日(七日)上午十一时启程,嗣因队员中,有几名临时生病,不克日行,遂致今日(八日)上

---

① 《申报》,1932年2月1日。
② 同上。
③ 颜福庆(1882—1970):字克卿,福建厦门人。著名医学教育家,公共卫生学家。耶鲁大学医学博士。他先后创办了湖南湘雅医学专门学校、第四中山大学医学院(后改称中央大学医学院)、中山医院、澄衷肺病疗养院等医学教育和医疗机构,为中国医学教育事业做出了卓越的贡献。

午五时在该校集合,乘七时半京沪车去苏州,与苏十九路军接洽后再行赴沪⋯⋯

教育部公函:顷据中央大学学生万一、向超凡、吴子我等十七人来部面称,现因倭军在沪无端向我开衅⋯⋯生等窃愿从戎报国,相率赴沪,报效第十九路军,担任工作,恳请钧部准予证明,以便效力等情,查该生等均爱国青年,热忱可嘉,自已照准,相应函请查照,准赐收容,藉效驰驱,至极公宜。此致驻沪第十九路军。

陈铭枢原函:中大请缨学生十七名,可编作救护输送等工作,以遂他们救国之愿。此致蒋总指挥、蔡军长、毛师长。陈铭枢。①

中大教职员成立了支援淞沪抗战的"教职员后援会",为前线将士捐款捐物,鼓舞士气,蒋光鼐、蔡廷锴给中大"教职员后援会"回函,对他们"庀食粮、输财物⋯⋯节衣缩食,深知仁人志士之心"深表感谢,19路军永远铭记中大的友谊。

中大工学院院长顾毓琇②在九一八事变后,即在《中央日报》和《每日时事新报》上发表了文章《抗日救国办法》,呼吁国人奋起抗日。这次他亲率中大学生到南京车站恭送十九路军将士赴上海抗击日寇。从车站回来后,他马上翻出昔日所作的《荆轲》剧本,"风萧萧兮易水寒,壮士一去兮不复返"的慷慨悲歌,让他热血沸腾,豪气顿生。他不分昼夜,伏案挥毫,写成了四幕历史剧《岳飞》,并请国民党元老张静江题签,及时推向社会。《岳飞》热情讴歌了为收复失地而精忠报国的民族英雄岳飞和所向披靡的"岳家军",鞭挞了认贼作父、里通外国的大汉奸秦桧等卖国贼。顾毓琇用《满江红》唱出了人民奋起抗敌的共同心声,激起了广大军民的同仇敌忾之心:

上国衣冠,沦夷狄,风凄雨歇;执干戈,龙腾虎啸,牺牲壮烈。寸

---

① 《民生报》,1932年2月8日。
② 顾毓琇(1902—2002):字一樵,江苏无锡人。1923年从清华大学毕业后赴美攻读电机工程,1928年获得麻省理工学院博士学位。1931年担任中央大学工学院院长。1944—1945年担任中央大学校长。2001年他为"南京大学校史博物馆"题写馆名。

寸黄金长城土,团团白雪燕京丹,好河山,终不让人占,心长切。

偏安耻,犹未雪,失地恨,何时灭?要从头完整金瓯残缺!民众同仇拼骨肉,将士敌忾涂青血。到最后胜利定属我,弥前阙!①

在抗战时期,人们愈加认识到了《岳飞》的重要现实意义。在著名剧作家曹禺的导演下,国立剧专在陪都重庆的国泰大戏院公演了《岳飞》,连演四天,场场爆满,极大地激发起中国人民锄奸抗日的爱国热情。第五天,国民外交协会又招待美、苏、英、法驻华大使及其他外交使节观看,并向他们各赠"还我河山"旗帜一面,以向世界表明中国人民抗战到底的决心。这次演出之后,国立剧专每年都在大后方巡回演出,收到很好的宣传效果。该剧一直演到抗日战争胜利。

九一八事变后,金大校刊专门开辟了《国货专刊》,用来发表师生提倡国货、抵制日货的文章。一·二八淞沪抗战后,日货有进入市场的迹象,金大同学在学习之余,积极配合首都各界抗日救国会检查日货,学生三木(笔名)写了《浦口抽查日货记》②登在校刊上,对此项工作有诸多细节描写:"溯自客岁本市检查封存日货以来,成绩颇佳。自上海停战会议进行后,闻日货源源输入,首都各界抗日救国会,为贯彻经济绝交宗旨起见,遂有抽查仇货之举。又近闻本市有少数商店,私自启封,售卖仇货。此种不良举动,应绝对禁绝,抽查所以防止此种流弊。首都各界抗日会,乃划分本市为东南西北中下关浦口七区,进行抽查。各区抽查人员由该会全体委员临时之征聘,鉴别日货专家会,同本市各大中学学生、农会工会及教育会、区党部推派之代表,共同组织,抽查队抽任之。每区由该会推委员一人,担任队长。队长下设组长若干,以便分头进行,收分工合作之效。月之七日,大雨滂沱,浦口区抽查队队长韩荣森,与金大代表段天煜、沈乃森、蔡维屏、蒋德骐,及农专代表二人,校工一人冒雨前往。渡江后,即赴津浦路救国会请其协助抽查……嗣后乃沿大马路按客岁检查登记表进行抽查,孰知各店旧有封存之日货,已启封,叩其因……一并将上述所有

---

① 龚放、王运来、袁李来:《南大逸事》,辽海出版社,2000年,第32—33页。
② 《金陵大学校刊》,第53期,1932年5月30日。

情形,报告各界抗日会,以为将来处置之根据云。"①

1932年5月28日,第19路军总指挥蒋光鼐、军长蔡廷锴,居正、张治中、李济深等政军界负责人,以及10万军民,冒雨在苏州公共体育场隆重举行规模宏大的淞沪抗日阵亡将士追悼会,悼念阵亡将士。金大教职员代表刘国钧、吴山雨和学生代表孙耀华、黄虎赓等参加了追悼会,孙耀华在校刊上发表了文章:

> 五月廿七日早六时许,黄虎赓、凌康源二君与余乘车出发,代表我校同学赴苏参加淞沪抗战阵亡将士追悼大会。时晨光熹微,细雨濛濛,校中净肃之现象,未之前见,一若我全校同学哀思吾忠勇抗日阵亡将士之深忱焉。七时抵下关,专车停于月台之右。移时,各团体代表均陆续而至,我校教职员代表刘国钧、吴山雨先生亦姗姗而来。九时半专车蠕蠕而动,直驶苏州。车中有十九路军代表招待,亭午款以中餐,极为殷勤。午后四时半抵苏,时车站上军警密布,墙壁满贴追悼大会标语,情景严肃……
>
> 念八(即廿八)为追悼大会之期,是日上午天气阴沉,愁云密布,有如天公故示其悲意与愁容,而哀悼我□为民族争光荣之阵亡将士者。晨七时许,余至市中一观,道中警戒森严,五步一哨,十步一岗,交通要口均树立素色牌楼,上题"宁为战死雄儿,不为亡国奴民""浩气长存"等横匾,状极雄观,□极动人。八时许至会场,正中十门内悬有图画二大幅,一为蔡廷楷(应为锴——引者注)将军指挥作战之情形,一为翁旅长照垣死守吴淞之状况,慷慨激昂,精神勃发,忠勇之将士前仆后继,鲜血淋漓,极为悲惨。余步行及此,热血沸腾,神志为动,对于我为民族争生存,牺牲头颅,洒尽鲜血之抗日诸先烈,不禁肃然起敬。对于诸参战之勇士,而顶礼膜拜也……②

---

① 《金陵大学校刊》,第53期,1932年5月30日。
② 《金陵大学校刊》,第57号,1932年6月10日。

四、支援山海关抗战

日本占领东北之后,深知山海关(又称榆关)是连接东北和华北的咽喉要地。此外,山海关是关内援助东北义勇军主要通道,日军决定首先夺取素有"天下第一关"之称的山海关。1933 年 1 月 1 日,日军驻山海关铁路守备队在其司令部门前和附近分投数枚炸弹,然后指称中国守军所为,遂借机猛攻山海关。尔后,其增援部队在飞机、军舰和坦克的掩护下不断加强攻势。驻守在这里的东北军何柱国部只有一个团,仍进行了英勇顽强的抵抗,打退日军多次进攻,终因寡不敌众,被迫于 3 日下午退出山海关。日军占领山海关后,接着向周围的战略要地发动进攻,逐步控制了关内外的交通要道。

山海关之战,中国守军以不足 2000 人的兵力,与具有优势装备之敌 3000 余人激战三日,表现了广大爱国官兵守土抗战的气概,打击了日军不可一世的凶焰,振奋了中华民族的精神,从而揭开了华北军民长城、察哈尔抗战的序幕。

山海关失陷后,华北形势更加危急。1 月 16 日,中大学生自治会全体干事向政府请愿,向教育部请愿,要求出兵收复山海关,印发了《告全国青年同学书》,号召全国学生武装起来,打击入侵华北的日寇。同时在学校里募集抗日救国基金,在资金支援上尽微薄之力。1 月下旬,中大学生再度发起了爱国运动,他们组织队伍,上街检查日货,惩治奸商;开办特种民众学校,进行抗日自卫的教育,发动广大群众起来抗日;发起使用国产布衣运动,使民众养成俭朴的风气,节衣缩食,以资助前线部队等。同学们坚信"民气未亡,国魂未死",亟盼政府当局实行全国总动员,派兵北上,反攻山海关,死守热河。当时《新民报》发表了中大学生会的《抗日宣言》:"全国同胞公鉴:东北沦陷,于焉一年,山河破碎,民族存亡,发引千钧,危如累卵……顷者淞沪之腥血未干,榆关之井耗又至,倭奴狼子野心,得陇望蜀,直欲全举关中,囊括华夏,是而可忍,孰不可忍!敝校全体同学,禀天下兴亡,匹夫有责之训,深惧我五千年历史,至此而终,四万万同胞,永成奴隶,一息尚存,宁甘待毙,今后决加紧抗日工作,从实际努力,其办法为:1. 组织仇货检查队,以惩治奸商;2. 开办特种民办学校,以实施抗日自卫教育;3. 励行国产运动,以养成俭朴风气;4. 节约缩食资助义勇军。尤望邦人君子,一致兴起,为国前驱,忠诚团结,共赴国难。更望政府当局,规划全国总动员,派兵北上,收复失地。严令守土长官,反攻榆关,死守热河。更应立个计划,积极接济义勇军,守土尺地,不容割裂。宁为玉碎,不为瓦全……"①

然而国民党当局对学生的爱国言行明显地表示出冷漠和拖延,使学生一次又一次的失望,没有看到失地的收复。

五、支援长城抗战

日军占领山海关后,步步紧逼,于1933年2月占领承德。为了迫使国民党政府承认长城是所谓中满边界线,达到把东北三省和热河从中国版图上分割出去的目的,很快就出动兵力向长城各口推进。长城抗战于3月上旬首先在冷口打响,接着扩展到东段各隘口。日军在坦克、飞机、大炮的火力支援下,向长城一线猛犯。中国军队在冷口、界岭口、喜峰口、罗文峪、古北口等长城主要关口与日军展开激烈的争夺,阻止了日军的攻势。特别是在3月中旬的喜峰口、罗文峪战斗中,宋哲元②将军的第29军官兵以有我无敌的气概,手持大刀,拼死肉搏,予日军以大量杀伤,打出了中国军队的威风。当时日本报纸哀叹,这是"六十年来未有之侮辱"。后来风靡华夏的歌曲《大刀进行曲》,虽然是在全国抗战爆发后创作的,但其题材源于此。这段时间,日军的各路分兵进攻受挫,在某些局部战场,中国军队还取得了战术上的胜利,夺回了一些村镇和阵地。

长城抗战是九一八事变后国民党军在华北所进行的第一次较大规模的抗击日本侵略的战役。在此次战役中,广大爱国官兵奋勇苦战80余日,给骄横一时的日军以沉重打击,振奋了全国的人心。

1933年1月11日,在中大校长罗家伦③主持的校务会议上,形成决议:

---

① 《新民报》,1933年2月4日。

② 宋哲元(1885—1940):字明轩,山东乐陵市人。民国军事将领。他是冯玉祥手下西北军五虎将之一。1926年9月五原誓师后,参加北伐战争。1927年11月任陕西省政府主席。1933年参加长城抗战,获喜峰口大捷。1940年病逝。

③ 罗家伦(1897—1969):字志希,浙江绍兴人。1917年考入北京大学,后赴欧美留学。1932—1941年担任中央大学校长,他任校长的十年,是中央大学危难深重而又有长足发展的十年。

"兹因外寇日亟,本大学全体一致敌忾同仇。除本校同仁业由薪水项下按成捐助外,特行发起自由捐款以资助械弹",并推选罗家伦、汪旭初、童冠贤、胡刚复、卢孝侯、邹树文、黄建中、张仲鲁、许恪士、孙本文十人为募捐委员,发起了"征集御侮捐"①,计划购买子弹捐给华北部队。教职员纷纷捐款,其中工友们也从微薄薪水里慷慨解囊,捐了 243.56 元大洋,捐款明细登在了中大日刊上。② 学校共募集到大洋九千元,请军政部兵工署代购了子弹 10 万发,捐赠给宋哲元部 5 万发,关麟征部 2.5 万发,商震部 2.5 万发。

鉴于华北战事日益危急,为了慰劳前方抗敌将士、救护伤兵,3 月 27 日,金大校长陈裕光主持召开校务会议,商议去年为东北义勇军募集了 850 元,但义勇军不幸败北,后热河失陷,该款一直未寄出,后议决先拨其中 400 元,寄天津大公报馆转交 29 军宋哲元部,以当慰劳。并致函天津大公报馆:"本大学全体教职员同仁所捐薪金四百元,嘱为汇寄陆军廿九军宋哲元军长部属,聊当慰劳。特将该款由上海银行寄奉,即希察照,惠转地方协会,迅交该军。并乞贵馆代为领取该军收据,随邮寄下。"③请报馆办理相关手续。

陈裕光在校务会议上还决定金大及金大附中的全体教职员、学生近期举行游艺募捐大会,名称定为"金陵大学救国募捐大会",由马文焕、李德毅等担任筹委会成员。筹委会在次日的会议中,决定邀请四名同学加入筹委会,并很快组织两场募捐游艺大会,有话剧、平剧等表演,票价分 2 元、1 元及 5 角三种。

4 月中旬,金大学生会进行了改选,在召开的新学生会第一次会议上,有同学表示:"同学一百八十余人鉴于前方军情之紧张,特联名要求学生会将会款扫数④捐助抗日将士",遂讨论决定,"该会存款扫数汇寄(据会计处非正式的统计,约有三百七十余元),一俟全体大会通过,即将施行。"后经学生会统计,会费共 424.39 元,全部寄给了天津大公报馆,转交给华北前方抗日牺牲最大的部队,该款后来汇给了陆军第二师黄杰部,师长及时将收条及谢函由报馆

---

① 《国立中央大学日刊》,第 897 号,1933 年 1 月 20 日。
② 《国立中央大学日刊》,第 900 号,1933 年 1 月 24 日。
③ 《金陵大学校刊》,第 88 号,1933 年 4 月 10 日。
④ 扫数:意指全部。

转交给金大。学生会还邀请抗日名将张治中来校做演讲,听众很多,演讲后还放映了抗日电影,以激起同学们捍卫国家的斗志。

金大农专学生会同学,得知宋哲元的大刀队在战场上打出了中国军人的神威,非常高兴,看到报载前线缺少大刀的新闻后,"特发起募大刀捐",发起了募集资金定制大刀的活动,共募得大洋70多元,定制了25把大刀,每把刀上刻有"抗日"二字,由农专学生会推派代表送给宋哲元部。宋哲元收到大刀后,特复电表示感谢:"周铭新兄转金大农专学生会公鉴:承赠大刀廿五把,业经照收,杀敌有资,感泐曷既。特谢。宋哲元叩。支印。"①

六、支援绥远傅作义将军抗战

绥远省是贯通华北和西北的重要战略地区,日本侵略者认为控制了这一地区,北可向苏联出击,南可下华北腹地。为此日军1935年夏即制订了政治谋略和军事进攻两手并用夺取绥远的计划。

绥远省政府主席兼35军军长傅作义拒绝了来自日方的多次威逼利诱,并自1936年初开始从各方面做好了抗战的准备;同时不断向蒋介石、阎锡山要求支援。毛泽东同年致函傅作义,指出:"保卫绥远,保卫西北,保卫华北,先生之责,亦红军及全国人民之责也。"②11月15日,日、伪军5000余人,向绥东红格尔图中国守军阵地发起猛烈进攻,红格尔图守军顽强抵抗,打退了日、伪军的进犯,摧毁了敌人的指挥所。12月9日,傅部又乘胜克复另一个战略要地锡拉木楞庙,在傅部的强大攻势下,伪军两个旅起义反正。傅作义部三战三捷,肃清了绥远境内的伪军,挫败了日军西侵绥远、建立"蒙古国"的图谋。毛泽东对绥远抗战给予高度评价,称绥远抗战为"全国抗战之先声"③,"四万万人闻之,神为之旺,气为之壮"④。

绥远抗战是中国局部抗战时期取得胜利的战役,极大地振奋了全国人民的民族精神,社会各界掀起了一场轰轰烈烈的援绥抗战热潮,全国人民同仇敌

---

① 《金陵大学校刊》,第89号,1933年4月17日。
② 《毛泽东书信选集》,人民出版社,1983年,第43页。
③ 《中国抗日战争史》编写组编:《中国抗日战争史》,第97页。
④ 董其武:《戎马春秋》,中国文史出版社,1986年,第108页。

忾,后方民众纷纷作援绥之举。1936年11月,中大校长罗家伦亲赴绥远前线,慰问将士,写下了在抗战时期广为流传的《告绥远将士书》,文字激昂铿锵,饱含感情:

> 绥远前线各军武装同志:
>
> 　　我们血染的山河,一定永久为我们所有,民族的生存和荣誉,只有靠自己民族的头颅和鲜血才可保持。这次我看见各位将士塞上的生活,已认识了我们民族复兴的奇葩,正孕育在枯草黄沙的堡垒中,等候怒放。我深信各位不久更可以使世界认识我们中华男儿还是狮子,并非绵羊。我们全国同胞的热血,都愿意奔放到塞外的战壕里,助各位消灭寒威,激荡忠愤。我现在筹俸国币一千元,本欲供各位杀敌前一醉,但是想起这是长期斗争,并非一次的慷慨赴难,所以愿将这些小的款项,改为医药卫生设备之用,备各位壮士裹伤再战。现在整个民族的命运,抓在我们手里,我们大家都无所逃于天地之间。只有我们血染过的山河,更值得我们和后世的讴歌和爱护。我诚恳热烈地向各位致敬,更愿代表国立中央大学三千教职员和学生,向各位致敬。
>
> 罗家伦
二十五年十一月十二日绥远

11月17日,根据校务会议决议,中大为捐款事宜颁发了《布告》,"学生捐款以学系为单位,各学系学生捐款由各学系负责。募捐人送交本校会计组代为汇出,会计组制给临时收条,并在校刊公布"。20日,学校发起了教职员"一日薪资所得"捐款活动,学校先行垫付汇前方。同学们也踊跃捐款,其中土木系"四年级收三十七元一角二分,三年级收二十二元,二年级收二十四元,一年级收二十元。共计二百零三元一角二分"。收到同学们的捐款后,傅作义特回函"敬悉惠赐慰劳捐款八百五十三元一角三分,已于二月十三日由北平上海银

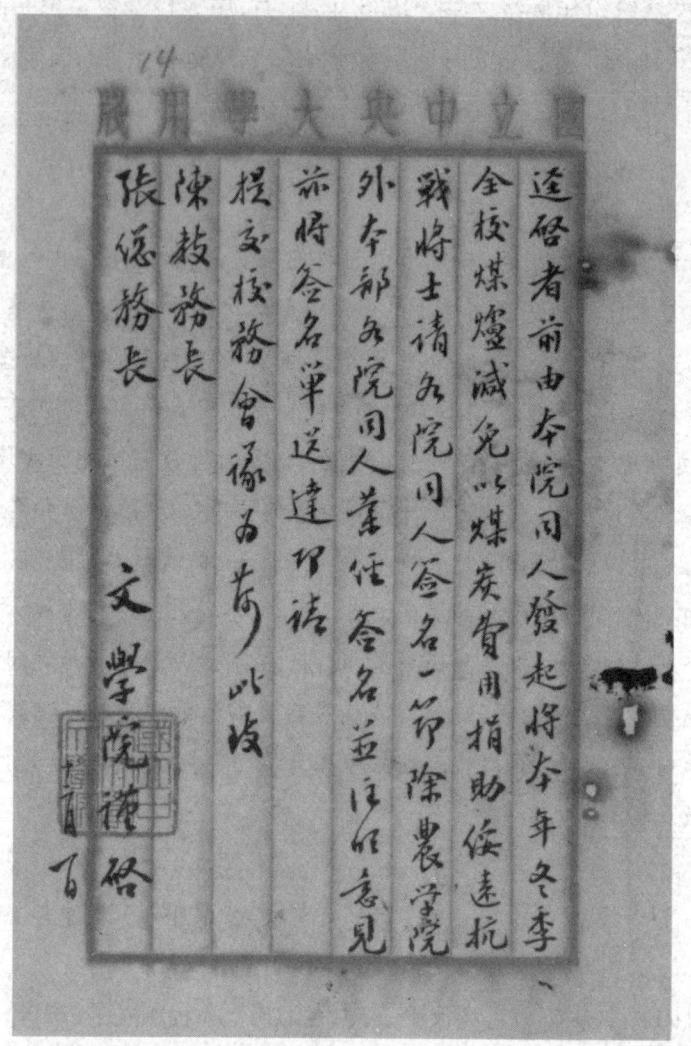

图1-3 文学院提议节省煤炭费资助绥远抗战的函(1936年12月1日)

行转来,悉数收讫……并祈代向同学致谢为荷"。①

12月1日,中大文学院王伯沆、吴梅、方东美等教职员提议本年度冬天大家减少煤炉的使用,把节约的煤炭费捐助绥远抗战,此提议得到了学校教职员

---

① 《国立中央大学日刊》,第1872期,1937年3月10日。

的大力支持并在校务会议上通过。① 一个冬天共节约煤炭费550元,全部汇给了绥远前线将士。后傅作义回函表示感谢,"贵校教职员先生节省煤费捐输劳军,殊深感愧,除公布前方将士同资感励外……"②此外,1937年1月,中大学生还购买了203卷(计4木箱另3卷)绊疮膏捐给绥远的部队。

金大师生也驰电慰劳。教职员电曰:"匪伪侵边,国难日亟,公等奋起,挥戈杀贼,迭迭听捷音,莫不感奋……除拼一日所得汇寄外,特电慰劳。"③教职员带头捐款,学生无不踊跃,在校三院学生自治会发动下,校园里立即展开了各种方式的援绥募捐活动。学校足球队邀上海圣约翰大学球队来京定期进行足球友谊赛,所得售券和捐款全数汇绥。学生社团组织则联合在校举办盛大"援绥募捐游艺大会",金大歌咏团上台表演合唱,学生玲玎剧社演出拿手好戏——话剧《中国妇人》。著名学生社团南社演奏"夏威夷音乐",农学院蚕桑系附设之女子职业班女同学,则用自育茧丝,亲手缝制丝棉背心,寄给前线"慰劳前方冰天雪地抗敌之杀敌将士"。④

金大同学的抗日热忱给前线将士极大鼓舞,傅作义将军亲自给金大教职员和同学拍来复电,电中详列绥远前线抗敌战果,称"杀敌致果,军人天职,辱荷慰勉,弥增感奋",表示"捍卫守土,早具决心,辱承策勉,弥深奋励!除展示前方将士鼓励外,特电奉复"。⑤ 傅将军的来电把前线抗战将士的心与金大师生紧紧地连在了一起。尽管政府对绥远抗战和民众的援绥之举,仍然以低调处理,但金大校园中,师生的救亡热忱却在持续高涨,并不因此稍减。

---

① 《中央大学档案》,第4766卷,第8页。
② 同上书,第514页。
③ 《金陵大学校刊》,第209号,1936年11月23日。
④ 《金陵大学校刊》,第210号,1936年11月30日。
⑤ 同上。

第三节 "珍珠桥惨案"爆发

一、组织学生军训,转移斗争目标

因学生不断地掀起抗日救亡运动,国民党当局为了稳住中央大学,进而控制全国学生,于是另想别法,组织学生进行军训,以转移学生的斗争目标。

国民党当局选中了中大教授何浩若,他曾留学美国,回国后在中大经济系教书,未得重用。当局找到他后,他一口答应。在一次御用"学生会"召开的学生大会上,他以"左派教授"的身份主持了会议,发表了《对日宣战与义勇军》的演讲,他一登台就说:"这次日本入侵,政府抱不抵抗政策,仅仅少数冯庸大学①大学生与日兵作殊死战……可见我国爱国先锋就是学生……为冯庸大学殉难的学生军,起立哀悼。"他一下子就控制了整个会场的情绪。接着他便慷慨陈词:"政府正在研究、部署出兵的大计,我们应该做些什么呢?仗是肯定要打了,仗打起来后,光靠政府的军队是不够的,一定要全民皆兵。我们要从自己首先做起,我们要求派军事人才来对我们进行军事训练,要求给我们发枪。将来日本人打到南京,我们可以到城外去打游击。但是,政府派人来进行军训,不是一天两天就能派来的,我们不能坐等。我建议在进行军训以前,我们自己按照自愿原则组织'十人团',即每10人为一个'团'。可以练习爬山、野营和一些基本动作,将来打游击都有用。"直说得同学们频频点头。接着他就把最核心、最关键的内容不失时机地抛了出来:"同学们,组织起来吧,游行请愿没用,做点为日后打仗准备的实际锻炼要比游行好得多!"何浩若这一番颇有蛊惑力的讲话,当时起了很大的作用,很多同学认为他是积极主张抗日的进步教授,是群众的领袖。

中大学生原计划1931年10月8日罢课,听了何的演讲后,中止了罢课,同意一边上课,一边进行军事训练,中大义勇军很快就编成四个营及多个"十

---

① 冯庸大学:是一所私立公益性大学,至1931年九一八事变前夕,该校学生总数达700余人,是东北当时少有的几所高等学府之一。

人团",学校发给服装,所需枪械,由学校向上级部门申请领用。学生每天上午上操、上课,下午再上课、上操。大家都认认真真地进行了刻苦锻炼。"中大义勇军十一成立五大营—独立连、每营三连、每连三排、每排五班,又成立救护队两连、十二开始军事训练。"①从中大开始,南京各大中学校都搞起了军训,政府称其为"学生义勇军"。

到10月下旬,中大义勇军按照政府规定编制的办法,进行了重新改编,以16人为1班,48人为1区队,140人为1队,432人为1大队,1200人组织1个总队,总共编成1个总队、3个大队、2个特务队、9个救护队、27个区队、81个班。其中特务第1队,由体育科同学编成,第2队由农工学生编成,救护队由女生编成。

11月1日,军政部颁发了《义勇军训练办法》,大力推进义勇军工作。4日,训练总监部组织了一次中大学生的检阅,中大组成的1900多人义勇军队伍,"四日晨举行检阅,由金陵大学张由良担任检阅员,计受检阅者为混成团一团三营、三特务队、一独立队、一救护队,共一千九百余人"②。国民党政府发现这个办法对付学生运动很是有效,便招考了许多军事教官,分遣上海、苏州、无锡各地,开展各大中学的军事训练。9日上午,中大、金大、金女大等19校的义勇军及救护队5000多人在明故宫飞机场举行了规模很大的阅兵式,首都各机关各团体均派代表到场参观,训练总监部副监周亚卫为首席检阅官,并由十九路军六十师赠旗。

国民党当局企图利用军训,控制住学生运动,试图使运动趋于平静冷落。11月17日,中大全体学生在军训期间,依然赴国民党四全大会会场请愿:"1. 迅促国府即日出兵东北,收复失地;2. 迅促国府转令施代表(指施肇基,中国驻国联代表——引者注),向国联行政院要求援用会章第十六条,强制日本撤兵;3. 令国府通缉背叛民国的溥仪;4. 如国联不能以公理正义惩治暴日,或有不公平之判断时,请国府宣告退出国联。"后由四中全会主席团公推蒋介石答复学生,蒋避重就轻,要求同学们刻苦求学,以后报效国家等等。

---

① 《申报》,1931年10月12日。
② 《申报》,1931年11月5日。

二、斗争激化，导致"珍珠桥惨案"的发生

国民党当局拖延时间的阴谋被识破后，学生的斗争又出现新的高潮。11月25日，中大抗日会举行全体学生大会，通过了一些议决，如呈请国府明令张学良即日戴罪出兵，收复东三省失地；电令施肇基退出国联；请中央电令驻日各使领，下旗归国，准备作战；联络全市各校及各地来京同学，欢送蒋介石北上抗日；拟26日罢课三天，敦促蒋北上，如罢课仍无效，即联合京市一致罢工罢市；释放被捕的同学杨应翘；请中央准许张发奎率部赴东北援马抗日，并电促张发奎火速出兵；向国府请求速发枪械、加紧军事训练等等。

26日，各地学生陆续来南京请愿，其中上海学生就来了约万人，中大、金大等19所学校的学生再次召开"欢送蒋介石北上抗日"大会，以迫使蒋介石抗日。广大学生准备聚集南京游行，而且拟好了一些决议，如"日军撤退以前反对国联调查团来华直接交涉干预"等等。同时南京各校义勇军训练委员会又派代表前往训练总监部催发枪支，并表示如不予发放，各校全体义勇军再次一起去催要。

在这种形势下，国民党一方面劝学生在国家严重时期不要互相责难，"目下正我政府严密运筹之时，我全国人民应镇静待命，我全国学生尤应锻炼心身，以备总动员，乃日来各大学学生爱国心切，往往为感情所驱使……应致力救国之知识准备，如现在之罢课废学，奔走请愿，非计之得"云云。另一方面，28日，蒋介石手书答复请愿学生，发表了《勖勉学生书》，进行抚慰、敷衍。于是，各地请愿的学生，带着蒋介石的承诺，离京回去了。

12月初，北平大学生南下示威团来到南京，借住在中大体育馆。面对越来越高涨的学生救亡运动，国民政府出动了军警，逮捕了数名到南京游行示威的北平爱国学生。5日，北平大学生示威团举行了游行示威，一路高呼"反对政府出卖东三省""打倒卖国政府""被压迫群众联合起来"等口号，沿途散发传单，在市民中起了很大影响。同学们冲进了国民党首都卫戍司令部请愿，要求当局立即释放被逮捕的学生。当示威队伍走过成贤街浮桥的时候，突然遭军警围攻，北平学生中有一百多人被捕，其余同学折回中大。蒋介石当天日记载："北平大学生示威团在京暴动，殴辱军警，乃即拘捕百余人，唯禁止军警开

枪。"政府的镇压措施进一步激起了学生的反对,中大同学听到北平同学被捕的消息后,立即鸣钟,召开大会。会上群情激昂,讨论如何营救北平同学,大家各抒己见。中大学生党员汪楚宝站在凳子上高呼:"北平同学由于示威而被捕,我们应该继续举行示威!"对于这一提议,全场表决通过,决定援助北大示威团;反对政府压迫民众运动;总罢课。于是,一方面到操场集合队伍,另一方面派代表到校长室取校旗。随后中大学生高举"中大示威团"的旗帜,集合数百人,直奔首都卫戍司令部,并涌进司令部大门。这时大院里已架起了机枪,全副武装的士兵把守着二门。游行队伍派了几名代表进去谈判,要求立即释放北平示威团同学。半个多小时没有消息,大家以为代表被扣压,便又立即派出几路同学,一部分回学校动员没有出来的中大学生,一部分赴金大和各中学呼吁支援。一批又一批的支援队伍陆续赶到。许多市民送来了食品慰问同学,有的还加入了学生队伍。经过交涉,当局同意释放被捕同学。晚10点示威队伍开始解散。第二天,被释放的北平同学回到了中大体育馆住处。①

7日,金大学生举行了全体大会,通过了一些决议,如援助北大南下示威团;派张会德等代表本校,与首都各校代表,赴国府请愿;派孙耀华到中央党部转请转卫戍部释放被捕学生;即日起罢课,罢课日期视政府对日决心为转移,如认为圆满时,可以复课,否则继续罢课,并由各委员会排列罢课期内工作;呈请政府准顾维钧辞职等等。

中大教授也向政府进行了请愿,对外交上的软弱问题,提出了若干质问,对学生运动,政府不宜轻用"反动"名词等等。

经过一系列的斗争,同学们更加看透了国民党的反动性,斗志普遍高涨起来。担任示威游行总指挥的汪楚宝被推为南京市学生抗日救国会主席。同时北平又有学生南下,上海方面学生大批来到南京,天津、广州、济南、曲阜、安庆等地学生代表也齐集南京。学生越来越多,声势越来越大,国民党当局胆战心惊。

12月17日,各地在京学生和中央大学等南京各校学生共五千余人举行联合大示威。出发前在中大列队,一纠察队员发现一行迹可疑的人,立即揪

---

① 南京大学校史编写组编:《南京大学史》,南京大学出版社,1992年,第149页。

住，原来是陈立夫派来的CC特务，学生们更加愤怒了。

示威队伍出发，声势浩大，纠察维持队形，秩序井然。大队先到丁家桥中央党部示威，中央党部已将铁栅门紧闭，持枪军警密布其内，大门两侧低矮墙后也布满持枪军警，无数枪口对准了学生。同学们不能入内，遂在门外高呼口号。当示威队伍行至珍珠桥《中央日报》馆门口时，学生因《中央日报》连日登载诋毁学生救国运动的文章，屡加学生以"反动""受人利用"诸名词。学生认为该报伪造证据，企图陷害学生，破坏爱国运动，甚为愤怒，便到报馆里质问，突然，有一队手持刺刀的军队向学生队伍冲来，在报馆内来不及出来的同学均遭射击、殴打和拘捕，有几名学生爬过后窗跳入河内，幸免于难。而多数同学则在持枪军警的射击下，东躲西藏，被击中者非死即伤。遭此血腥镇压，学生死伤多人。造成震惊全国的"珍珠桥惨案"，又称"一二·一七"学生惨案，金大校刊上记载：

  暴日入寇以来，学生激于义愤，群起请愿政府出兵抵抗，纪律森严，态度和缓，未尝有越轨行动。无奈政府怯于对外，空言敷衍，时逾数日，一筹莫展，民心丧失，举国骚然。遂激起北平大学学生南下示威之举，迄示威学生与当部军警发生冲突。《中央日报》记载消息，屡加学生以"反动""受人利用"诸名词，并影印共党旗帜……学生甚为忿怒，乃于十二月十七日上海、北平、济南、苏州、南京学生总示威经过珍珠桥该报馆时，质问该报，讵为军警围殴射击，一时惨祸飞来，学生走避不及，被击毙溺毙者数人，受伤被捕与失踪者，则数不胜计。[①]

惨案发生以后，外地学生被军警押解出京，本校同学看到这种状况，悲愤莫名。金大学生自治会立即召开干事会议，议决要求政府"释放被捕学生，查封中央日报"。次日，金大学生自治会派出代表向政府呈递"议决要求"，同时发表宣言，招待报界。21日，金大学生全体整队至中央党部请愿，因未得到圆满结果，遂以罢课相争。迫于压力，国民党当局释放了被捕的学生。25日，再

---

① 《金陵大学校刊》，第46号，1931年12月25日。

次派代表向国民党四全大会请愿,要求撤换珍珠桥惨案直接肇事者谷正伦。

在此期间,金大校刊连续登载了一些痛斥政府、要求"恢复民众运动,解放言论自由"的诗词、文章,如农专学生邹宇惊的诗《重九双十有感》:"双十重阳喜复忧,腥风血雨遍神州。内争有血流千里,外侮无人展一筹。东北人民轻抵抗,中央大计尚优柔。蒸蒸民气将沉寂,家国何时雪此羞。"①还有一些义正词严、抨击时弊的杂文,如:"五四以还,民运停顿,真正民意,悄然无闻。党部名为指导,实居压迫。所谓全体大会,所谓民众决议,皆为少数野心者所垄断。胁诱威迫,强奸民意,无所不用之极。民众之怨恨虽深,而当局尤以朝夕拥护之电为喜。下情不能上达,民隐不能上闻,上下交蔽,隐患弥深……自党治以来,五年于兹,一切舆论,皆成党化,天下滔滔,皆成奴服。言论无自由,舆论无是非,无胆气,无耿节……,语云'防民之口甚于防川',公道存乎人心,千古自有定论,伏之久者发之必爆,压力愈大,反响愈高,此自然之理也。"②此段言论,掷地有声,它是怒吼,是呐喊,在当时国民党政府的控制之下,这一声音显示了金大人不畏强暴、反抗黑暗的决心!

第四节　金大校园的"旗杆事件"

因九一八事变而爆发的全国抗日民主运动,显示了中国人民反抗侵略的不屈不挠的斗争精神。但是由于国民政府的一味妥协退让助长了日本帝国主义的嚣张气焰,它在得手东北之后,又将魔爪伸向华北地区,并狂妄地自称是亚洲的主人,是中国的保护者。国难愈是临头,汪、蒋、胡相争愈烈。同学们痛心之余,就组织代表队分赴沪、杭、港,"敦促汪、蒋、胡入京主政"③。虽然同学们"一路历经艰辛",却很难推动这些党国显要,不仅内争依旧,学生的爱国、救亡,反被套上"受共党蛊惑"的罪名。在民族危机日益深重之际,金大师生只好采用其他形式来宣泄对当局的不满,用行动表达捍卫民族尊严和国家利益的

---

① 《金陵大学校刊》,第 40 号,1931 年 11 月 6 日。
② 《金陵大学校刊》,第 38 号,1931 年 10 月 16 日。
③ 《金陵大学校刊》,"1932 级毕业专号",1932 年 7 月 16 日。

决心。1934年秋,与金大毗邻的日本领事馆竖起了一座旗杆,和金大北大楼一样高,太阳旗耀眼刺目,激起师生强烈反感和愤慨。朱恕、郑槐、沈乃森等31位同学首先在校园里贴出了"金大从速砌竖旗杆启事",希望在校园里竖立一座更高的旗杆,挫敌气焰,扬我国威,号召师生捐款。启事贴出后,立即得到全校师生的一致响应,大家踊跃捐款。《金陵大学校刊》上报道了这则新闻:

> 竖立旗杆,本为校方上下所视为重要事项之一。兹以款项未集,迟迟未能动工,颇以为憾。迩者,本校隔邻日本领事馆特建钢骨旗杆一座,高与北大楼齐。入门翘首,仇旗高张,他方宾客每以我为东邻教育之场,触目刺心。我校因同忾而共慨,咸感竖立旗杆为刻不容缓之举,而深盼其及早施张。盖以大学为国家最高学府,旗杆之竖立,所以显精神而壮观瞻。且仇旗招展,焰气飞扬,高举国徽,所以识别我校为国人自办之学府。抑又国徽象征国家,朝夕相见,不特使人肃然起敬,抑且增进爱国之心也。于是同学中朱恕、沈乃森、黄贻孙、朱联标、郑乃涛、蔡哲传、赵士赞、郑槐等三十余人发起从速竖立,同学赞成者甚多,学校方面闻已表示乐观厥成。所可虑者,款项方面尚未筹措定夺,此事闻尚须经过一度会议始可决定。吾校同学素系急公好义,学校方面亦肯相当襄助,则巨款当可立集,巍峨旗杆,赫耀国旗,固不难立即见诸事实也。据发起人言,一九三〇级尚有存款三百元可以动用,学生会及一九三五级级会,倘亦可以囊助一部分,再加以诸教职员之慨助,学校方面之津贴,此事颇有实现之可能,果也,则亦吾校上下之光也。①

10月12日晚上,朱恕、郑槐、郑乃涛、蔡哲传等33人在北大楼C6教室专门召开了建筑旗杆的第一次会议,讨论了建旗杆事宜,会上形成了决议:"1. 公推郑槐、郑乃涛及蔡哲传三君为发起人大会临时负责人;2. 建筑旗杆乃全校之事,故今后如何进行应由全体同学公决之,决议定期召集全体大会;

---

① 《金陵大学校刊》,第133号,1934年10月8日。

3. 关于进行事宜,尚乏负责专人,详细办法,无从议定,故决议将下列两办法提交全体大会公决之:(1) 责由本校学生会商请学校当局合组委员会办理之;(2) 由全体大会公推代表与学校当局另组委员会办理之。"①

在捐款建旗中,资金面临短缺的问题,陈裕光校长给了大力支持,5月3日致函全体教职员,计划将过去捐款的余款七百元,移充建竖旗杆之用,希望大家签名:"本校建筑旗杆筹备委员会函称,自发起建竖旗杆募捐运动以来,已募集七百元,又一九二九级捐助专为建竖旗杆之存款三百五十元,合计一千余元。惟工程估计需洋一千七八百元,故尚少七百余元。闻本校教职员方面尚有某项余款,不识可否准予移用。等由。查二十二年春,当热河沦陷之际,本校教职员先生曾发起募集抗日捐,并举行游艺会。现查此项捐款尚存七百,如将此项存款移充补助建竖旗杆之用,似与诸位教职员先生募集此项捐款之原意不相违背……尚希查照为荷。赞同请即签名……"②教职工全票通过了陈裕光的提议,七百元作为建旗杆的费用。

在师生共同努力下,次年8月,一座钢管式国旗旗杆拔地而起,这座由师生自动筹款建造的旗杆,杆身入地5米,拔地43.67米,高于北大楼3米多,成为当时南京最高的旗杆。旗杆竖立后,国旗迎风飘扬,师生扬眉吐气,大涨了中国人民的志气。旗杆竖立后,秘书处10月14日就举行升降旗仪式规定专门下发了《秘书处通告》,"查本校由教职员先生及全体同学捐集巨资建立旗杆,业已早日完工,国旗飘扬,朝夕瞻仰,爱国之心,油然而生",规定全校教职员及学生"升降旗时,于所在地点一闻号音,即自动停止,以示敬爱国旗尊重国家之意"③。大家目视国旗徐徐升起,凌空飘扬,无不感到扬眉吐气。

1964年5月,南京大学因需在旗杆竖立处建造教学楼,遂将旗杆迁立至西南大楼的北侧,并镌文于旗杆基座,以作永久纪念,真是"百尺高竿铁铸就,无言屹立记国仇。当年强邻猖狂日,曾压敌焰使低头"。1995年在纪念抗日战争胜利50周年的时候,学校特将现旗杆处正式辟成"大纛④坪",并竖立了

———————
① 《金陵大学校刊》,第134号,1934年10月15日。
② 《金陵大学档案》,第278卷,第139—141页。
③ 《金陵大学校刊》,第168号,1935年10月14日。
④ 纛:古代军队里的大旗。

图 1-4　金大校园里的巍峨旗杆

南大中文系教授王气中撰写的《大礤坪碑记》石碑,记述了这段历史,以使后来的莘莘学子居安思危,永葆爱国之志。2014年6月,南京鼓楼区文化局将"金陵大学旗杆"列为鼓楼区"不可移动文物"。每逢节日庆典,师生们便列队坪上,隆重举行庄严的升旗仪式。

第五节　反对伪政权建立"冀东防共自治委员会"

日本在武力夺取东三省和热河后,又以武力威胁、政治谋略和经济侵略相配合的手段,开始了"华北自治",实为侵吞华北的新步骤。其中一项是扶植"自治"政权。1935年11月25日,河北省蓟密区、滦榆两区行政督察专员殷汝耕[①]在日军唆使下,在通县宣布独立,成立"冀东防共自治委员会",控制冀东22县,通电全国,脱离中国中央政府,并发表了《自治宣言》,宣称:"自本日起,脱离中央,宣布自治,举联省之先声,以谋东洋之和平。"殷汝耕公开打出其

---

① 殷汝耕(1883—1947):早年留学日本,抗战期间出任伪冀东防共自治委员会主席,公然叛国投敌,同时滥发纸币,贩毒走私,大肆搜刮,建造"亲善"公寓。抗战胜利后,被国民政府以汉奸罪逮捕。1947年12月1日被处决。

叛国"自治"的旗号,成为伪满洲国之后的第二个在日本帝国主义卵翼下的汉奸傀儡政权。

殷汝耕的倒行逆施,激起了全国人民的强烈的愤慨。11月28日,中大、金大、金女大全体教职员致电宋哲元、商震,"请讨逆靖难,捍卫国家领土主权"。12月3日,金大学生会通电全国,要求国民党当局惩办汉奸殷汝耕,"致电北平何长官、宋主任、保定商主席吁请讨逆……华北久受强邻觊觎,系安危于千钧一发之际,凡我国人,应如何秉我党之肫诚,作生教之准备。乃殷逆汝耕丧心病狂,敢冒不韪,以战区自治为名,行其祸国殃民之实……亟望兴师张讨,守土除奸,扫逆氛于朔方,申大义于天下。敝校同学本匹夫有责之义,誓为公等后盾,巨憝不除,义无反顾,临电仓皇,翘企无已"①。同一天,中大全体学生通电全国,要求中央政府严厉制裁殷的叛变行为,保住华北,维护国家领土主权完整。《新民报》上报道:国立中央大学全体学生以殷逆叛变,破坏国家,罪大恶极,除于昨日电请中央政府实力制裁,以保华北,而维国家领土主权完整外,同时并分电北平宋绥靖主任及保定商主席,当机立断,戡乱除奸。又以北平各大学教授危城讲学,大节凛然,亦表声援,兹分志为电如下:一、致中央国府电。二、致宋哲元电云:"北平宋绥靖主任明轩勋鉴:殷逆作乱,背叛国家……戡乱除奸,华北存亡,民族兴衰,维公是仰。"三、致商农电云:"保定商主席启宇勋鉴:读传电,大义可敬,戡乱兴邦,端赖节钺,引首北望,誓作后盾。"四、致平教界电云(衔略):"危城讲学,大节凛然,民族复兴,赖此正气。誓从□先进之倡导,力获国家领土之完整。"②

第六节　支援一二·九运动

历史上把日本通过逼签协定、扶植"自治"政权和进行经济侵略等手段,逐步攫取华北主权的一系列行为,称作"华北事变"。1935年下半年,随着日本制造华北事变步伐的加快,华北局势急剧恶化。在许多城市、乡村,到处可见

---

① 《金陵大学校刊》,第176号,1935年12月9日。
② 《新民报》,1935年12月3日。

横行无忌的日本浪人和泛滥成灾的日本走私货物,并时常听到日军演习的隆隆枪炮声。北平城内更是人心惶惶,国民党达官显贵争相携眷撤走,故宫博物院的文物陆续南运,各大学则传说准备搬迁。面对险恶的时局,富有政治敏锐性的北平青年学生满腔怒火,悲愤地喊出:"华北之大,已安放不下一张平静的书桌了!"①

中国共产党的《八一宣言》和抗日民族统一战线主张以及中央红军长征到达陕甘的消息传到北平后,广大共产党员深受鼓舞,积极开展学生工作。在中共北平临时工作委员会(不久改为北平市委)的领导下,北平学生组织成立了北平市大中学生联合会(简称北平学联)。12月初,北平学联召开代表大会,决定以实际行动表达抗日救亡的意志。12月3日,金大学生会就发出了通电,要求惩办汉奸,保卫华北。

12月6日,各校学生自治会联合,反对"防共自治",呼吁政府抵抗日本的侵略。北平学联决定于12月9日发动全市学生进行反对"华北自治"、反对成立冀察政务委员会、反对日本侵略的大请愿。

12月9日,古城北平怒吼了!在中共北平临时工作委员会的领导下,北平学联发动全市数千名爱国学生涌上街头,冲破国民党军警的重重阻挠,聚集在新华门前,向国民党北平当局请愿。当学生们提出的反对"防共自治"等抗日民主要求被拒绝时,他们将请愿改为示威游行。愤怒的学生振臂高呼"打倒日本帝国主义""反对冀察政务委员会的成立""反对华北自治""停止内战,一致抗日"等口号。游行队伍沿途遭到国民党军警的野蛮镇压,100余人受伤,30余人被捕。第二天,北平学联决定各校学生举行总罢课,积极酝酿和准备更大规模的示威游行。14日报载,国民党政府打算于16日成立冀察政务委员会。于是,学联决定在16日这天举行更大规模的游行示威。16日清晨,北平各校学生从四面八方涌向天桥,举行3万余人的市民大会,通过了"不承认冀察政务委员会""反对华北任何傀儡组织""收复东北失地"等决议案。会后,学生和市民一起举行了数万人的示威游行。国民党政府再次调动军警镇压,学生被捕者数10人,受伤者300余人。但慑于人民爱国运动的压力,冀察政

---

① 《中国抗日战争史》编写组编:《中国抗日战争史》,第92页。

务委员会不得不宣布"延期成立"。

北平学生的抗日救亡风暴迅速席卷长城内外、大江南北,许多城市爆发了学生的爱国集会和示威游行,并得到社会各界的广泛响应和支持。12月10日,金大教职员刘国钧、马博厂等40多人,看到华北形势日益危急,变相自治即将变成现实,发表了金大教职员对最新时局的宣言:"华北为我国命脉所系,任何所谓自治运动,或任何妨害统一之新组织,皆足以危害我领土主权之完整。同人等认为我政府处境艰难,为国人所共谅,尤宜博谘众议,秉忠尽谋国之初衷,对于任何足以危害我最后生命线之无理要求,一律严予拒绝,更不可有迁就之协定或谅解,以作茧自缚。同人等誓本次主张,以为后盾。"①他们反对"华北自治",并请中大、金女大等校教授予以支持。

一二·九运动冲破了国民党统治下沉寂的政治局面,极大地促进了中华民族的觉醒,广泛地发动了各地的学生。12月17日晚上,中大的同学们接到了发起援助华北学生运动的通知,60多个系的代表齐聚一堂,大家各抒己见,"我们要反对虐杀学生的军人""援助北平同学""我们去游行示威"……会议从晚上8点开到深夜2点,决定第二天游行示威。

18日下午3点,中大等校五千多名学生冲破当局的阻挠走向街头,高呼着"释放北平被捕学生""保障学生爱国运动""打倒日本帝国主义""收复失地""反对'自治'"等口号游行示威。② 同学们高呼着两年不曾呼喊过的"打倒日本帝国主义"的口号,激动异常,跑遍了南京城几十里的街道,直到夜里10点才终止了游行活动。

19日上午,金大、金女大等十校八千多人在金大操场集合后,声援中大的爱国运动,上街游行示威,并去国府、行政院请愿。中大教授吴梅在当天日记中写道:"下午拟至金大,而女生张惠贞、游寿、祖棻(即沈祖棻,国学大师程千

---

① 《金陵大学校刊》,第176号,1935年12月9日。
② 《申报》,1935年12月19日。

帆的夫人——引者注)至,知金大今日游行,继续中大爱国之举,遂未往。"①

22日下午,中大学生救国会为北平学生爱国运动一事,召开了新闻记者招待会,讲述了中大学生这次爱国运动的动机、态度和行动方针,并希望舆论界给予支持,用公正的记载和正确的批评进行报道。23日,中大全体学生致北平各校学生慰问电,并发表宣言,表示声援。

25日,中大学生召开了一天全体会议,决定26、27、28日全体学生停课,到外面宣传三天,全校学生每10人为一组,到全市各处向群众宣传北平学生运动的真相;并拟于26日联合全市中等以上学校学生进行游行。中大学生代表还到行政院递交了请愿书。当时《申报》报道:

> 中大学生二十五日晨在校开全体会议,至晚六时始散,议决二十六日、二十七日、二十八日三天为宣传周,停课,全校学生每十人为一组,分赴全市向群众宣传学生爱国之真象,并定二十六日联合全市中等以上学校学生,游行一次。二十五日晚八时,召集各校学生代表,在中大开会,讨论游行时间,及集合地点详细办法。又中大学生代表前赴行政院递书请愿四条,行政院廿四日派参事陈锐持秘书处函到校,召集各代表面致,该函云,据来书,业已转呈,校长对于诸君之忱,极为嘉纳。现已定于一月十五日召集全国各校校长及学生代表来京一晤,宣示政府意旨,并听取学生意见。来呈所陈各节,届时自必完全明了,务望诸君照常上课,恪守秩序,以备为国努力,至深盼幸。②

国民党政府对待学生的爱国行动,采取了转移目标的方法,"加紧军事训练、精神讲话及战时各事务之口习"③,"教部代表认为各校军事教官兼任训育

---

① 吴梅:《吴梅全集·日记卷》,河北教育出版社,2002年,第657页。吴梅(1884—1939),字瞿安,江苏吴县人。历任北京大学文科古典乐曲教授,东南大学、中山大学、光华大学教授。东南大学易名中央大学后,回中大任古典乐曲教授,并在金陵大学兼授词曲。抗战期间,举家迁至湘潭。1939年转赴云南,同年3月17日病逝。
② 《申报》,1935年12月26日。
③ 《中央大学档案》,第3596卷,第10页。

职务,各年级学生继续军事训练,并全校实施军事管理"①。在转移目标不能奏效时,25日夜,就以"京沪一带发现反动阴谋,情势严重"为理由,下令禁止游行,宣布自26日起南京执行戒严——"凡有违反戒严令者,概可军法从事",以"格杀勿论"相威胁,中大学生被包围在校内,外地学生被当局军警强行押送出京。于是刚刚起步的学生爱国运动,又被国民党当局镇压下去。

当局愈镇压,学生的不满愈强烈,不断地通过文章在校刊上表达出来,如金大学生苏恕诚的杂文《为爱国运动有感而言》:"五四,全国学生对救国运动尽了一点责任;九一八,全国学生对救国运动尽了一点责任。去年的十二月九日,北平学生于强敌汉奸强压之下,又掀起了救国运动,全国学生也闻风共起,想对救国运动再尽了一点责任……而惟一健全的组织国民党,在北方又不能容足。领导冀察人民的责任,青年学子,已义不容辞……一二·九学运发动,意义或较五四、九一八更为重大……北方学生既在刀光枪影中表现其国家意识。"②

---

① 《中央大学档案》,第3596卷,第12页。
② 《金陵大学校刊》,第179号,1936年1月6日。

第二章 中央大学西迁与办学

第一节 西迁过程

1937年7月7日,日本帝国主义者以制造卢沟桥事变为起点,发动了全面侵华战争。8月13日,日军向上海进攻,震惊中外的八一三事变爆发。国民政府教育部鉴于战事影响,决定处于战区内的学校应当延期开学,并令各校及早寻觅安全地点,以备战局不利时西迁继续办学。8月15日,校务会议讨论事项之一为"奉教部令凡在战区之学校展缓至九月二十日开学应如何办理案。决议:遵令办理"①,决定推迟至当年9月20日开学。

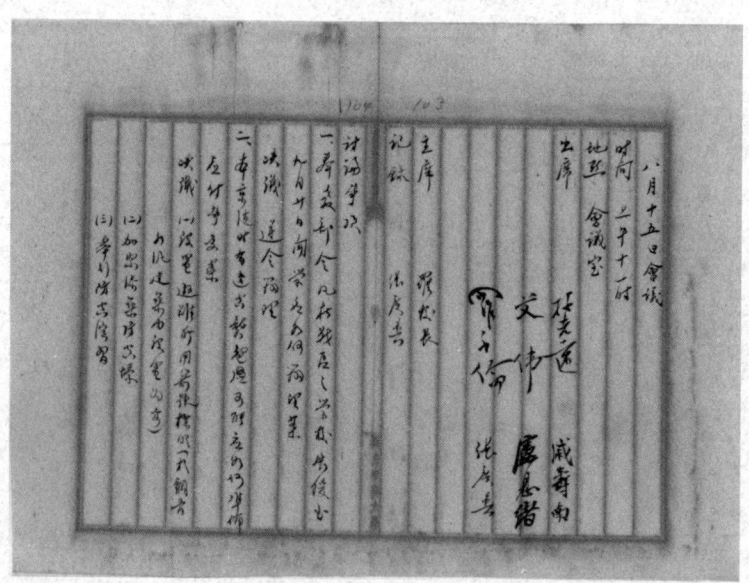

图 2-1 有关推迟开学的校务会议记录(1937年8月15日)

---

① 《中央大学档案》,第915卷,第103—104页。

有关举校西迁一事，校长罗家伦已早有准备，从当时罗家伦呈请教育部的公函中，我们可以看到他所做的几项安排。首先，考虑迁移的地点，必须注意几个条件：

（一）地点比较安全，可任其展开及安置图书仪器，至少可作半年至一年之工作打算。

（二）当地须略有高等教育基础，可供彼此合作且可互相利用师资设备，互相充实其训练。

（三）交通比较便利，最重要者系水路可以直达，苟无此项便利，迁至近处之困难且过远处。

（四）比较可以集中，俾便对学生问学、思想、行动作切实训练与指导，树一战争期间刻苦耐劳之新学风。①

依循以上几条原则，罗家伦曾派出几路人马寻觅迁校地址：一是法学院院长马洗繁和经济系主任吴干向四川出发；二是教育学院教授王书林向湘鄂出发；又派医学院教授蔡翘、郑集专程去成都华西协合大学接洽医学院及附属牙医专科学校迁徙事宜。

据多方考察结果，学校认为重庆大学（下称重大）地点较为合宜：

（一）地在嘉陵江岸，离重庆城市20余里，较为安全。

（二）与重庆大学合作，可凭藉其原基础充实教学之师资与设备。

（三）因在嘉陵江岸，故民生公司轮船可直达该校门口。②

重大曾表示，该校理工学院建筑可全部借与中大，学生宿舍亦可分借一部

---

① 《南大百年实录》编辑组编：《南大百年实录（上卷）·中央大学史料选》，南京大学出版社，2002年，第384页。
② 同上书，第385页。

分,足容学生六百人。此外,教师办公室等均可两校共用,再由重大拟借土地供中大添建临时校舍。事实上,选定重庆大学作为临时上课地点以及向重大商借土地建校,涉及的并不只是两校,还有四川省政府。罗家伦在选址建设临时校舍时,还曾就土地问题致电四川省政府主席刘湘,后者于川省文化裨益实多。

9月4日,学校校务会议正式通过西迁决议,"讨论事项:一、本校择地迁校筹备开学案。决议:重庆如有适□地址则迁重庆,否则迁成都,以最大之努力准备于十一月一日开学,各院系并以集合一地上课为原则"①。要求争取在11月1日前完成迁移工作并正式开学,还要求专任教师须于9月20日前在南京集中。

9月23日,学校传达给全体专任教师入川开学的通知中,提到教育部"准迁重庆"的批复已下达:"教育部核准西迁重庆,假重庆大学于十一月一日开学。"②于是中大9月30日致函四川省主席刘湘,希望借重庆大学地皮建校舍:"本校迭被敌机轰炸,校舍损毁,短时期内势难于原地开学。兹奉部命派员赴渝查勘结果,拟向贵省重庆大学暂借地皮一段,备供建筑临时校舍之用。"③10月2日,刘湘回函,同意借地给中大:"贵校为首都最高等学府,兹因避地来渝建筑临时校舍,于川省文化裨益实多,无任欢迎。重庆大学既有相当地皮可借,应请迅速开工以备应用。"④

校址落实后,全校迁徙于10月上旬开始。其具体安排如下:专任教师应自10月5日起至15日止分批前往重庆,学生应自16日至20日在京、汉、沪三处集中,分批由汉口转乘轮船赶赴重庆。

---

① 《中央大学档案》,第915卷,107—108页。
② 《中央大学档案》,第5716卷,第11—12页。
③ 《中央大学档案》,第5718卷,第33页。
④ 同上书,第37—38页。

图 2-2 决定西迁的校务会议记录(1937年9月4日)

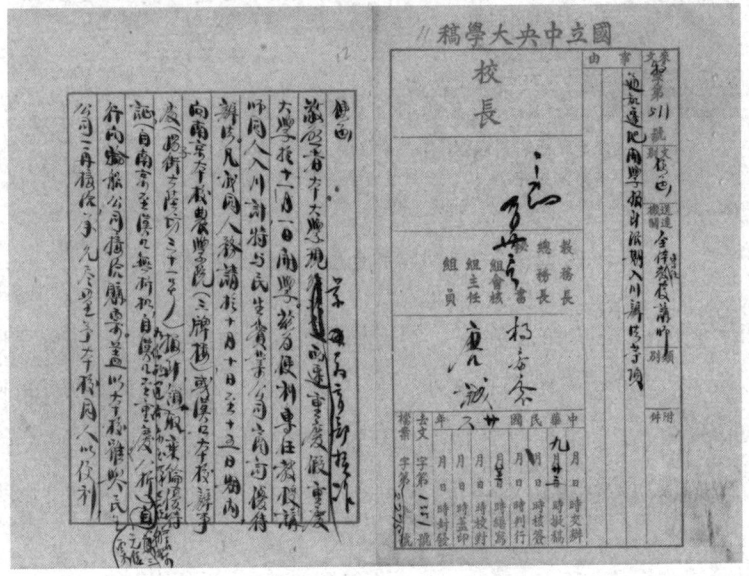

图 2-3 中央大学通知师生乘船入川开学的通知(1937年9月)

此次西迁得到了民生公司卢作孚①先生的大力帮助,他提供了迁徙的客运和货运船只。不仅如此,对于西迁货运及有关教职员、教职员家属与学生的人员运输,民生公司还特地予以优惠。② 从9月13日中大与民生公司商定的运输协议看,货运运费每吨七折,人员票价则一律八折计算,南京汉口统船票价概收三元,但须由中大方制作"搭轮优惠证明",持证乘船。此后,经过交涉,民生公司做出更大程度的优惠让步:除原定中大制作乘轮优待证明,供民生公司审查一项不变外,员生收费一律七折,家属收费一律八折,且鉴于战争时期人员搭轮不便,优惠时期也由原来的1937年10月底止改为当年11月底止。

图2-4 中央大学和金陵大学西迁路线图

师生们采取化整为零的方式,分散而行,皆先由京至汉,再由汉口至重庆。③ 中大要求老生于10月16、17两日,在汉口报名领取乘船优待证后,自行购票赴重庆上课,而新生于10月16、17、18三日在汉口办理一切入学手续,经体检合格后领取优待证前往重庆。最后一批学生到达重庆已是11月中旬,

---

① 卢作孚(1893—1952):原名卢魁先,别名卢思,重庆市合川人。近代著名爱国实业家、教育家、社会活动家;民生公司创始人、中国航运业先驱,被誉为"中国船王""北碚之父"。

② 《中央大学档案》,第5716卷,第11—12页。

③ 《南大百年实录》编辑组编:《南大百年实录(上卷)·中央大学史料选》,第386页。

中大西迁的大致路线是:南京—汉口—重庆。

最终校址除医学院及牙医专科学校外,暂假重庆大学开课;医学院及牙医专科学校因重大无相同院系,教学设备无法合作,特商假成都华西大学开课;附属实验中学决暂迁安徽屯溪。①

第二节　西迁运输

中大西迁的运输主要分为三方面:一是员生运输,二是箱件仪器运输,三是动物运输。

一、人员与仪器设备运输

民生公司承担了中大西迁的大部分运输工作。事实上,有关中大员生按七折优惠乘船一事,虽经双方交涉后议定,但由于员生陆续前往汉口、重庆等地并不集中,且武汉民生公司直到1937年10月才接到重庆公司的优惠通知,因此在办理优惠乘船手续上发生了迟滞。后经商议,已去重庆的人不退多收票价,后去的人可以七折。故真正的优惠时间应当是从当年10月到11月底为止。乘船一事虽有民生公司负责,但在战乱之中轮船尤为紧缺。例如,1937年10月18日,王书林曾致信马洗繁,称原本商定运输在汉员生的民生公司属船——民本、民元轮,需先至芜湖为军事需要征运金陵兵工厂机件,待机件起运后再回汉运人。这样无疑会耽误中大开学等一系列安排。最后经过重庆行营的允许,才复将民本、民元两轮用于运输员生,问题终得以解决。

除了中大原有员生外,还有一批特殊的学生需要运送。1937年末,中大新招收了航空机械训练班学生约七十人,该班系短期专科训练性质,待运渝开学以便如期结束,分散服务国家抗战。当年12月,滞留在汉的航空机械训练班学生,乘船经万县转往重庆。

---

① 《南大百年实录》编辑组编:《南大百年实录(上卷)·中央大学史料选》,第389页。

二、动物运输

除了运输人员和箱件仪器外,动物运输也是此次西迁的一个重要事项。中大农学院牲畜有提供畜牧实验的用途,故而价值较高,需要运输。动物运输过程的主要负责人是农学院畜牧兽医系技士王酉亭。关于动物西迁,罗家伦晚年在台湾的回忆文章中写道:

> 我们最初和民生公司商量,改造了轮船的一层,将好的品种,每样选一对,成了基督教《旧约》中的罗哀宝筏(Noah's Ark),随着别的东西西上,这真是实现唐人"鸡犬图书共一船"的诗句了。可是还有余下来在南京的呢?我以为管不得了。所以我临离开的时候,告诉一位留下管理牧场的同人说,万一敌人逼近首都,这些余下的牲畜,你可迁则迁,不可迁则放弃了,我们也不能怪你。可是他决不放弃。敌人是十一月十三日(应为十二月十三日——引者注)攻陷首都的,他于九日见军事情形不佳,就把这些牲畜用木船过江。由浦口、浦镇过安徽,经河南边境,转入湖北,到宜昌再用水运。这一段游牧的生活,经过了大约一年的时间。这些美国牛、荷兰牛、澳洲牛、英国猪、美国猪和用笼子骑在它们背上的美国鸡、北京鸭,可怜也受日寇的压迫,和沙漠中的骆驼队一样,踏上了他们几千里长征的路线,每天只能走十几里,而且走一两天要歇三五天,居然于第二年的十一月中到重庆。我于一天傍晚的时候,由校进城,在路上遇见它们到了,仿佛如乱后骨肉重逢一样真是有悲喜交集的情绪。领导这个牲畜长征的,是一位管牧场的王酉亭先生,他平时的月薪不过八十元![1]

《中央大学档案》中有关动物西迁的史料显示,动物西迁的路线、过程与罗家伦回忆有些出入。王酉亭在南京失守前,将牲畜转移到江浦农场,经过数月艰辛,将牛羊鸡等押运到合肥附近,川资用尽后,积极筹款,个人垫款,予以维

---

[1] 罗家伦:《炸弹下长大的中央大学——从迁校到发展》,《文存》,第1册,第596页。

持。1938年4月,他先到重庆向学校汇报运输动物的情形,申请经费,诸事落实后又回到合肥,再次押运牲畜,风餐露宿,走了近4个月至汉口,在汉口失守前,将159头牛、猪、羊和鸡装运上船,运往重庆。南开大学校长张伯苓在听闻王酉亭的感人事迹后感慨道:"抗战开始后,中央大学和南开大学都是鸡犬不留。"七七事变后,日军飞机曾对天津的南开大学肆意狂炸。张的意思是说,南开大学被日军飞机炸得鸡犬不留,中央大学则是全部搬迁干净,连鸡犬都没留下。为再次展现中大在西迁时的不屈不挠的抗战意志和精神,特将史料中王酉亭率领畜牧场员工及数百头牲畜家禽在炮火中长途跋涉的有关内容略做简述。

王酉亭,字西平,江苏涟水人,1904年生。江苏省立第三农校畜牧系毕业,后任江苏省立第三农校牧场技术员、国立东南大学牧场技术员、中央大学成贤牧场技术员、农学院畜牧兽医系技士、总务处事务组勤务股股长、总务处事务组食粮股股长。1949年8月,王酉亭隶属总务处事务组,职务是事务员兼食粮股股长。①

1937年10月2日,农学院为加强管理,制定了《迁校后农学院场务组处理事务办法》,"请假准驳:各场职员在非常时期无故不得擅离职守,如有婚丧大故得由各场务组核定请假日数;各场考勤:各场职员在非常时期应各备工作日记一本,记载日常工作事务,场务组得随时到场考查报告"②。

10月11日,农学院院长邹树文给罗家伦报告中,表示农学院随校迁川后,各附属农林、园艺、畜牧、蚕桑各场紧缩预算,因人员留调,各场负责的主管人员不得不有所变动。13日,他给罗家伦补充报告中,附有《农学院随校迁川后各场主管人员名单》一件,其中"畜牧各场(院内牧场、院内鸡场、成贤牧场、铁心桥牧场)除原址酌留牲畜外,余均酌量集中铁心桥牧场由王酉亭主管,以省开支"③。每月合计预算经费1800元。

---

① 《中央大学档案》,第823卷,第162页;第1977卷,第149页。
② 《中央大学档案》,第6001卷,第24—25页。
③ 《中央大学档案》,第1003卷,第56页。

11月18日,上海已经失守,国民政府决定"短期固守"南京。当天,中大留京办事处主任刘兆琪主持召开了留京办事处第12次会议,讨论了三件事:"一、目下各场所应各自打算如何保存公物,譬如各牧场牛、猪,虽无法运走,可否由旱道分送离京较远地方,如徽州等处;二、各场所重要文件物品,应预筹安置办法以备万一;三、各场所报销等项,应及早办清,以凭转报。各场所应再设法紧缩,以备经费来源为难时,过穷日子。"到会者20多人,达成以下共识:"一、留京人员应忠于职守,绝不轻易离京;二、留京职员到汇兑不通时,生活将无法维持,请学校早筹办法;三、请学校除将十一月薪及十二月份场经费以及校工校警薪饷电汇京外,并请再多存款在京以应急需(每月各场饲料须千元);四、各场所除各自打算保全公物外,并请学校指示办法,以便遵行。"①

11月25日,罗家伦给刘兆琪便函,强调尽可能保全校产及农场牲畜,"一切务请以镇静态度、敏捷手段将校产尽量保全,凡可装箱迁运者尽量装运,农场牲畜亦请设法暂送比较安全地带,以尽人事"②。28日,南京形势紧张,局面混乱,铁心桥一带的警察已撤走,银行已全部移往汉口,刘兆琪致函罗家伦:"水陆乘客,往往守候数日或一星期始能成行,上行船因拥挤不靠码头,搭客由下关至上船处所相距匪遥,每人民船费竟有要十六元者,各种车价,骇人听闻。"③

11月29日,罗家伦在重庆沙坪坝主持召开的校务会议上,对农场牲畜及人员安排,做出了决议,"留京牲畜之不能运出,此应沿京宣公道线赶至安全地带,寄存民间,审度时势便宜处置","农场在战事展至镇江、广德之线以东时,应镇静维持,经费照发,越过此线时则一律遣散(场工在内),除本月份薪水外多发一个月薪水(照例折扣),有愿留场者得自行经营设法维持生活,事后得由校酌予奖励,但不能发给平时经费及薪水"④。

---

① 《中央大学档案》,第5895卷,第454—455页。
② 《中央大学档案》,第1003卷,第58页。
③ 同上书,第143页。
④ 《中央大学档案》,第920卷,第33—35页。

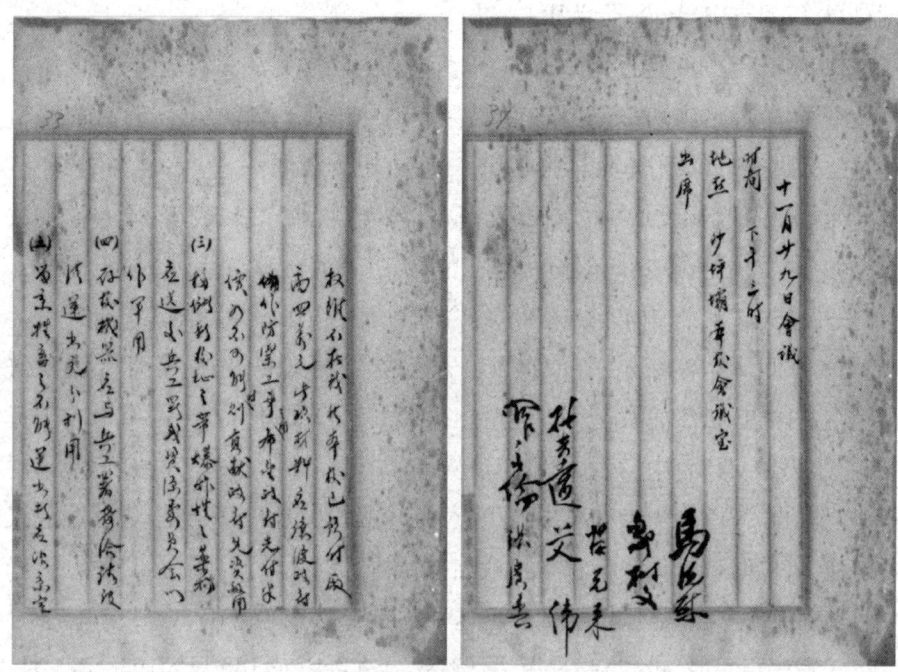

图 2-5　有关动物运输的校务会议记录(1937 年 11 月 29 日)

12 月 2 日,根据校务会议的决议,校办通知会计组给驻京办汇国币 7000 元,作"来时员工给资、遣散及装运仪器物品、牲畜之用"①。

12 月 5 日,刘兆琮在第 15 次报告中提到南京形势危急,农场职员仍在坚守的有姚开元、吴董成、俞启葆、周文焕、王酉亭、冯光剑,"畜牧场大汽车数日前修好,日前以装运畜牧场仪器等项,分量过重,又复损坏,拟再修理,小汽车两辆,一被第六警察局借去,政府有令,不准汽车出境,以备紧急时军用"②。

当天,王酉亭将 124 头猪,半数送至上海银行副经理奚东曙的庄房(位于南京东郊)寄养,半数移存大胜关农场(位于南京南郊),将 28 头优质种猪与其他牲畜,悉数由下关紧急渡江到江北的中大江浦农场,拟再向皖北移动。迁移时,除续存经费 800 元外,刘兆琮拨款运牲畜费 800 元,合计 1600 元。过江后,王酉亭恐经费来源中断,除 10 名牧夫外,其余 36 人一律给资遣散,并节省

---

① 《中央大学档案》,第 1003 卷,第 104 页。
② 同上书,第 151—152 页。

饲料费,每月支出以 600 元为限。

12 月 6 日,日军逼近南京近郊,王酉亭等人已撤到江浦农场,计划以游牧办法把牛、羊等带到六安、霍山一带山区。刘兆琎在当天的第 16 次报告中写道:"敌人进逼首都,附本日早报一份。浦江(应为江浦——引者注)农场尚有姚开元、吴董成、周文焕、俞启葆、王酉亭、冯光剑、薄元嘉、成震、周祚常等数人。城外牲畜已有重要一部份留在江浦场,亦有在大胜关者,□与王酉亭计议,拟尽量先遣江浦,再以游牧办法经合肥到六安霍山一带山内。"①

12 月 11 日,刘兆琎在江浦农场给罗家伦、邹树文的信函中汇报了南京封门情况,并表扬了江浦农场负责人俞启葆等五人自愿将个人十一月份的工资缓领,垫为运费,"京中自六、七日起情势十分严重,四门闭城,惟挹江门能出不能进。九日,牛首山一带亦发生战事,过江轮极少。是日,职与李队长暂退江浦农场,静候时局变化……农学院俞启葆、吴董成、姚开元、周文焕、薄元嘉五位自愿将十一月薪缓领,以薪金作运送种子旅费……此种精神,殊堪钦佩"②。

王酉亭离京时,带出猪 28 头、牛 34 头、羊 44 头、鸡 132 只。1938 年 4 月,在合肥时,还有猪 30 头、牛 32 头、羊 52 头、鸡 124 只,牛存于舒城桃溪镇,猪鸡羊存于合肥东黄山油坊支,其中以乳牛最为珍贵,种纯年幼。

1938 年 3 月 15 日,因王酉亭所带种猪乳牛等迁川旅费告罄,中大致电位于六安的安徽省教育厅,请该厅从应汇皖省学生贷金中拨付 500 元以济急需,"本校畜牧系技士王酉亭带领乳牛、种猪等来川旅费告罄,筹法汇兑,请□贵厅应准皖省学生贷金内拨付五百元以济急需,此款即由本校迳交皖省学生,如何?盼复"③。20 日,安徽省教育厅复电同意,"电悉王技士旅费(可)由本厅垫拨,希转知(王)君来领"④。因王酉亭同时积极想办法,另筹得款项,个人还垫付了 100 元,此款未领。

4 月 9 日,王酉亭自安徽抵重庆,当天向邹树文汇报了工作。次日,邹树文给罗家伦去函,汇报了下一步运牲畜的计划,并希望罗校长百忙之中接

---

① 《中央大学档案》,第 1003 卷,第 154—155 页。
② 同上书,第 163—164 页。
③ 《中央大学档案》,第 6001 卷,第 37 页。
④ 同上书,第 36 页。

见一下王,"王酉亭兄昨自皖来商酌处理牧场牲畜办法……现□其偕姜培科兄偕往安徽,搬运牛羊鸡来渝……兹嘱王君晋谒面陈经过情形,乞赐见是荷"①。

4月12日,王酉亭向学校写了报告《奉令保养种畜经过概要》(廿六年十二月起廿七年四月中旬止):

一、廿六年十二月五日刘主任(刘兆璸——引者注)转示校长冬电,准拨款贰千元,饬将种畜择地保养。遵将猪一百廿四头,半数送存慈湖奚东曙庄房寄养,半数移存大胜关农场。最优之种猪二十八头,与其他牲畜,悉数运由下关渡江,向皖场境移动。

二、京地牧场,计有四处。于学校迁渝后,核定四场,每月合计预算经费壹千捌百元。

三、迁移时,除继存经费捌百元外,由刘主任拨给捌百元,合计1600元。

四、迁移后,深恐经费来源中断,除留牧夫十名外,其余三十六名,一律给资遣散。并节省饲料费,每月支出以陆百元为限。

五、自离京以来,已四个半月。除公款壹千陆百元支用馨尽外,由西亭垫支壹百元,积欠牧夫工资及练习生津贴四个月,计叁百余元。向牲畜所在地各区署,借草料约九十余元。

六、现应拨之运费壹千贰百元,除发放工薪,归还垫款外,约余柒佰元。仅敷一个多月至九江或武穴用费,就地保养。固需经常费每月陆百元,起运来渝,尤非巨款不办。

七、离京时,带出猪廿八头,牛卅四头,羊四十四头,鸡一百卅二只。现存猪卅头,牛卅二头,羊五十二头,鸡一百廿四只,牛存舒城桃溪镇,猪鸡羊存合肥东黄山油坊支。

八、此项种畜,以乳牛最为珍贵,种纯年幼,本年九月以后,可产小牛十八九头,日可产乳五百磅,运来渝地,固需巨款。然于运到渝

---

① 《中央大学档案》,第6001卷,第39页。

地五个月内,当能将运费全数收回。

农学院畜牧兽医系技士王酉亭报告
廿七年四月十二日①

4月20日,王酉亭、姜培科给邹树文函,计划把牲畜从合肥运至武穴,出发时希望持有学校的公函,以便得到沿途各区署的保护和支持,"此次搬运种畜,自合肥至武穴,途程计有九百余里,经过皖鄂两省,八个县城,似应由校发给油印公函十余份,以便于到达各县城或区署时,填送请其代借房舍并饬属保护。如属可行,敬祈鉴赐核发,以便携带前往"②。两天后,学校开好了罗家伦签字的证明公函,"本校农学院有做教学试验用之牲畜多头,自南京运出后,暂时寄养于合肥,现拟由合肥运至武穴,转运重庆。特派技术员王酉亭、姜培科两先生,率同练习生及牧夫等押运……,代借房舍以便暂住,并请饬属以策安全保护"③。

王酉亭等再次押运动物,从合肥出发,一路风餐露宿,栉风沐雨。因战局变化,7月22日,日军攻陷九江,故王酉亭一行未到九江、武穴。他们历时近4个月,于8月中旬步行到了汉口。8月下旬,日军开始向武汉逼近,中国守军展开顽强抵抗。

8月21日,畜牧兽医系教授汪宪章(时负责该系在重庆事务)接到王酉亭信后,致函罗家伦:"本校乳牛等家畜,刻已步行到汉,究应若何处置方为妥帖?尚祈指示南针,俾资遵循。弟拟晋谒台端,面陈详情。"④

牲畜运到汉口后,因武汉岌岌可危,下一步运往湖南、贵州,还是四川?邹树文接受王酉亭建议,运往四川,并向学校申请拨款12 500元。8月22日,邹致函罗:"王酉亭君函来,以往湘西或往贵阳路远时多,祇支出毫无收入。如送川省……共一万二千五百元,除川省补助外,只缺六千余元。不如拨款运口为合算,并且洛氏基金尚余款,似可利用也。"⑤8月23日,罗家伦批准了邹树人

---

① 《中央大学档案》,第6001卷,第40—42页。
② 同上书,第52页。
③ 同上书,第49页。
④ 《中央大学档案》,第6149卷,第516页。
⑤ 同上书,第517页。

的方案,并让相关部门办理经费事宜。

9月8日,在罗家伦主持召开的校务会议上讨论"畜牧系技士王酉亭押运牛猪羊鸡等家畜业抵汉口应运往何处案"。形成决议:"应即分别电知邹院长及王技士酉亭,即行起运来川。"①当天,畜牧兽医系致罗家伦函,汇报了在汉口正在装运的牲畜种类与头数:②

表2-1 根据王酉亭技士八月二十七日自汉口来函,现正装运来渝之吾校牲畜种类与头数

种 类	头 数	共 计
一、乳牛	大母牛十七头、大公牛一头、中母牛九头、小公牛二头	二十九头
二、羊	大母羊三十八头、大公羊十四头	五十二头
三、猪	大母猪八头、大公猪二头、小母猪四头、小公猪四头	十八头
四、鸡		六十只

此上校长台鉴。

畜牧兽医系呈报

九月八日

9月10日,罗家伦分别电告邹树文和王酉亭,"抵汉家畜盼即运川","通讯处:邹院长乐山武汉大学王校长转。王酉亭汉口民生路张美之八巷金城饭店转"。③

10月7日,罗家伦、邹树文给四川建设厅厅长何北衡发电报,对卢作孚在资金、场地上的支持表示感谢,"敬悉本校牛猪鸡运川承辅助运费五千元,并供给场地合作实验推广,隆情盛意,无任公感"④。邹树文随后给中大重庆办事处去函:"拟十二日起运。"⑤9日,中大致函民生公司,称"本大学农学院牲口由民风轮运渝,备供畜牧实验之用,现拟请贵公司将所属青草坝民生工厂前空地暂予借用,以便寄放,并饬民风轮到渝时迳行驶至青草坝停泊"。后因船上

---

① 《中央大学档案》,第918卷,第120—121页。
② 《中央大学档案》,第6001卷,第331页。
③ 《中央大学档案》,第5589卷,第201页。
④ 同上书,第119页。
⑤ 同上书,第120页。

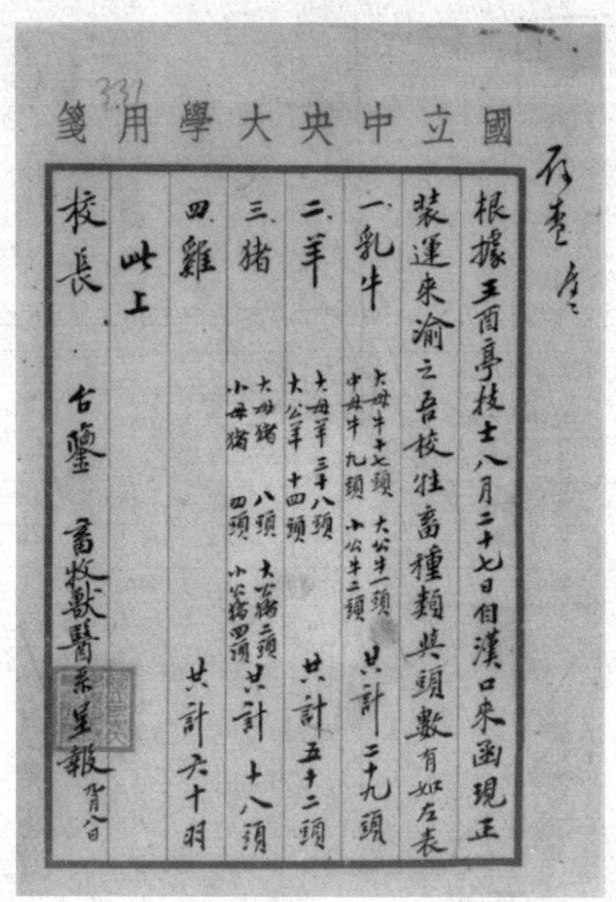

图 2-6　王酉亭汇报计划装运动物入川的函(1938 年 9 月 8 日)

乘客较多,如直接在青草坝停泊下货,时间较长,乘客"颇感不便"等问题,民生公司予以婉拒。后改变计划,23 日"改向磁器口教育学院借空用场,已经办妥"。①

10 月 24 日,中大重庆办事处致函重庆市海关税务司,说明到重庆的鸡的数量和装运时一致,"本大学农学院由南京运渝之鸡原装十箱,因上船时损坏一件,故合并成为九箱,但鸡头数目并未缺少,仍与原数无异"②。当

---

① 《中央大学档案》,第 5718 卷,第 52 页。
② 《中央大学档案》,第 5589 卷,第 107 页。

天,中大重庆办事处也致函重庆市各界抗敌后援会,希望到渝货物免检放行,"本大学奉令移渝开学,兹有玻璃水管二百十二箱及牛羊猪鸡等壹百贰拾件,现由南京运渝,此间报关手续亦已办理完毕……惠予免验放行,无任感荷"①。

10月27日,重庆市各界抗敌后援会复函同意放行,"准此,除准予免验放行外,相应函复"②。当天,日军占领武汉三镇,武汉沦陷。

第三节　校址校舍

一、重庆沙坪坝校区

中大的重庆新校址选在沙坪坝的松林坡,是重庆大学东北面的一个小山丘,属该校土地,占地不足200亩。因山坡上长着稀稀疏疏的松树而得名,嘉陵江从山坡下绕过,山清水秀。仅用了42天时间,围绕着松林坡,中大师生就修建了一排排低矮的竹筋泥墙教室和宿舍,并于1937年12月1日开学上课。

第二年春天,中大在松林坡顶端,修建了图书馆、阅览室,站在图书馆门口,可以俯瞰学校全景,坡上的主要通道是一条环山公路,也是运动员的跑道。后来,又陆续修建了专用教室、实验室和学生俱乐部等。③ 所有的建筑出于经济及简单耐用考虑,都是由中大自行采购材料雇工督造。教室宿舍等建筑结构,采用了简单的普通平房样式。根据《国立中央大学重庆沙坪坝临时校舍建设费二十六年度概算书》的记载,截至1938年12月,建设沙坪坝临时校舍总计花费了约24万元,这其中包括建筑费、建筑工资、设备费、抽水设备及杂支各项;建筑物共70处,计包括教室、宿舍、办公厅、图书馆、各科系实验室、球场、乳牛场、防空室等房屋445间,总计面积2986.18英亩。

---

① 《中央大学档案》,第5717卷,第224页。
② 同上书,第227页。
③ 王德滋主编:《南京大学百年史》,第196页。

图 2-7 重庆沙坪坝中央大学校景

沙坪坝分校建设概算书及房屋场所详表见本章附表一、附表二。

迁川后的第二年，考虑到因为学生增加校舍不敷，以及建筑密集防空威胁尤重等问题，学校委任卢孝侯、罗荣安、原素欣、高警寒等四教授组织委员会，在嘉陵江对岸磐溪觅地建筑校舍，以应对学生人数增加而造成的校舍不敷使用的状况。此后，中大在磐溪修建了工学院的大型实验室，将航空工程系和艺术系迁至磐溪，校舍的紧张情况得到暂时的缓解。但随着战事的激烈，涌入大后方的人口越来越多，中央大学在校人数激增，学校筹划建立分校方案。经批准，在从沙坪坝沿嘉陵江而上20余里之柏溪建立分校，"沙坪坝与柏溪，均沿嘉陵江岸，群山环抱，景极清幽。由重庆沿江而上，有轮舟可达。另有公路直达沙坪坝"①。

二、重庆柏溪分校

关于柏溪分校的选址，1938年8月就开始谋划。9月8日，根据校务会议记录，卢孝侯、毛宗良、原素欣、张仲鲁、马洗繁、李声轩、刘毅人、许恪士(后加)、王书林(后加)等教授被推举组织委员会，积极办理一年级新生新校舍选址建设问题，此为柏溪分校官方开始正式规划建设，负责人为张仲鲁。

---

① 《南大百年实录》编辑组编：《南大百年实录(上卷)·中央大学史料选》，第412页。

柏溪分校工程说明、建设概算及施工概况见本章附表三、四、五。

表 2-2 迁入重庆的中大各院系(部门)的具体地点

西迁地点	学校	系科/机构	迁入地点
重庆	中央大学	校本部	沙坪坝—松林坡
		小龙坎男生宿舍、教职工宿舍	沙坪坝镇上
		分校(一年级学生)	柏溪
		工学院的大型实验室 航空工程系 艺术系	磐溪—松林坡对岸(隔嘉陵江)
		中大附属中学	青木关 14 中学
		中央大学重庆办事处	都邮街紫家巷

资料来源:《南大百年实录(上卷)·中央大学史料选》,第 390 页。

三、农学院选址

中大农学院移渝开学困难之一,就是苦无合适农场地址可供建设。四川省立教育学院向中大借出农场,备供学生实习试验之用,并划出房屋四间,以供农场人员寄宿办公。1941 年,中大畜牧兽医系及专修科,设立在成都南门外浆洗街,四川省农业改进所血清厂内,总计有师生百余人。中大畜牧兽医系与四川农所畜牧兽医组合作密切,设备齐全,成为全国畜牧兽医学术之中心,拥有知名教授如陈之长、汪拜愚、吴文安、许振英、张松荫等,四川农所畜牧兽医组主任熊大仕先生亦担任中大教职。

四、西迁总结

1939 年 7 月 13 日,中大向教育部汇报了整个迁校情况,内容如下:

一、迁置

甲、经过情形

(一)起讫地点:南京至重庆

（二）起讫日期：二十六年九月至十一月

（三）行程里数（此处无记录——引者注）：

（四）经过地点及交通工具：由南京经汉口、宜昌、万县而达重庆，人员分乘轮船，物品大部分分段由轮船运输，小部分用木船，牲畜一部游牧来川。

（五）迁移中之员生状况：教职员计实到三一八人（原有五四三人），专任教授、讲师除自动请辞者外全体同来；兼任教授、讲师一律解聘；助教及职员斟酌需要，尽量裁减留职停薪；学生计实到一〇八六人（原有一三五二人）；旧生分在南京、汉口两地报到，新生在汉口集合，受体格检查合格后随同入川。

（六）迁移费：约十二万元（因政府未拨专款，所有迁移费用系在本校经常费内流支，故精确数字难以统计）。

（七）临时校址：本校在沙坪坝，分校在柏溪。

乙、建筑设备实况

（一）校舍

建置或租借用实况：本校临时校舍系自行建置，占地二百零五亩，其中借用重庆大学及乐姓地共约一百二十二亩，本校自购八十三亩，计先后建筑大小房屋共五十一座，建筑设备费约二十四万余元；去年又在柏溪地方自购民地约一百五十亩建筑分校，共建大小房屋四十七座，建筑设备费十六万余元。

（二）校具

1. 迁出实况：办公用品尽量携带，笨重家具概留南京。

2. 设置实况：教室桌椅、宿舍床位分别采用木制或竹制，均在重庆新置。

（三）图书仪器

1. 迁出实况：图书仪器等教学设备除不能移动之一部分笨重仪器外，均已运出，计共分装一千九百余箱，皆已陆续运到。

2. 设置实况：就急切需要者购置补充。

二、保管

（一）组织及方法：组织留京办事处设主任一人，职员若干人，分负保管警卫之职。

（二）负责人员：主任刘毅人。

（三）保管员：唐晋藩、李治华、刘怀清及各农场职员数人。

（四）保管状况：本校未能迁出物件为避免敌机轰炸，均分存于南京南郊新校址及三牌楼农学院内，由职员率同工警负责保管，直至敌军进逼近郊，保管人员始陆续退出，全部留京房屋遂亦沦入敌手。

三、损失

遭受损害情形：本校于二十六年八月十九日下午六时、二十六日夜间及九月二十五日下午被敌机轰炸，先后共落重磅炸弹八枚，牙医学校平房全部震塌，女生健身房局部震毁，无机化学教室着火被焚，女生宿舍平房大部分炸毁，大礼堂后墙炸穿数处，礼台部分全毁，文学院西北角被炸墙壁完全震塌，实验学校炸毁平房，两进女生宿舍亦毁，幸员生均皆安全，只死校工一人及建筑厂方工人五人，所有本校沦陷财产总计约值三百三十八万三千余元。①

五、校区旧址现状

1. 沙坪坝松林坡

重庆大学松林坡位于现重大 A 区后校门内，只见长长的台阶，有几幢青砖红瓦小洋楼，据考证是新中国成立后为苏联专家修建。因为原来的中大校舍都是些临时性建筑，在 20 世纪 50 年代已经破败不堪，于是校方将其拆除，建成了现在的小洋楼。

如今徜徉松林坡，还可看到一座"七七抗战大礼堂"。据了解，20 世纪七八十年代这里很有人气，学校的文艺汇演、电影播放就在里面，老教职工回忆，当时看电影，左右两边的大门都开着，大家可从各个方向随意出入，那时还叫

---

① 《中央大学档案》，第 1017 卷，第 2—12 页。

松林坡礼堂。后来国家限制楼堂馆所建设,重庆大学的大型活动慢慢转移到别处。

图2-8 抗战时期沙坪坝松林坡和今重庆大学松林坡

图2-9 松林坡礼堂

松林坡礼堂新中国成立前是什么样子？这是七八十年前中大留下的原汁原味建筑吗？目前说法不一。但在《中央大学三六级毕业①纪念册》的一张照片里，可以寻到些蛛丝马迹。

图 2-10　孟余堂

这张照片标题——"孟余堂"，即以当时的中大校长顾孟余为名。顾孟余1941 年 8 月出任中央大学校长，在任期间，曾为学校多方筹资，新建了能容纳三千人的大礼堂，1943 年初离任。

中大迁渝后因经费问题，一切普通设备多从简陋，在相当长的一段时间内没有可供公共集会的大礼堂，1942 年 2 月中大下决心建一个大礼堂：

　　本学年开始时，学校即决定将已倒塌之风雨操场重新修复，改建瓦房，兼充礼堂之用。原拟开学不久即可落成，故当时决定每周纪念周俟礼堂完工后开始举行。讵因经费关系，此项工程一再迁延，迄未开工。近悉行政会议已经议决，无论如何，应即另筹经费，克日开工，

---

①　三六级毕业：指民国三十六年学年度（民国三十六年秋至三十七年夏），即 1948 年毕业，也就是 1944 年入学，正好是在中大西迁的这段时期里。

限期完成。①

从报道中可以看出,学校很重视修建大礼堂,专门筹措经费,要求在规定期限完成,随后2月中旬即开始施工,5月下旬中大给重庆市政府工务局的公函中显示,大礼堂将在6月初竣工。

  本校于本年二月中旬将原有之风雨操场一所改建为大礼堂,兼作风雨操场之用。由本校工学院土木工程建筑工程两系教授刘树勋、鲍鼎设计,工务组自行购料招工承造,约于六月初完工。相应检同建筑图样函达……②

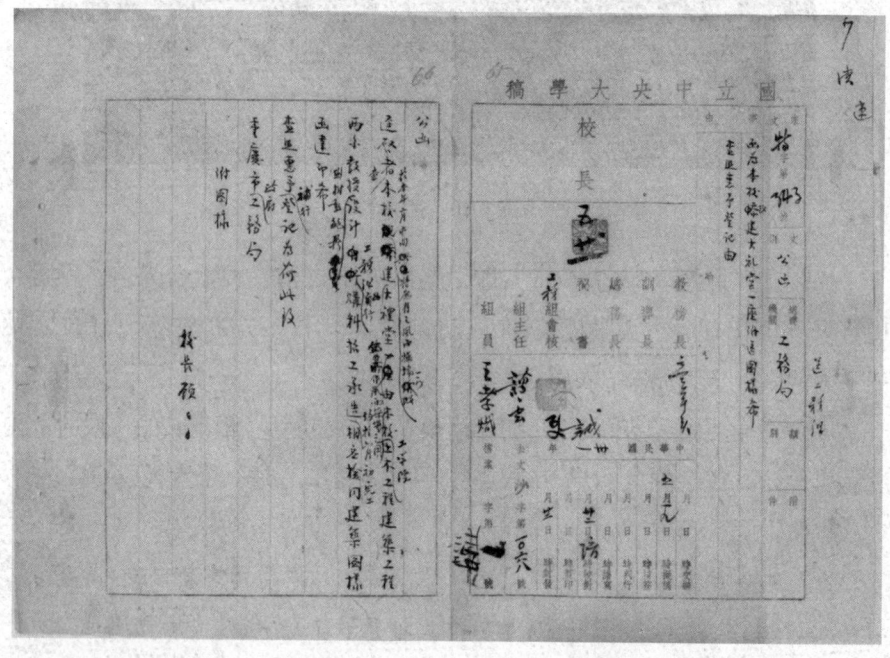

图2-11 中央大学就改建大操场登记事宜致重庆市政府工务局函(1942年5月)

① 《中央大学日刊》,复第77号,1942年2月3日。
② 《中央大学档案》,第5938卷,第65—66页。

而我们现在看到该建筑的说明牌上写道:"1938年,中央大学在此修建了'七七抗战大礼堂'。周恩来及许多历史名人在此发表过演讲。"参考上述文献资料的记载,说明牌上的内容值得商榷。目前大礼堂进行了维修,但很难确定就是1942年6月所建的孟余堂。当时由于条件所限,中央大学只建过一座大礼堂,今天我们看到的礼堂是在原建筑基础上改建的,还是后来推倒重建的,尚需进一步考证。

图2-12 松林坡礼堂说明牌

如今不管是松林坡礼堂还是附近的小洋楼,都已空置,未来或许可以在原址上建成中大西迁纪念馆,来记录近代中国这一段特殊的历史。

2. 重庆柏溪分校

据原中央大学外文系教师赵瑞蕻的回忆:"柏溪离沙坪坝北面约二十里,在嘉陵江东岸,原是一个只有二十来户人家的小山村。中大在那里征得约一百五十亩土地,创办了分校,可以容纳一千多学生。"[①]柏溪本是嘉陵江畔一个

---

① 赵瑞蕻:《忆中央大学柏溪分校》,钟叔河、朱纯编:《过去的大学》,长江文艺出版社,2005年,第234页。

图2-13 西迁时中央大学分校——柏溪

无名的小山村,校长罗家伦在考察分校选址时,看到这里柏树茂密,溪流潺潺,于是将之取名为"柏溪"。

柏溪分校面积148亩,大部分原为肥美水田,山顶有一果园。校园地势中部较平,作为大操场,东、西、南三面隆起,北部低下,学生宿舍、饭厅、教室、办公室诸建筑共百余间环绕操场四周建立,往来方便。建筑物四周广植芭蕉、翠竹、松柏、梧桐等树,是一个山清水秀、环境优雅、绿树成荫、鸟语花香的求学佳地。时任中大教师赵瑞蕻后来在回忆录里写道:

> 从码头往上沿山腰有一条石板路,弯弯曲曲,直通分校大门口,两旁有茅舍和小瓦房、小商店、小饭馆。分校整个校舍分布在一座山谷里较宽敞的地方,高高低低,一层一层。学生教职员宿舍、教室、实验室、图书馆、大操场、游泳池等等,都安排在绿树掩映着的山谷平台间……
>
> 我一到柏溪就住在分校最高点教师第五宿舍,真是运气,登高远眺,可以欣赏江上风帆、隔岸山色。从宿舍东头走出去,是一条幽径,有丛丛竹子;三月里油菜花开时,一片金黄色,香气四溢,真是美得很。在抗战艰苦的时期,生活困顿中,能在这个幽静的地方住下来,教学外还能从事写作和翻译,真有意外之喜。①

---

① 赵瑞蕻:《梦回柏溪——怀念范存忠先生,并忆中央大学柏溪分校》,《新文学史料》1998年第3期,第92页。

当时前往柏溪上课的文史哲教师,有宗白华,著名哲学家;汪辟疆,著名诗人、目录学家;顾颉刚,著名历史学家;朱东润,著名文学家、文学史家;柳诒徵,著名历史学家;罗根泽,著名文学批评史家;魏建猷,著名历史学家;郭廷以,著名历史学家;吴恩裕,著名红学家;吴组缃,著名作家,后任全国《红楼梦》研究会会长;翻译大家杨宪益与夫人戴乃迭;范存忠,英语语言文学家;叶君健,著名翻译家;蒋礼鸿,著名语言学家。数理化教师,有吴有训,著名物理学家;唐培经,著名数学家、统计学家;周鸿经,著名数学家。还有其他学科的教师,如段续川,植物细胞学家;萧孝嵘,著名心理学家;刘后利,著名农学家;陆志鸿,著名金相学家;翁文波,著名地球物理学家等。

在艰苦的学习环境中,柏溪分校培养了一大批后来为新中国发展做出卓越贡献的佼佼者,如"两弹一星"元勋朱光亚、钱骥、黄纬禄,中科院院士、我国固体物理学泰斗冯端,中华人民共和国国旗的设计者曾联松等。

在很长一段时间里,柏溪鲜为人知,它位于现重庆北部新区的礼嘉街道。中央大学的旧址在今九曲河污水处理厂,仅留存下来的唯一一处遗迹,就是位于厂子最里面的一座破旧小屋——巴渝地区最常见的砖木结构平房。目前修复后的柏溪分校收发室与当年中大的宿舍建筑,极其相似。

图 2-14 中大柏溪校舍

图 2-15 修复后的中央大学柏溪分校收发室

对于这间小屋的用途,有校友回忆是当年学校的收发室。也有人说抗战期间,中国银行柏溪分理处、当地邮局以及中大的石印室都挤在这栋小屋里,各占一间办公,由于学校师生来自全国各地,都通过书信和亲朋联系,因此每天下午,到这里来收发邮件的人都像赶集一样。

中央大学东还后,柏溪校园也历经变更。先是交给了军政部,办起了青年中学,后来这里成了江北简易师范的校地直至解放。1950年,组建了四川省江北师范学校,后改名为江北县礼嘉乡二校,先后开办了高中、初中和小学。直到2008年,校址被国家征用,建起了一个大型污水处理厂。岁月须臾,刹那已过八十载,当年的书香繁盛之地已无踪影。唯有临江一面,当年的"传达室"老屋还留在那里,近年已被修缮,焕然一新,列入了区级文物保护点,作为柏溪分校最后的见证。

第四节 炸弹下的中央大学

中央大学西迁办学,是我国抗战时期整个东部沿海地区文化教育和科研机关西迁的重要组成部分,影响深远。中大搬迁到重庆后,在经费短绌、物资奇缺、教学设施及学术环境远不如战前的情况下,全体师生筚路蓝缕、自强不息,学校在人才培养、科学研究、社会服务等方面都取得了令人瞩目的成就,办学规模不断扩大,发展成为全国规模最大的高等学府,为中国在抗战时期的科学文化与教育事业做出了不可磨灭的贡献。

西迁办学的主要问题除了校舍外,还有开学以及办公等问题。根据1937年10月27日的中大校务会议记录,学校校务办公地点在重庆陶园。当年11月1日为开学日,3、4日报到,5日新生体格检查,6、7、8三日注册选课,9日正式开课。学年分为上下两个学期,其中,11、12、1、2四个月为上学期,3、4、5、6月四个月为下学期。

校务会议还决定了学生校服、学费缴纳等事项。值得注意的是,由于战事的影响,中大还特地规划了课程安排,要求课程应设法集中并简单化,设立直接或间接的战时应用课程,以及注重国民精神的训练。更为直接的课程设置还包括军事训练、防护及救护训练和修理机械训练等。为贯彻课程集中集约化的目标,中大出台相关规定,所有例假除年假一日外一律取消,星期日上午必须照常上课,只有下午可以休息。

西迁到重庆的中央大学，并没有摆脱战争的威胁。重庆作为抗战时期国民政府的陪都，是大后方政治、经济和军事的中心，是中国抗战的战略重心，也是日机轰炸的首要目标。自1939年2月18日日机轰炸重庆广阳坝机场开始，到1944年12月29日日机轰炸梁平结束，在对四川全省近7年的狂轰滥炸中，受害最烈、损失最为惨重的是重庆。①在轰炸中死难的重庆同胞有万人以上，无数的房屋被毁，遭受了其有史以来前所未有的大浩劫，有着深厚历史文化的优美城市被炸成一个个瓦砾场，无数人家家破人亡，无数财产化为灰烬。日本侵略者空袭造成的灾难罄竹难书，令人发指。

1939年5月3日及4日，日机从武汉起飞，连续轰炸重庆市中心区，并且大量使用燃烧弹。市中心大火燃烧了两天，主要商业街道被烧成废墟，大量人员伤亡，5月4日《大公报》报道："日机狂炸重庆，在闹市中投弹甚多，房屋起火伤亡未详。"罗家伦校长给教育部关于中大在此次轰炸中损失的报告中称，中大在4月18日，向重庆左营街同兴军服庄定制男女生制服630套……付了定金国币2000元，在五三大轰炸中，该军服庄中弹起火，所有服装均被焚毁，同兴军服庄迁至江北处理善后，5月12日在江北遭受第二次轰炸，以致破产，不能继续营业。中大支付的服装定金无法收回。在五四大轰炸中，中大在城内承租的办事处被一燃烧弹炸毁，火光冲天，屋内办公家具损失殆尽，一片狼藉，租赁时曾付押金1000元，被焚后房主不知下落，或许遇难。中大租房的1000元押金无法收回。

据中大史学系教授朱希祖当时所历所记，中大最早受到空袭威胁是在1939年5月初。5月4日凌晨三点，中大响起空袭警报，朱希祖及其子立即到已经准备好的防空洞避难，"洞上虽有大石二丈余，泥土一丈余，且有树木，洞内又有木架支持，然余仍有戒心，以为不如在野外树木中或沟渠中较安全也"②。第二天，又有空袭警报响起，朱希祖再次躲入防空洞半小时。5月12

---

① 谢世廉主编：《川渝大轰炸——抗战时期日机轰炸四川史实研究》，西南交通大学出版社，2005年，第35页。

② 朱希祖：《朱希祖日记（下册）》（1939年5月4日），中华书局，2012年，第1043页。

日,27 架日机对重庆进行密集轰炸,重庆防空部队随即予以反击。据朱希祖描述,"高射炮弹俨如红色飞机向敌机猛冲,因夜色而显红光也","旋闻炸弹声,则重庆市中又投烧夷弹矣。真武山前烟焰充天,又不知烧去多少房屋,死伤多少人命,心甚不怡"。① 5 月 25 日晚七点半,朱希祖再度进入防空洞躲避了 3 个小时,在防空洞闷闭的环境中,朱希祖极感不适,"空气恶浊,人声吵杂,汗出头痛腹饥,疲惫不堪"②。"对朱希祖而言,空袭警报带来的恐惧感与在防空洞中的不适感,共同构成了大轰炸即将来临时的心理感受。这种感觉,也成为当时中大师生普遍心理状态的写照。"③

1940 年夏天,中大被炸了三次,教职员住宅被烧毁很多,《新华日报》有过报道。连校长罗家伦的办公室"瓦也没有了,墙也没有了",只能在残垣断壁中办公。1941 年,罗家伦在重庆警报声中怀着悲愤的心情写道:

> 敌人还是不放过我们的,像去年(二十九年)就被炸三次,第一次是六月二十七日,第二次是二十九日,第三次是七月四日。房子被炸毁和炸坏的,不下二十几所。我的办公室瓦没有了,墙也没有了。在夏天的烈日之下,我照常的和同仁在"室徒一壁"的房子里面办公。修好以后,照常上课。我们和顽皮的小孩子一样,敌机来了,我们躲进洞去。敌机走了,立刻出来上课……

童第周、蔡翘、邹树文、郑集、孙鼐等 70 多位教职员工在 1939 年 5 月至 1940 年 7 月轰炸后,填写了《国立中央大学教职员学生工警及家属被炸损失调查表》,从中可以看出日机轰炸之频繁、惨烈,造成的房屋损毁、财产损失触目惊心。孙本文、刘南溟在 1940 年 6 月 27 日住宅被炸后,填写的损失情况如表 2-3、表 2-4 所示:

---

① 朱希祖:《朱希祖日记(下册)》(1939 年 5 月 12 日),第 1053 页。
② 朱希祖:《朱希祖日记(下册)》(1939 年 5 月 25 日),第 1056 页。
③ 倪蛟:《抗战时期国立中央大学的学生生活》,南京大学出版社,2017 年,第 106 页。

表2-3 国立中央大学教职员学生工警及家属被炸损失调查表

姓名	孙本文	服务部分	文学院教授	被炸日期	个人	
					家属	六月二十七日
地点	个人住所					
	家属住所	沙坪坝石门村二十三号		家属人口	七口(男女仆一口)	
被炸情形	个人					
	家属	住宅四间屋面几全破毁				
损失物品名称	个人					
	家属	1. 屋瓦(四间);2. 天花板(三间);3. 天花板(后廊);4. 墙壁(稍有一部分损坏);5. 电灯罩;6. 铁锅;7. 瓷钵;8. 磁碗(应为瓷碗——引者注);9. 门键;10. 玻璃(四间□□□□);11. 窗键;12. 门窗(有少数损坏)。				
损失价值	个人					
	家属					
备注						

资料来源:《中央大学档案》,第5859卷,第139页。

表2-4 国立中央大学教职员学生工警及家属被炸损失调查表

姓名	刘南溟	服务部分	法学院经济系	被炸日期	个人	
					家属	六月二十七日
地点	个人住所	石门村十七号				
	家属住所	石门村十七号		家属人口	五人	
被炸情形	个人	房子被震毁,盖瓦、门窗、天花板、屋椽、地板、电灯皆有损毁,尤以瓦及玻璃损失最多。又因中碎片,衣物家具亦有少数损失				
	家属					
损失物品名称	个人	除房屋外,损失蚊帐两床、大褂壹件、手表一只、钢笔一枚、热水壶一只、瓷器一套、家具及厨房用具各一部分。				
	家属					
损失价值	个人	房子损失约五百元,其他损失约叁百元。				
	家属					
备注						

资料来源:《中央大学档案》,第5859卷,第179页。

1940 年 10 月 4 日，敌机空袭成都，当时中大医学院院长戚寿南正在城内四圣祠三校(中大、华西、齐鲁)联合实习医院内上课，听得警报后立即停课，嘱令学生急赴附近公共防空洞内躲避。该院四年级生张治德、夏傅汾、陈定一三人，赴东较场城根下一防空洞内躲避。敌机窜入成都上空后，就沿东门城根一带投弹，三人所在的防空洞中一弹，张、夏两人被当场炸死，惨状触目惊心，陈受轻伤。联合医院的屋瓦、玻璃被震毁很多。

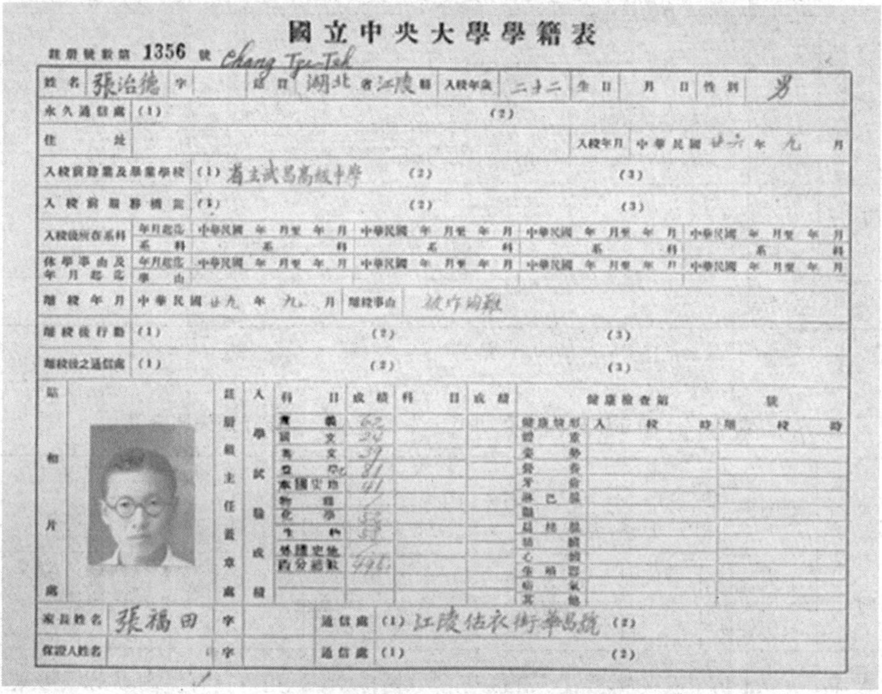
國立中央大學學籍表

1356

Chang Tze-Teh

姓名 張治德　字　籍貫 湖北省江陵縣　入校年歲 二十二　性别 男

入校年月 中華民國廿六年九月

入校前肄業及畢業學校 (1) 省立武昌高級中學

離校年月 中華民國廿九年九月　離校事由 被炸殉難

家長姓名 張福田　通信處 (1) 江陵估衣街

图 2-16　在空袭中遇难的医学院学生张治德的学籍表

1941 年 8 月 22 日，一百多架敌机袭击重庆，其中二十多架冲沙坪坝飞来，在不足二百亩的校园里狂轰滥炸，除三栋教员宿舍位置偏远未被波及外，其余的教室、宿舍均遭破坏，损失百余万元。幸好时值暑假期间，留校人员不多，只有两名校工受伤。事后，学校成立了“八二二被炸善后委员会”，由代总务长王书林任委员会主席，徐仲年、王德芳、童冠贤等任委员，办理救济与修复工作。修复工作刚开始，仅隔一周，敌机再次袭击中大，图书馆、教员宿舍和汽车库被炸，三辆客车起火烧毁，全校师生几乎无处安身，露宿在松林坡上。临时向重庆大学和中央工业专科学校商借校舍,让师生暂住。一边修复,一边复课,严重影响了学校的教学与生活。

9月3日,为做好师生的防护工作,学校发文聘任一些教职工为"师生防护服务团"的正(副)队长,其中徐仲年、欧阳翥为防空队正副队长;杨枫、张慰慈为医药队正副队长;郑大源为消防队队长,王西亭、孔志坚为副队长;欧阳翥为警备队队长,徐仲年、吴功贤、孟心□、蒋志超、朱浩然、姚文源、孔志坚为副队长等①。

10月14日,学校发布了推迟上课的《布告》(第14号),告之学生"本校两度被炸,房屋损失颇多",学校虽然加紧修复,但是工程浩大,短期内来不及全部完成,当年度学生增加了数百人,宿舍教室,均须添建,费时很多。三、四年级学生先于11月1日上课,一、二年级学生上课时期,则视工程进度再做决定。

为应对敌机的狂轰滥炸,保障校园师生的生命和财产安全,学校很重视对防空洞的修筑,修好后,钻防空洞又成为大家日常生活中的一个重要组成部分。学校成立了"中大师生防护团",负责管理此事,防护团有健全的组织、缜密的防范措施和严明的纪律。每遇空袭,防护团就发出预备警报,师生必须迅速进入附近的防空洞。若警报发出后,仍有逗留在外的,须按情节轻重予以处分。师生及家属进入防空洞需要入洞证,入洞证每年更换一次。如1942年3月,教职员、学生都已办好了入洞证,防护团发布了关于更换家属入洞证的紧急《启事》,这次登记的范围是"本校校本部教职员家属……直系亲属虽住在本校附近,但在其他机关服务,而有防空洞者,不予登记"②,登记人须要有学校现任教职员担保。

有时紧急警报响过,大家进入了防空洞,飞机却没有来,师生们只能坐洞(防空洞)窥天,很是无聊。最让人头痛的是,有时一天空袭几次,就得进出几次。洞内空气污浊,呼吸困难,即使装有通风机,也令人作呕欲吐。中大历史系教授缪凤林在其《中国通史要略(自序)》中曾记述当时遭受大轰炸时的情

---

① 《中央大学档案》,第5855卷,第426页。
② 《中央大学日刊》,复第105号,1942年3月7日。

况,"忆二十九年三十年间,每雾季一过,倭机旦夕肆虐,余抱此稿入洞避警者,无虑百十次"①。森林系一位教授对沙坪坝的空袭做了详细统计,有一个月空袭高达28次,有一天钻了5次防空洞。

1944年3月,在中大师生防护团第一次团务会议上,校方再次重申防空管理规定:"为策大众安全,于空袭警报发出后,本校男女同学必须起前往防空洞。如紧急警报发出后,本校同学仍有逗留宿舍及防空洞附近,或迟迟前往防空洞,并不服从本团防空队警备队及洞长之指挥者,按照向例分别记大过,开除学籍,严予惩处。"②10月,中大第61次行政会议上,再次讨论了加强对防空洞的管理和修理事宜,通过了文学院院长李翊灼提出的"从速管理并修理本校防空洞,以维秩序而策安全"的议案,会后即催促政府的防护团从速修理,费用由学校先垫付。

敌机频繁空袭,不仅干扰了师生的正常学习生活,也让死亡如影随形。但是,即使这样,老师们仍坚持从当时的实际出发,因地制宜,积极地开展教学和科研工作。据中科院院士、中科院上海技术物理研究所名誉所长汤定元回忆,当时物理系的仪器设备主要是为学生的教学实验配置的,但也有少数为研究工作配备的。学校的所有仪器设备均为在抗日战争前从国外进口,非常宝贵。因为日机常来轰炸,为避免损失,重要的仪器都是放进防空洞,使用时方才取出。

第五节 赴缅甸腊戌抢运实验仪器及教学用品

1941年12月,太平洋战争爆发,日军在短时间内席卷东南亚,1942年3月,日军占领缅甸仰光,4月29日,日军第56师团攻占腊戌。腊戌是缅甸中部的交通枢纽和物资集散地,有铁路、公路与仰光相连,从海上颠簸而来的各种物资可以从仰光转运到此,再沿滇缅公路运到中国。腊戌失守,中国远征军

---

① 缪凤林:《中国通史要略》,第1册,上海商务印书馆,1946年,"自序"。
② 《国立中央大学师生防护团第一次团务会议纪录》,《国立中央大学校刊》,1944年4月16日。

回国的主要道路被切断，虽浴血奋战，屡挫敌锋，终因寡不敌众，远征军一部分西撤印度，一部分辗转回国。5 月初，日军接连侵占滇西畹町、芒市、腾冲等地，狂炸保山。至此，我滇西怒江以西国土，相继沦陷。

中大向海外订购的一批医学实验仪器及化学药品共 54 箱，用于教学，运抵香港后，因 1941 年年底香港迅速失陷而损失殆尽，令人扼腕痛心。中大还有一批向海外购买的实验仪器及教学用品当时在缅甸，因战局岌岌可危，1942 年 3 月 27 日，学校委派总务处事务组组长李矩、经济系助教刘天怡[①]从重庆飞抵缅甸腊戍进行抢运。整个抢运过程历经艰辛，险象环生。

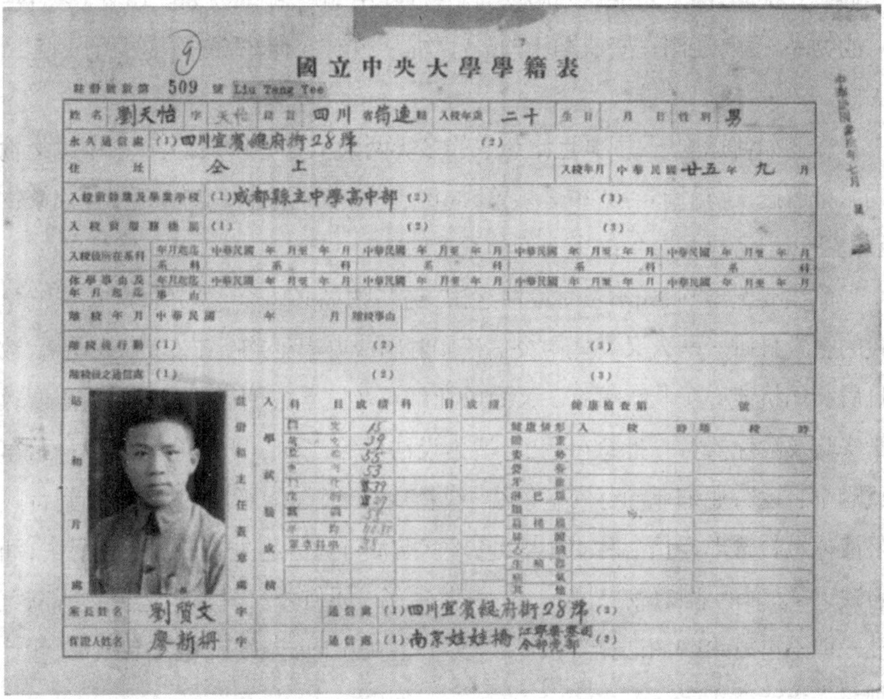
國立中央大學學籍表

509 Liu Tang Yee

劉天怡　四川　二十　男

(1)四川宜賓總府街28號　(2)

仝　上　入校年月　中華民國廿五年九月

(1)成都縣立中學高中部　(2)　(3)

劉質文　(1)四川宜賓總府街28號　(2)

廖新栩　(1)南京娃娃橋　(2)

图 2－17　刘天怡的学籍表

① 刘天怡(1914—1992)：四川筠连人。著名经济学家。1941 年毕业于中央大学经济系，留校任助教，至 1944 年，历时三载。1947 年赴美留学，就读于丹佛大学经济研究院，获硕士学位，后入美国威斯康星大学攻读博士学位。回国后在兰州大学工作，历任兰州大学经济系副教授、教授，校学术委员会委员、副主任，学位评定委员会委员、副主席。

因实验仪器及教学用品散在缅甸各处，两人第二天就到腊戍及周边城市寻查货物，咨询知情人员。在腊戍，他们向华侨银行经理陈芳锦了解学校心理研究部订购的一批图书用品，还去了中缅运输局、英商天祥洋行、轮船公司等处。日机经常进行突然轰炸，因警报不灵或正在商谈接洽，他们经常来不及跑出房屋到附近隐蔽处躲藏，有几次炸弹就在不远处爆炸了。

在曼德勒，他们向 Thas. Cook and Sona. Ltd 运输公司查询医学院所购的一批 X 光机零配件下落时，正遇敌机轰炸该公司后的第二天，工作人员已逃避一空，等了两天，未见一人。遂又赶到眉苗查询，也没有结果。这时日军已逼近曼德勒，两人只能返回腊戍，将存放在中缅运输局的物品 13 箱、天祥洋行的物品 4 箱，连同在腊戍购买的医疗物品 5 箱，共计 22 箱，汇总后计划运回国内。

货物如何运回国，困难远比想象的多。两人争分夺秒，数次请求中缅运输局派车运送，运输局表示"军运频繁，油田已失，车辆油料均感缺乏，各公家物品无法运出者极多"，拒绝了他们的请求。

前线战况激烈，如不及时设法运出，这些物品必将全部损失，严重影响学校的教学科研。两人又委托中央信托局驻腊戍办事处购买卡车，寻找司机，数日后和司机谈好了开车事宜。又致函亚细亚及美孚各油行："本校腊戍重要教学实验及医疗器材一批急待运出，请为设法供给汽油一千加仑以便自行租车或购车装运"，亚细亚油行同意供给一些汽油。但是购买汽油，需要先到行政院液体燃料管理委员会驻腊办事处办理《购油证》，办事处答复："油田已失，油料缺乏，已奉俞部长（俞飞鹏①——引者注）命，任何公家机关抢运公物所需汽油一律不再发给购油证，自行购油。"买卡车、雇司机已谈妥，但没有汽油，此计划终告流产。

当时曼德勒及眉苗已有日军侵入的消息传出，李矩、刘天怡焦急万分，两人硬着头皮于 4 月 19 日夜 11 点敲开了俞飞鹏家的大门，诚恳地说明了二十

---

① 俞飞鹏(1884—1966)：字樵峰，浙江奉化人。早年毕业于宁波师范学校，后入北京军需学校，学习了军事运输和后勤知识。1927 年后历任上海江海关监督、军政部军需署署长、交通部部长等职，1941 年兼任中缅运输总局局长、滇缅公路运输工程监理委员会主任委员。1966 年在台湾病逝。

多天来抢运物资遇到的诸多困难,以及这批教学科研物品对中大的重要性,恳求俞部长在百忙之中帮忙解决此事。俞听后,很是理解,破例调派了两辆运送军队的卡车给他们使用。

李矩、刘天怡马不停蹄,连夜将存放在天祥洋行及中缅运输局的 22 箱实验仪器及教学用品装上卡车。第二天一大早,两辆卡车驶离腊戍,当天晚上抵达云南畹町。9 天后腊戍即告失陷。

到畹町后,卡车抛锚,需要维修,他们只能停留了几天。当时畹町每天都有空袭警报,为了物品的安全,每次警报响后,他们嘱咐司机及时将能开的车开到郊外,并随车照顾。畹町距腊戍不到 200 公里,日军占领腊戍后,即向畹町、龙陵急速推进,形势依然危急。

在畹期间,除修车外,还办理了货物的各种手续。到龙陵后,他们找了中缅运输局仓库负责人及航委会,查询中大医学院购买的 6 箱器材是否已提前运至昆明,如已运到,请对方将具体的运单号告之,以便到昆时向航委会交涉取回。

卡车从保山开出一天后,保山即被敌机狂轰滥炸,人员死伤、各种车辆损失,惨不忍睹。车抵下关(今大理)时,适值中缅运输局奉命封车,"无论公私车辆装运任何重要公物,均被迫将货卸下,驶回前方运兵",学校的货车也不能例外。两人与该局负责人百般商洽,动之以情,负责人方同意"将车子暂为躲避一旁,俟有机会再行发给《通行证》放行",中缅运输局为此通融,只此一例。在下关停留两天,拿到《通行证》后,车子才顺利开到昆明,到昆明后,海关方面因该批货物的免税护照未收到,不予放行,李矩、刘天怡为避免物品久存发生意外,必须尽快运走,拜访了云南大学熊庆来①校长,请他为这批货物出具《担保函》,"交蒙自关监督备文转饬海关税务司,先行免税放行"②。又积极与中缅运输局、商车管制所联系,安排车辆将物品运往重庆、成都。

5 月 13 日,两人给中大总务长吴世瑞写信,略述了抢运过程:"前月廿日

---

① 熊庆来(1893—1969):字迪之,云南弥勒人。著名数学家。1920 年获法国蒙柏里耶大学理科硕士学位。曾任东南大学、清华大学教授,1937—1949 年任云南大学校长。新中国成立后任中国科学院数学研究所研究员、第四届全国政协常委。

② 《中央大学档案》,第 5578 卷,第 155—167 页。

离腊后,腊戍即入紧张状态中,当晚抵畹町,因车子抛锚,在畹竟留八日。日睹腊戍撤退情况,不胜焦急。以时局混乱,无法另觅专车,至廿八日敌军迫腊戍时,始离畹町。行抵宝山(今保山——引者注),又因故障,停一天半,三日午后离宝,四日宝山即遭惨炸。因无警报,死伤无算。车到下关,敌军之迫惠通桥(距宝山数十公里),所有东行车辆,均需下货载兵赴前方。经两日之奔走,我车备幸未被下货,亦云险矣,七日晚安抵昆明……"①

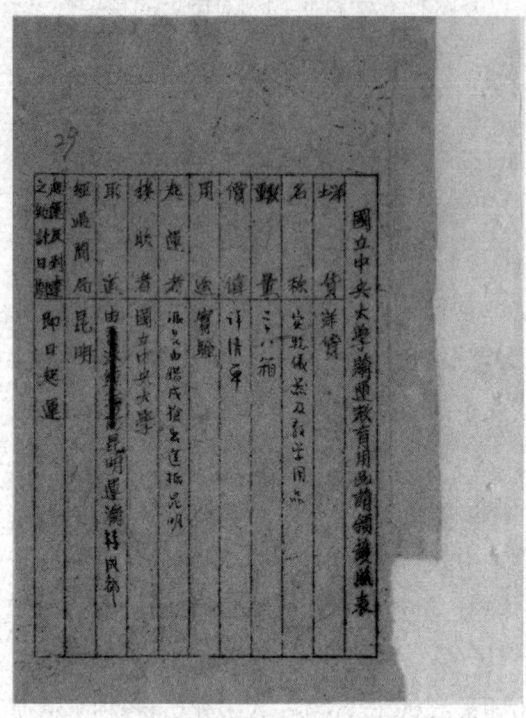

图 2-18 李矩、刘天怡在昆明填写的《国立中央大学购运教育用品请领护照表》

从两人在昆明填写的《国立中央大学购运教育用品请领护照表》②中可以看到,这批实验仪器及教学用品共 28 箱,货物是"洋货",用途是"实验",起运者是"派员由腊戍抢出运抵昆明",接收者是"国立中央大学"。

李矩、刘天怡从 3 月 27 日至 5 月 7 日,历时 40 天,深入缅甸腊戍、曼德勒、眉苗及滇西畹町、龙陵等地,冒着敌机轰炸、日军兵临城下的危险,克服各种困难,抢运出实验仪器、教学用品 22 箱(另航委会提运了医学器材 6 箱),安全运至昆明,为中大的教育事业做出了贡献。

---

① 《中央大学档案》,第 6151 卷,第 1229 页。
② 《中央大学档案》,第 5578 卷,第 29 页。

第六节　战时校园文化生活

　　学生的校园文化生活和课外生活是学校教育环境的重要组成部分，关系着学生道德、学识、身心的培养和健康发展。作为彼时国内办学规模最大的综合性大学，中大很重视学生的校园文化生活，经常举办各种类型的学术讲座、艺术展览、演讲比赛，内容丰富，形式多样。

　　当时影响较大的重庆"沙磁区学术讲演会"就是由中大主办的。每周日借重庆大学或南开中学礼堂，请政界、学界或来华外交使节等社会名流演讲，如孙科、翁文灏、张道藩、潘光旦、美驻华大使詹森等都做过演讲。1941年4月，冯玉祥将军来校演讲，还兴致勃勃地给师生们朗诵了自己创作的"丘八诗"，引起了学生极大的兴趣。文学院主办诗、词、曲、外国名著系列讲座，由著名教授主讲，听众可以发问，提出不同看法，共同研究讨论，很受师生们欢迎。

　　学校艺术氛围浓郁，师范学院艺术系师生经常举办画展、开音乐会，如黄壁教授举办的画展，邀请马思聪来独奏小提琴，都给同学们带来了艺术享受。张书旂教授除担任本部高年级花鸟画的创作课程外，每隔一周还去柏溪分校为低年级讲授基础课程，国民政府请他画了《百鸽图》，作为赠送美国总统罗斯福连任的祝贺礼品，1941年他赴美参加了罗斯福总统的就职盛典。艺术系师生，对于抗战宣传也是不遗余力，吴作人教授曾组织写生团，带领学生孙宗慰、沙季同、陈晓南、林家旅、钮因棠等赴豫皖前线，冒着危险，一边写生，一边宣传抗战。

　　医学院的学生到农村、矿山宣传疾病的预防和治疗，为基层农民工人服务。柏溪分校的同学常常利用节假日，走出校门，到乡间传播文化知识，为农民开办识字班，教唱歌曲等。工学院电机、电讯、航空模型等各种新科技展览，在更新知识方面起了开阔视野的作用。此外，还有国语、英语演讲会，习作竞赛会，诗歌创作会等。

　　中大的社团种类繁多，且涉及主题较为广泛。经过学校训导处批准、建社宗旨明确的不下七八十个，有文艺性的、学术研究性的，有联络感情、砥砺学习的，有宗教研究性的，也有宣扬三民主义、研究战后建设的等。

　　校园戏剧团体以活报剧、街头剧、独幕剧为多，公演剧目主要是抗战题材。

1938年1月,中大剧社公演大型抗战话剧《大青山》,所写为东北义勇军的故事。剧本由该社集体创作,艾纳执笔,白沙、大荒任导演,共演四场。同年,中大剧社参加了"江巴各界5月抗战宣传节"和"渝市戏剧界援助前线川军募捐大公演",此外还演出了《祖国进行曲》等话剧,引起强烈的反响,推动了四川抗日戏剧运动的发展。① 1940年3月"中大剧社"改名为"中大戏剧学会"。

据1941年统计,抗战后成立的歌咏戏剧团体就有嘉陵歌咏团、戏剧学会、柏溪剧社、柏溪歌咏话剧社、医学院/牙医专科戏剧歌咏团等。②

表2-5　国立中央大学歌咏戏剧团体调查表

一　(1941年1月12日填)

名称	中央大学、重庆大学嘉陵歌咏团
成立年月	1937年11月
负责人姓名	刘士雄
队员人数	七十人
组织系统	全体大会—干事会—交际一人／会计一人／事务一人／文书一人／常务一人　干事由全体大会每一学期改选一次
本学期拟举办之事项	每两周练习一次 每学期举行歌咏二次
经费概算　开办费	
经费概算　经常费	团员每学期纳费壹元
指导员姓名	李抱忱先生
指导员履历	北平燕京大学毕业,美国……留学,北平育英中学音乐指导,现任教育部音乐教育委员会委员。
备考	

---

① 陈洁、陈天白编著:《重拾历史的碎片——中国艺术界抗战备忘录(1931—1945)》,江苏凤凰美术出版社,2015年,第373页。
② 《中央大学档案》,第6092卷,第1—11页。

二 (1941年2月20日填)

名称		中央大学戏剧学会
成立年月		1940年3月
负责人姓名		宋树屏
队员人数		六十二人
组织系统		本会设事务组、编导组、技术组、总务组,有常务一人,文书、会计、交际各一人;编导组三人负责编导戏剧等职;附出版二人;技术组三人;舞台设计及化装等事,干事会共设十三位干事。
本学期拟举办之事项		于去年12月25、26两天曾与本校女同学会联合举办寒衣募捐,公演《雾重庆》。成绩尚称圆满。近拟敦请全国戏剧名人讲演,并准备本学期本会举行第四次公演。
经费概算	开办费	本会开办请求津贴壹佰元,公演募得基金贰佰元
	经常费	会员会费
指导员姓名		
指导员履历		
备考		

三 (1941年2月20日填)

名称		柏溪剧社
成立年月		1939年11月
负责人姓名		赵少铁、陈忠信、符侠儒
队员人数		二十八人
组织系统		设社长一人,社务干事二人
本学期拟举办之事项		拟设法增加社员、充实设备并研讨曲艺,俾能化装演出以提高大众之兴趣而推广国剧之普遍性
经费概算	开办费	本社成立之初无开办费
	经常费	经常费即为会员所缴之会费
指导员姓名		周雪鸥、黄树林
指导员履历		周雪鸥:教务室主任 黄树林:训导处训导员
备考		

四　（　年　月　日填）

名称	国立中央大学柏溪歌咏话剧社
成立年月	1940年12月11日
负责人姓名	干事会常务干事梁世佶
队员人数	七十七人
组织系统	全体社员大会推送干事七人组织干事会;中设常务干事一人;下设总务、剧务、歌咏三部,各设主任一人
本学期拟举办之事项	1. 拟于2月9日参加分校青年号飞机献捐运动表演话剧 2. 拟于下学期举行民众宣传话剧公演 3. 拟于暑期中赴附近各县从事宣传工作 4. 拟参加学校各项娱乐活动
经费概算　开办费	
经费概算　经常费	每一社员每学期缴费伍角
指导员姓名	孙雨廷、孔祥嘉、黄树栋、储则心
指导员履历	孙雨廷:分校训导分处主任 孔祥嘉:训导员 黄树栋:训导员 储则心:音乐教员
备考	

五　（1941年1月31日填）

名称	国立中央大学医学院、国立牙医专科学校戏剧歌咏团
成立年月	1941年1月29日
负责人姓名	团长艾世勋、书记石全美、戏剧组长吴昭、歌咏组长徐汝和
队员人数	五十九人
组织系统	全团设团长一人综理全团事务;书记一人兼理会务;另设戏剧歌咏二组,每组各设组长一人
本学期拟举办之事项	每学期公演一次或二次并设法利用假期至各处做抗战及社会教育宣传
经费概算　开办费	$1853.00
经费概算　经常费	$1150.00
指导员姓名	孟宪章
指导员履历	从私人学习及指导,现兼任齐鲁大学歌咏团指导
备考	

嘉陵歌咏队有70人,他们每两周训练一次,每逢节假日或校庆集会都有精彩的演出,节目众多,团员们的大合演《战士之歌》,场面激昂,很受观众欢迎。1939年12月,戏剧学会和本校女同学会合作,连演两场《雾重庆》,收入全部购买寒衣捐给前线,成绩很是显著。后又演出莎士比亚的《巧克力兵》等,师生口碑载道。1941年12月15日《中央大学日刊》报道,当年夏天为了劝募战债,中大戏剧学会的同学在敌机空袭间隙公演《雷雨》《夜上海》《日出》《雾重庆》,演出效果很好,几乎场场满座。

1942年夏到1943年春,河南发生大旱灾,夏秋两季大部分绝收,成千上万的灾民流离他乡,不少人饿死路旁。中大医学院歌咏队队员从《大公报》获悉灾情后,于1944年5月在成都举办了救灾义演,卖票所得近一万元,悉数捐赠赈灾,支援灾区民众,深深体现了医学院师生对灾民疾苦的悲悯之心。

群众性体育活动并未因场地限制而受影响,拔河、立定跳远、接力赛跑是三项传统节目,经久不衰。院际的篮球、排球赛频繁,工学院与法学院往往是冠军的争夺者。此外,校际的各种体育比赛,中大也常常取胜。

这一时期,中大学生的精神生活、社团活动是比较丰富的,而物质生活是相当艰苦的。那时在学生中广为流传着"顶天立地""空前绝后"两句话,"顶天",就是下雨没有伞,光着头淋雨,"立地",是鞋袜洞穿,赤脚着地;"空前绝后",就是裤子前膝或后臀部破洞,大学生赤贫到衣衫不整,添置鞋袜的钱也没有,这是战时大学生真实生活的写照。

1941年5月《中央大学周刊》以《莘莘学子嗷嗷待哺》为题报道:"近日重庆米源不畅,本校学生饭厅因购米不着,煮饭减少,由每日一粥二饭改为一饭二粥。"穿不暖,吃不饱,住的是泥糊竹笆屋,睡的是"统舱",几十个人挤在一个大房间内。据1942级中大物理系学生冯端(后来成为中科院院士,南京大学物理系教授)回忆:"当时的大学教室相当简陋,墙壁是用竹片编的,用黄泥把空隙填满,再刷上白石灰水,房顶则用茅草覆盖。房间都是大统舱式的,几十个人挤一个房间,用床隔开,一个小间一个小间的。外面还经常有枪声和炮声的骚扰。中大校舍极差,教室、宿舍都是草顶平房,是1938—1939年西迁时仓促建成的。比同在沙坪坝的重庆大学和中央工业学校都差,更比不上抗战前夕新建的南开中学。"①

房间除了拥挤不堪,还很潮湿,加之重庆气候闷热,蚊子、臭虫繁殖特别快,学校师生很多都有疟疾病史。据校本部医院统计,1940年5月19日至24日五天中,初诊疟疾患者201人。由于长期营养不良,医疗卫生设备差,师生中肺结核、肝炎、肠炎的发病率也很高。在这种情况下,不少学生不得不中途辍学,1943年上学期,全校休学或者保留学籍者达343人,几乎占在校生的1/10。1942年12月,成都《新新新闻报》以《教育上一严重问题——沙坪坝肺病蔓延》为题,报道了中央大学师生的健康状况。② 学校限于经费和设备,无法隔离,治疗困难,只得呼吁社会各界给予支持。

在成都的医学院和畜牧兽医系的同学们,日子也不如想象中的那么美好。1944年《中央大学周刊》在"大学生穷相"专栏里报道:"畜牧兽医系伙食团5月原定伙食费65元,后因米价暴涨,预算不敷,28日停伙,学生们均在外面零吃,有整日吃稀饭烧饼者,有一日仅吃一顿者,且有继日不得一饱者,情形至为狼狈云。"③

抗战的苦难生活,尽管物质条件非常恶劣,让人不堪忍受,但是并未使人因此消极、沉沦,师生们通过艰难的磨炼,更增强了民族意识和不畏艰苦的精神。

中国人民经过长期艰苦的抗战,在同盟国的大力支援下,逐步改变不利的战争局面,不断取得战略主动权,终于取得抗日战争的最后胜利。随后蒋介石接连三次电邀毛泽东到重庆进行谈判,1945年8月28日,毛泽东、周恩来、王若飞来到重庆,共商国是。

9月3日,毛泽东利用谈判间隙,在周恩来、王若飞的陪同下来到沙坪坝中大,看望长沙第一师范的老同学熊子容(时任师范学院教育系教授)。当毛泽东乘坐的吉普车经过食堂门前时,路的两侧已挤满了正在吃午饭的同学,同学们端着饭碗,不住地喊:"欢迎毛先生!欢迎毛先生!"听见同学们的欢呼声,毛泽东便从车里探出身来,伸出手臂,连声说:"中央大学的同学们好!"同学们

---

① 冯步云:《冯端传》,科学出版社,2017年,第73页。
② 王德滋主编:《南京大学百年史》,第220页。
③ 中大周刊社编:《中大周刊·大学生穷相》,第9期,1941年6月8日。

看到毛泽东身着浅灰色中山装,笑容可掬,神采奕奕,都认为毛泽东、周恩来、王若飞赴重庆谈判,彰显了共产党人的雄才大略,是以国事为重的伟大行动,将给中国人民带来光明和希望。

第七节 教学与科研成果

一、教学工作

抗战初期,中大招收新生或转学生,均由教育部统一考试后各校录取。从1941年起,才又恢复到战前各校联合招生的做法。在重庆期间,中大常与西南联大、浙江大学、武汉大学联合招生,以利各地考生就近迎考,然后四校统一录取。按教育部规定,各地中学可以择优选送一批高中毕业生直接升入大学。学生来源中,还有中大自行接收的借读生、试读生以及一部分流亡学生,经考试合格,接收为插班生。迁渝后一年,在校学生人数几乎翻了一番,并逐年上升,截至1943年,在校学生人数达3692人,是西迁时的三倍多。

那时,报考中大的学生十分踊跃,在联合招生中,第一志愿填报中大的考生高达三分之二。其之所以如此富有吸引力,一是因为它是"中""大",是时势造英雄。抗战全面爆发后,有的学校撤销;有的在迁徙途中,人数锐减,难以维持;有的几经播迁,大伤元气。唯独中大,搬迁及时,择地准确。后来,国民政府迁入,重庆成为大后方的中心,遂使中大在短期内发展为全国人数最多、设备最齐全的高等学府,学生慕名而来。二是因为中大属"国立",费用较低,又设有贷金、公费,可以减少贫寒学生完成学业中的困难,对学生有着极大的吸引力。

中大师资队伍一向以"兵多将广"著称。但学校西迁时,随校入川的教师总共不足200人。到重庆第二年,学生人数骤增,师资严重缺乏,学校便从各方面延揽人才。先后聘用的著名教授有:东北史专家金毓黻,哲学家陈康,植棉专家冯泽芳,核物理学家赵忠尧,建筑学家刘敦桢、杨廷宝、童寯,航空气象学家黄厦千,航空工程学家张创、黄玉珊、柏实义,地质学家朱森、张更,法学家何联奎,医学家李廷安、胡懋廉、阴毓璋、陈华等。到1945年时,全校教授(包括副教授)290人、讲师76人、助教224人、研究院助教(相当于讲师)38人,总数超过 600 人。① 和战前相比,数量翻了一番,差不多是同期西南联大教师总数的一倍。② 足见中央大学师资力量的雄厚。1944 年教育部表扬"著有劳绩之优良教师",规定在同一学校连续工作十五、十、七年以上者,分别颁发一、二、三等奖。中大有近 70 位教授受到奖励,占教授总数的四分之一。曾任师范学院院长、教务长的张士一教授,在中大工作 26 年,获得一等奖。中大教授大都曾留学国外,年富力强;大多数年龄都在 40 岁左右,教师队伍稳定,当时学校有三位未到或刚到"而立"之年的教授,大家戏称"Baby Professor"。50 岁以上的极少,年事最高的柳诒徵先生也不过是古稀之年。这些中青年教授,思维敏捷,接受新事物快,活跃在教学第一线,克服了战时教学、生活上的重重困难,大大推动了教学工作的开展与教学质量的提高。

校园处处充满了孜孜的求知气息。每逢名教授讲课,教室总是挤得满满的,学生没有座位就站着听。听宗白华的美学、孙本文的社会学、缪凤林的中国通史、胡焕庸的中国经济地理、沈刚伯的西洋史、方东美的人生哲学课,同学们认为是"莫大的享受"。理工科的学生为了得到一个数据,常在实验室里通宵达旦,直到答案准确为止。

中大理学院和农学院 1936 年秋首次招收研究生。1938 年 12 月,中央大学研究院在重庆正式创立。当初仅 5 个研究所,7 个学部。之后不断发展,至东还南京前,已有 7 个研究所,23 个学部,共有 63 人获得了硕士学位。1941 年以后,中大研究院培养的硕士研究生陆续毕业了,他们有扎实的基础,一定的专长,源源不断地为教师队伍输送了后备力量。

表 2-6 1943 年度中央大学研究院概况

研究所	所主任	学部	学部主任	研究生数量/人
文科	范存忠	哲学 历史	方东美 柳诒徵	6

① 国立中央大学校刊编委会编:《三十周年校庆特刊》,1945 年 6 月 9 日。
② 清华大学校史编写组编著:《清华大学校史稿》,中华书局,1981 年,第 312 页。

续表

研究所	所主任	学部	学部主任	研究生数量/人
理科	欧阳翥	生物 地理 化学 物理 数学	欧阳翥 胡焕庸 高济宇 王恒守 胡坤升	15
法科	何联奎	政治经济	黄正铭	9
师范科	徐养秋	教育心理	艾伟	10
农科	邹钟琳	农艺 森林	周承和 梁希	11
工科	陈章	土木 机械 电机	刘树勋 杨家瑜 陈章	6
医科	戚寿南	生理 公共卫生	蔡翘 李廷安	6

1941年,教育部制定了《教育部设置部聘教授办法》,按学科评选出一批资历较深的、有名望的教授,改由教育部直接聘任,部聘教授是当时中国教育界的最高荣誉。部聘教授还负有"辅导全国各院校对于学科之教学与研究事项"①的重任,由教育部分派赴各地讲学。同年底,教育部公布了第一批部聘教授30名,中大的胡焕庸、秉志、艾伟、孙本文、梁希和蔡翘六位教授荣任。1943年,评出了第二批部聘教授15名,中大的胡小石、楼光来、柳诒徵、高济宇、戴修瓒、常道直和徐悲鸿七位教授荣任,差不多是总数的一半,足见中大师资力量的雄厚。

表2-7 中央大学部聘教授一览表

姓名	任职院系	学科	部聘时到校时间	部聘时间
胡焕庸	理学院地理系	地理学	1928年8月	1941年
秉志	理学院生物系	生物学	1946年8月①	1941年
艾伟	理学院心理系	心理学	1925年8月	1941年

① 教育部教育年鉴编纂委员会编:《第二次中国教育年鉴·高等教育》,商务印书馆,1948年,第515页。

续表

姓名	任职院系	学科	部聘时到校时间	部聘时间
孙本文	法学院社会系	社会学	1929年2月	1941年
梁 希	农学院森林系	林学	1933年8月	1941年
蔡 翘	医学院生理科	生理学	1936年8月	1941年
胡小石	文学院中文系	国学	1927年8月	1943年
楼光来	文学院外文系	外国语言文学	1927年8月	1943年
柳诒徵	研究院文科研究所	历史学	1943年9月	1943年
高济宇	理学院化学系	化学	1931年8月	1943年
戴修瓒	法学院法律系	法学	1942年8月	1943年
常道直	师范学院教育系	教育学	1927年8月	1943年
徐悲鸿	师范学院艺术系	艺术	1927年8月	1943年

注：

① 1941年首批遴选的30名部聘教授中，有2人被困沦陷区，秉志即为其中之一。1937年全面抗战爆发后，秉志困居在上海。

图 2-19 胡焕庸
（1941年部聘教授）

图 2-20 秉志
（1941年部聘教授）

图 2-21 艾伟
（1941年部聘教授）

图 2-22 孙本文
（1941年部聘教授）

图 2-23 梁希
（1941年部聘教授）

图 2-24 蔡翘
（1941年部聘教授）

图 2-25　胡小石
（1943 年部聘教授）

图 2-26　楼光来
（1943 年部聘教授）

图 2-27　柳诒徵
（1943 年部聘教授）

图 2-28　高济宇
（1943 年部聘教授）

图 2-29　戴修瓒
（1943 年部聘教授）

图 2-30　常道直
（1943 年部聘教授）

名师汇聚中大,使莘莘学子浸染浓郁的学术氛围,得以饱受教益。名师和大家身居教学第一线,保证了中大高质量的教学水平,这一时期的教学质量,在全国各大学中仍是领先的,并未因战事迁徙,设备简陋,校舍拥挤而降低。毕业生的就业率和出国留学率也比较高。1940 年 5 月,教育部为奖励学业优秀的学生,采用自由参赛的形式,举行大专以上学校学业竞试,分甲、乙、丙三组,中大获得甲、乙、丙组团体总分第一,受到教育部嘉奖。那时,重庆所有大学每年举行国语、英语讲演比赛或专题论文竞赛,中大每次参加都能取得好成

图 2-31　徐悲鸿
（1943 年部聘教授）

绩。1941年12月,国际学联举办"第二届联合国日"论文比赛,中大获得中文组团体第一名、英文组团体第三名,五位学生获优秀奖。优良的学业成绩也为出国深造提供保证。1943年,教育部主办第一次自费留学考试,录取329人,其中中大毕业生62人,占总数的五分之一,后来的中科院院士、南京大学分析化学教授高鸿当时就是其中之一;1944年,庚款留英公费生考试,录取30人,中大毕业生8人,著名经济学家陶大镛就是这次出国留学的。

西迁办学期间,中大为国家培养了数以千计的专门人才,成绩斐然,遍布在国家的各行各业。他们当中,后来有4人获得"两弹一星"功勋奖章,3人获得"国家最高科学技术奖",57人当选为中国科学院或中国工程院院士。此外,沦陷区的南京中央大学(1940—1945),也有两名毕业生当选为院士,这是中国教育史上的奇迹。详情如表2-8所示:

表2-8 全面抗战时期中央大学培养的杰出人才名单

姓名	学校	系科	就读时间/年	荣誉称号	荣誉获得时间/年
任新民	国立中央大学	化学工程系	1934—1937	"两弹一星"功勋奖章 中国科学院院士	1999 1980
黄纬禄	国立中央大学	电机工程系	1936—1940	"两弹一星"功勋奖章 中国科学院院士	1999 1991
朱光亚	国立中央大学	物理系	1941—1942	"两弹一星"功勋奖章 中国科学院院士 中国工程院院士	1999 1980 1994
钱骥	国立中央大学	理化系	1938—1943	"两弹一星"功勋奖章	1999
吴良镛	国立中央大学	建筑工程系	1940—1944	国家最高科学技术奖 中国工程院院士	2011 1995
闵恩泽	国立中央大学	化学工程系	1942—1946	国家最高科学技术奖 中国科学院院士 中国工程院院士	2007 1980 1994
张存浩	国立中央大学	化学工程系	1944—1947	国家最高科学技术奖 中国科学院院士	2013 1980
郭令智	国立中央大学	地质系	1934—1938	中国科学院院士	1993
鲍文奎	国立中央大学	农艺系	1935—1939	中国科学院院士	1980
陈学俊	国立中央大学	机械工程系	1935—1939	中国科学院院士	1980

续表

姓名	学校	系科	就读时间/年	荣誉称号	荣誉获得时间/年
张涤生	国立中央大学	医学院	1935—1941	中国工程院院士	1996
陈鉴远	国立中央大学	化学工程系	1936—1940	中国科学院院士	1993
吴中伟	国立中央大学	土木工程系	1936—1940	中国工程院院士	1994
吴汝康	国立中央大学	生物系	1936—1941	中国科学院院士	1980
王德宝	国立中央大学	农业化学系	1936—1940	中国科学院院士	1980
童宪章	国立中央大学	物理系	1936—1941	中国科学院院士	1991
朱夏	国立中央大学	地质系	1936—1940	中国科学院院士	1980
朱显谟	国立中央大学	农业化学系	1936—1940	中国科学院院士	1991
冯元桢	国立中央大学	航空工程系	1937—1941	中国科学院外籍院士	1994
嵇汝运	国立中央大学	化学系	1937—1941	中国科学院院士	1980
陆孝彭	国立中央大学	航空工程系	1937—1941	中国工程院院士	1995
陆元九	国立中央大学	航空工程系	1937—1941	中国工程院院士	1994
吴传钧	国立中央大学	地理系(本科)研究院（研究生）	1937—1941 1941—1943	中国科学院院士	1991
业治铮	国立中央大学	地质系	1937—1941	中国科学院院士	1980
朱尊权	国立中央大学	农学院	1937—1941	中国工程院院士	1997
戴念慈	国立中央大学	建筑工程系	1938—1943	中国科学院院士	1991
高鸿	国立中央大学	化学系	1938—1943	中国科学院院士	1980
刘有成	国立中央大学	农业化学系	1938—1941	中国科学院院士	1980
林同骥	国立中央大学	航空工程系	1938—1942	中国科学院院士	1980
陶诗言	国立中央大学	地理系	1938—1942	中国科学院院士	1980
汪闻韶	国立中央大学	水利工程系	1938—1943	中国科学院院士	1980
汤定元	国立中央大学	物理系	1938—1942	中国科学院院士	1991
薛社普	国立中央大学	博物系（本科）生物系（研究生）	1938—1943 1944—1947	中国科学院院士	1991
颜鸣皋	国立中央大学	机械工程系	1938—1942	中国科学院院士	1991

续表

姓名	学校	系科	就读时间/年	荣誉称号	荣誉获得时间/年
杨立铭	国立中央大学	机械工程系	1938—1942	中国科学院院士	1991
曾德超	国立中央大学	机械工程系	1938—1942	中国工程院院士	1995
陈家镛	国立中央大学	化学工程系	1939—1943	中国科学院院士	1980
冯康	国立中央大学	物理学系	1939—1945	中国科学院院士	1980
高由禧	国立中央大学	地理学系	1939—1944	中国科学院院士	1980
钱宁	国立中央大学	土木工程系	1939—1943	中国科学院院士	1980
郑国锠	国立中央大学	博物系（本科）研究院（研究生）	1939—1943 1944—1947	中国科学院院士	1980
田在艺	国立中央大学	地质系	1940—1946	中国科学院院士	1997
夏培肃	国立中央大学	电机工程系	1940—1945	中国科学院院士	1991
冯端	国立中央大学	物理系	1942—1945	中国科学院院士	1980
郭燮贤	国立中央大学	电机工程系	1942	中国科学院院士	1980
胡宏纹	国立中央大学	化学系	1942—1947	中国科学院院士	1995
黄葆同	国立中央大学	化学系	1942—1945	中国科学院院士	1991
胡海涛	国立中央大学	地质系	1942—1946	中国工程院院士	1994
楼南泉	国立中央大学	化学工程系	1942—1946	中国科学院院士	1991
李德生	国立中央大学	地质系	1942—1945	中国科学院院士	1991
梁晓天	国立中央大学	化学工程系	1942—1946	中国科学院院士	1980
陆婉珍	国立中央大学	化学工程系	1942—1946	中国科学院院士	1991
张广学	国立中央大学	农学院	1942—1946	中国科学院院士	1991
李季伦	国立中央大学	生物系	1943—1948	中国科学院院士	1995
李玶	国立中央大学	地质系	1943—1947	中国工程院院士	1999
朱起鹤	国立中央大学	化学工程系	1943—1947	中国科学院院士	1995
任继周	国立中央大学	农学院	1943—1948	中国工程院院士	1995
尹文英	国立中央大学	生物系	1943—1947	中国科学院院士	1991
赵仁恺	国立中央大学	机械工程系	1943—1946	中国科学院院士	1991
胡聿贤	南京中央大学	土木工程系	1941—1944	中国科学院院士	1991
周镜	南京中央大学	土木工程系	1942—1944	中国工程院院士	1994

二、科研成果

中央大学有一支赫赫奕奕的教师队伍，他们是科研的主力军，其中不少人都是国内第一流的学者。尽管西迁后有来自战争的、政治的、生活的种种磨难，校园里，学术空气依然浓厚。八年中，中大教师始终以饱满的热情，锲而不舍的精神，坚持教学与科研，以教学带动科研，研究工作密切结合教学实践，二者相得益彰，齐头并进，既推动了教学，又促进了科研。学校对科研工作一直很重视，鼓励出著作出成果。1944年9月，学校第59次行政会议议决，教授著作宜极力奖助出版，以增进学术之发展。这个时期，中大科研工作的成果表现在四个方面：

1. 出版教材、专著

战时，购买教材困难，各科教授多自编教材，经过反复的教学实践与研究，有的教材已锤炼成科学的、系统的教科书，经国立编译馆大学图书委员会审定为大学用书或"部订"教材，被列入商务印书馆、正中书局、科学出版社、中国文化服务社等公开出版的，有胡焕庸的《世界经济地理》《气候学》《国防地理》，朱炳海的《普通气象学》《军事气象学大纲》，孙光远的《微积分学》，萧孝嵘的《教育心理学》，潘菽的《普通心理学》，许恪士的《中国教育思想史》，孙本文的《中国社会问题》，金毓黻的《东北通史》，缪凤林的《中国通史要略》，李长之的《西洋哲学史》，罗根泽的《周秦两汉文学批评史》，艾伟的《高级统计学》，徐仲年的《初级法文文法》，林振镛的《刑法学》，朱偰的《中国财政问题》，朱伯康的《经济学纲要》，孙醒东的《中国食用作物》，黄其林的《中国园艺虫害》，邹钟琳的《普通昆虫学》，罗清生的《家畜传染病学》，吴中伟的《工程浅说》，孙鼐的《岩石学》《工程地质学》等。这些教材在今天，还具有很高的参考价值。

教授们利用课余勤奋耕耘，著书立说，大量新著不断问世，受到学术界好评。如孟心如的《毒气与防御》《化学战》，赵廷炳的《阳离子分析法》，陈正祥的《日本地理研究》，余大缜的《英国文学史》，何兆清的《西洋科学思想概论》，柳无忌的《曼殊大师纪念集》，常任侠的《汉唐之间西域乐舞百戏东渐史》，吴传颐的《比较破产法》，唐君毅的《中国哲学思想之比较研究集》，朱经农的《近代教育思潮七讲》，郝景盛的《德文文法》，范存忠的《英语学习讲话》，许哲士的《工商管理》,金善宝的《中国小麦区域》,张德粹的《农业合作》等。

1941年10月,中大对教职员的履历、著作进行了调查,让每位教职员填写了《国立中央大学教职员著作调查表》,其中著作一栏,要求"无论整本著作或单篇论文均请开列"。现将教职员1938年至1941年10月期间完成的著作、论文汇总如表2-9所示:

表2-9 中央大学教职员著作调查表

姓名	院系	著作、论文名称	发表时间/年
周同庆	理学院物理系	研制回升测深仪报告	1941
赵仁寿	理学院物理系	甘肃油矿物理探矿报告光电浅说、谈磁、电磁学实验讲义	1940
赵廷炳	理学院化学系	初中化学教本实验	1938
		阴离子分析法	1941
高济宇	理学院化学系	酮式及环醇式异构体	1940
欧阳翥	理学院生物系	中国人脑与德国人脑之比较	1941
		大脑皮层中血管构造问题	
耿以礼	理学院生物系	绥远百林庙禾本植物之新种	1938
		禾本科高粱族之形态	1939
		西康禾本植物之新种	1941
龚建章	理学院生物系	鳝鱼呼吸系统之研究	1941
胡焕庸	理学院地理系	气候学	1938
		四川地理	
		中国经济地理	1941
黄厦千	理学院地理系	航空气象学	1940
朱炳海	理学院地理系	气象学	1941
		中国大气谚语详解	
周淑贞	理学院地理系	山西省之农业区域	1938
童承康	理学院地理系	历代疆域沿革考	1940
戈定邦	理学院地质系	河西概论	1939
李春昱	理学院地质系	四川沱江嘉陵江下游间煤田	1938

续表

姓名	院系	著作、论文名称	发表时间/年
孙鼐	理学院地质系	南京附近地质报告	1940
		川东盐产志略	
陈正	理学院地质系	川北之盐井大气及安北江三县煤藏	1940
		胶制苻片之研究	
张义竞	理学院心理系	儿童惧怕行为之发生及处理之方法	1941
龙勋	理学院心理系	视觉常识	1938
艾伟	师范学院	学力分配都是常态吗	1939
		儿童阅读兴趣之研究	1940
		初高中国文默读测验量表丙四类	
黄泽伯	文学院中国文学系	殷周之社会及其文化	1939
卢前	文学院中国文学系	教曲集数十种	1941
		读曲小记	1940
李长之	文学院中国文学系	道教徒的诗人李白及其痛苦	1940
		西洋哲学史	1941
		文艺史学与文艺科学(翻译)	
常任侠	文学院中国文学系	西域琵琶东渐考辨	1939
		重庆汉石棺画像研究	1940
		饕餮钟葵荼郁垒石敢当考	
		西域百戏之东渐	1941
范存忠	文学院外国语文系	十七八世纪英国流行之中国戏	1940
		英语学习讲座	1941
柳无忌	文学院外国语文系	英译战时散文选	1940
孙晋三	文学院外国语文系	西线闪击随军日记(译)	1941
		柏林日记(译)	
张嘉谋	文学院外国语文系	生存哲学	1941
		自我之解释	

续表

姓名	院系	著作、论文名称	发表时间/年
商承祖	文学院外国语文系	尼伯龙□诗	1938
		自由战争时之德国文学	
		英德法美军歌集	1940
		希德普□英雄诗(论文)	1941
		□勒之叙事诗(附译文,论文)	
		沃富兰	
尹赞钧	文学院外国语文系	中等学校毕业生英语写作错误之分析	1939
		中等学校英语教科书之分析	1941
		陕南中等学校英语教学调查报告	
朱文振	文学院外国语文系	新诗的创造	1940
		川黔学生英语拼音困难	
		美国民族诗的建立	1941
		英语发音困难及解决	
		英语文句十病例说	
何兆清	文学院哲学系	科学与权力(单篇)	1938
方东美	文学院哲学系	哲学三慧(论文)	1938
李翙灼	文学院哲学系	中国哲学思想史(甲乙编)宗教哲学	1938
宗之櫆	文学院哲学系	歌德研究	1939
熊伟	文学院哲学系	Uber das Unaussprechliche	1939
		Unter dem Schutze der Mensch-lichkeit	1941
贺昌群	文学院历史学系	烽燧考	1940
		唐代文化之东渐与日本文明之开发	1941
缪凤林	文学院历史学系	中国民族之文化(一册)	1940
		从国史上所得的民族实训(一册)	
罗宝册	文学院历史学系	从凡尔赛到慕尼黑	1939
		国际政治新重心与中国外交	
		两洋一海之风云变局与世界前途	1940
		世界战争与世界政治	
		中国历史走到了西洋历史的前头	1941
		现时代的意义	

续表

姓名	院系	著作、论文名称	发表时间/年
孟云桥	法学院政治系	论自然人权	1939
		改进中国吏制刍议	
		民主政治之理论与实行	1940
		法西斯主义之理论研究	
		世界和平与国际安全	1940/1941
		民生主义之理论研究	
黄正铭	法学院政治系	欧洲战役中之国际法问题	1939
		中日战争中几个国际法问题	1940
		现代国际关系	
周德伟	法学院经济系	金融政策	1940
		贸易政策	
		经济目的与社会目的、政治目的的调和	1941
		现代政府与产业活动	
许哲士	法学院经济系	财务报告分析	1940
		成本会计	1941
		会计学(两册)	
刘南溟	法学院经济系	战时军事统计之编制	1938
王祥麟	法学院经济系	我国之制□工业	1939
杨苏立	法学院经济系	中国国煤之产运状况	1938
		中国经济现势之分析	1939
薛培元	农学院农化系	长期抗战中之军民粮食自给策	1938
		抗战期中重庆的米	1938
		粮食节约的方法	1940
		豆薯(地瓜)几种性态之分析	
		豆薯(地瓜)产量之研究	
		现代甘薯品种改良法	1941
		中国之粮食问题及其政策	
		提倡节粮运动之商榷	

续表

姓名	院系	著作、论文名称	发表时间/年
朱健人	农学院农艺系	西康抗病所见	1939
金善宝	农学院农艺系	作物学讲演大纲	1938
		精米涨性试验方法之研究	
		四川大麻烟草考察报告	1939
		大豆天然杂交	1940
		中国小麦区域	
张国维	农学院农艺系	吾国工业合作社的内在的困难及其补救	1940
		战时合作金库之特质及其使命	
邹钟琳	农学院农艺系	普通昆虫学	1939
		水稻抗螟试验	1941
潘学德	农学院农艺系	欧洲各国之农业合作	1939
		合作与民主政治	
		留美学校生活漫谈	
		合作事业与政府之关	1940
黄其林	农学院农艺系	武功实业社会调查	1938
		武功葡萄之二星浮尘子	
		昆虫学名词	1941
白永治	农学院农艺系	川西平原推广彭县马铃薯之检讨	1938
		仓储建议	1939
		川东南油类作物之调查	1940
余友春	农学院农艺系	川西平原□草调查报告	1941
赵伦彝	农学院农艺系	再论云南木棉	1940
裴新树	农学院农艺系	世界粮食供给与战争	1940
蒋耀	农学院农艺系	农具之选材问题	1938
李寅恭	农学院森林系	树木学撷要	1938
郝景盛	农学院森林系	青海植物地理（德文）	1938
		树木种子研究（德文）	1939

续表

姓名	院系	著作、论文名称	发表时间/年
梁希	农学院森林系	川西木材之物理性	1941
		桐油抽提试验	
赵宋哲	农学院森林系	战时林学问题	1939
毛宗良	农学院园艺系	重庆榨菜之品种	1941
赵鸿荃	农学院园艺系	西康蚕桑调查	1939
		川康桑树地理及自然分布之研究	1941
李友霖	农学院园艺系	四川榨菜栽培与制造	1940
赵汝垲	农学院园艺系	峨眉山树木新种及新变种	1941
陈之长	农学院畜牧兽医系	西康畜牧兽医调查报告 鸡消化道□酶作用之研究	1940
吴文安	农学院畜牧兽医系	兽医寄生学及寄生病	1941
		兽医解剖学	
		兽医实用药物学	1942
汪惠守	农学院畜牧兽医系	吾国畜牧事业之过去现在及将来	1941
盛彤笙	农学院畜牧兽医系	Schweineinfluenza Bakterium und Ferkelgrippebacterium	1938
汤逸人	农学院畜牧兽医系	A feeding devise for rate	1938
罗清生	农学院畜牧兽医系	家畜诊断学(与陈之长合译)	1940
		兽医用生物药品制造法	1940 及 1941
濮成德	农学院畜牧兽医系	家畜饲养学	1939
		普通畜牧学	
蒋次昇	农学院畜牧兽医系	川西鸡屎的重要传染病及寄生虫病	1940
		四川松潘草地畜牧兽医调查报告	1941
		自流井盐场之兽疫防治工作	
魏培君	农学院畜牧兽医系	成都养鸡维他命 D 之重要性及其供给问题	1940
		荣隆内资资简畜牧调查	1941

资料来源:《中央大学档案》,第 1849 卷,第 3—16 页;第 1850 卷,第 17—148 页。

2. 主编学术刊物

中大作为全国重要的文化学术中心,为推进研究工作,1942 年,发行了大型季刊《文史哲》《科学》《社会科学》三种,在上面刊登高水平的研究论文。除此之外,由中大教授负责主编的全国性学术刊物、丛书多至几十种,其中影响较大的有:李寅恭主编的《林学》(中华林学会唯一的学术刊物)、陈耀真、邱焕扬主编的英文版《中华医学杂志》(中大、华西和齐鲁三大学合编),盛彤笙主编的《畜牧兽医月刊》,艾伟主编的《心理研究季刊》,胡焕庸主编的《青年中国季刊》,徐仲年主编的《文艺月刊》以及《中、法、比、瑞文化丛书》等。

3. 技术发明创造

为了抗战和开发建设边疆的需要,应用科学发展迅速,中大教师在加强实验教学的同时,自身的科研成绩显著。1943 年,国防科学技术策进会悬奖 10 项专门研究,物理系王恒守和陈廷蕤(研究生)发明的"直接镀镍于钢铁之方法",化学系方振声发明的"汽油精"和梁守渠创制的"耐酒精涂料"三项获科学发明奖,共获奖金 4 万元。化学系赵廷炳的"阴离子分析法的研究"、物理系赵广增和汤定元的"放电管中电子温度之研究",在当时都处于全国领先地位。机械系张可治、陈大燮两教授发明的"螺旋式锅炉",可节省燃料三分之一,获经济部核准专利。王恒守发明的"混油选矿法",受到经济部好评,并拨给补助费,做进一步研究。① 王恒守在重庆大学大礼堂做了混油淘金法的讲座,受到与会者极大的欢迎。工学院戴居正发明的"代水泥",很有实用价值。航空工程系的滑翔机和五英尺风洞的制造和研究,是在重庆极其困难的条件下研制成功的,为我国新兴的航空事业做出了贡献。

1941 年 9 月 21 日,中大兼任教授张钰哲偕同研究生高淑哿在甘肃临洮观测日全食,获得了天文史上极其宝贵的资料,扬名国际天文学界。

4. 科学考察

随着国民政府开发边疆、建设边疆的战略转移,中大教授的科学考察极有价值,为开发西北做出了贡献。如 1938 年西康建省委员会筹组西康科学调查

---

① 《中大周刊》,第 1 期,1941 年 4 月 13 日。

团,李承三、袁见齐、郭令智等人共同组成了西康地质调查队赴青藏高原、四川盆地调查地质地貌和矿床资源等情况。充满艰险的科学考察持续进行了两个月。他们获得了许多有价值的调查结果,撰写成《西康东部地质之检讨》等报告,受到西康主政者的好评。应中华自然科学社邀请,李旭旦、郝景盛和任美锷撰写了《西北考察》,对川北和陇南一带的地形、气候、土地利用、民族、教育等方面进行全面考察,获得了可贵的资料,并对该地区的工业、农业、交通问题的建设提出规划,具有很强的现实指导意义。另有梁希的《川西大渡河流域木材松脂采集》、李学清的《陕南矿产考察》、耿以礼的《青海牧草考察》、丁啸、戈定邦的《新疆矿产考察》、张可治的《川西公路考察》等都提供了翔实资料,为开发大西北做出了贡献。金毓黻在湖南石门村发掘汉墓三座,获得较为齐全的王莽时期铸造的"大泉五十"钱币、陶器等物,为研究新莽时期的历史提供了宝贵资料。

图 2-32　1938 年,在野外考察的西康建省委员会科学调查团(右四为郭令智①)

---

① 郭令智(1915—2015):湖北省安陆人。著名构造地质学家、地质教育家。1938 年毕业于中央大学地质系,成绩优异,遂留校任教。1949 年赴英国深造,1951 年绕道香港回到祖国,在南京大学地质系任教。曾任南京大学副校长、代校长、校务委员会主任、中国地质学会副理事长、名誉理事。1993 年,当选为中国科学院学部委员(院士)。1998 年,任中国科学院资深院士。

中大的教学向来注重理论与实践的结合,为了征得社会对教育事业的支持,理、工、农三院尽量扩大了与校外机关的合作,一般是中大提供技术人员,对方提出研究或考察课题,供给经费及学生的实习补助费。这一时期,主要合作项目有:矿产勘察,水利移垦,棉布成本之调查,农业病虫害,牲畜良种的繁殖与推广,水稻、小麦、烟草品种的改良,桑蚕事业的改良,滑翔机木材之研究,公路建设及工科的专题研究等。有些合作项目产生了直接的经济效益,得到合作单位的奖励,如资源委员会、水利委员会、航空委员会、交通部等拨出款项给有关的系科,充作研究费或设置永久性奖学金,这对中大的教学或科研都是一个很好的促进。

第八节　共产党组织的发展与新青社

抗战初期,中大学生的抗日救亡活动,其背后的主要推动力量为中共党组织。也正是在救亡活动的大熔炉里,中共的组织和力量在中大校园内发展壮大,许多学生的政治意识得以萌发。

1938年春天,在中共沙磁区委的帮助下,中大地下党支部重建,书记是孙远仁同学。党支部恢复后,加强了抗日救亡运动的领导,协助重庆市抗敌后援会募捐,组织教职工家属和女同学制作寒衣、鞋袜慰问前方将士,在进步学生中恢复和新建了一批社团,利用社团开展抗日民主救亡活动。组织了"学生联合会",国民党发现后即令重庆党政军机关"严查究办",尽管如此,仍秘密发展先进青年,吸收入党。

当年11月,柏溪分校开学。新生中有党员12名,成立了柏溪党支部。书记孙少礼,支委王继纯、张仲明。沙磁区委要求支部利用柏溪远离校本部,交通不便等有利条件,团结广大进步青年,深入学校附近的农村开展抗日救亡运动,吸收先进青年入党。1939年暑假前,柏溪支部已经有党员21名,其中一人为柏溪纺织厂工人。①

进步社团"中大文学会""中苏问题研究会"经常举办活动,团结教育广大

---

① 王德滋主编:《南京大学百年史》,第231页。

青年,增强抗战必胜的信心。如"中大文学会"举办的高尔基文学作品研讨会,由陈元晖同学主持,有 30 多人参加,该研讨会被认为是一次高水平的无产阶级革命理论的探讨。"中苏问题研究会"举行苏联生活展览,开展政治讨论会,讨论的题目是《苏联如何解决民族问题》。中苏文化协会理事长张西曼曾到中大召集陈元晖、陶大镛等 20 多位进步学生开座谈会,指导他们的工作。国民党当局认为上述两团体是"左倾"社团,致教育部的函中针对"左倾"团体,"切实指导纠正,严密防范,毋使蔓延为要"。并附有中央社会部的《中央大学左倾团体之调查报告》一份。后来训导处以整顿社团为名,明令禁止"中大文学会""中苏问题研究会"继续活动。

在党组织的领导下,学生组织了"中大救亡工作团",积极开展抗日救亡运动,国民政府军委会政治部发现后,很快给中大发函,明令取缔该工作团,"查该团既非依法组织亦非学校特许,应予开导取消。并将学生悉纳于学校各种法定组织之中"。① 为了保护学生,地下党组织决定,校本部成立两个支部,将新发展的和未暴露的党员归入新支部,由石山任书记;原支部的老党员和部分出头露面的党员归入老支部,由黄大明任书记。在抗日救亡运动中已身份已暴露,被敌人盯上的党员,中共重庆地下组织设法将其转移出校。

1939 年 6 月,国民党当局制造了"平江惨案",随之掀起了反共高潮,大后方轰轰烈烈的抗日救亡运动被镇压。根据中共中央青年工作委员会指示,黄大明、石山等于同年 10 月先后转往延安。为了适应变化了的新形势,减少党员之间的横向联系,中共沙磁区委决定,中大成立党总支。下设三个支部:老支部书记曾联松②;新支部书记刘兆丰;柏溪支部书记廖炎樵。总支书记由刘兆丰兼任,由重庆市地下党组织直接领导。1941 年 1 月皖南事变后,中大地下党组织停止了活动。

1940 年 12 月,中共重庆地下组织根据毛泽东关于国统区实行的"荫蔽精干,长期埋伏,积蓄力量,以待时机"16 字方针,进行了紧急部署:停止党的一

---

① 《中央大学档案》,第 3586 卷,第 79 页。
② 曾联松(1917—1999):浙江瑞安人,中华人民共和国国旗图案设计者。1936 年考入中央大学经济系,后参加抗日救亡联合会,投身革命。1938 年参加中国共产党,积极从事地下活动,担任过中大学生党支部书记。新中国成立后曾任上海市政协常委。

切活动,校内大部分党员撤离重庆。此时,通往陕北的路已被堵住,往延安撤已不可能了,只能用请假的办法自行转移,有的回了家乡,有的暂避乡间,找个职业掩护下来。老支部书记曾联松,在皖南事变前夕离开重庆,转辗回到了浙江家乡。留下来的少数党员,都是隐蔽较深,从未暴露过的。他们留下来的具体任务是:勤学、勤业、勤交友,好好读书,密切联系群众。例如陈琏,她是蒋介石高级幕僚陈布雷的女儿,先在西南联大就读,1942年秋转学至中大历史系。陈在中大的行为举止相当低调,平常读书很用功,校内同学基本无人知晓其为中共党员的真实身份。学生党员通过秘密传阅《新华日报》或革命书刊把进步青年维系在党的周围,至1943年上半年,中大已有40多名较为固定的进步学生自动结合在一起,研究中国时局、抗战前途等问题。国民党方面对中共在高校中的发展动向,保持警惕和防范之心,如1943年豫西警备司令部给中大的函称"密据报朱嘉树(女性),原籍江苏人,在河南大学上学时,曾参加该校共党领导之战地慰问团,现在重庆中央大学教育系上学,思想极左倾"[①],希望中大"详查见复",建议"俾资管训"。

中共南方局为了更深入地贯彻16字方针,满足进步青年的需求,在中大建立"据点",这是一个没有名称、不定型的进步青年联系网。那时,中共南方局青年组在国统区建立这样的"据点"就有40多个。1944年3月,进步学生符家钦、黎连汉、张诺志、陈俊逸等11人,在中渡口静心茶社举行秘密会议,由符家钦主持,宣传抗战,反对国民党一党专政。教育部为此事专门向蒋介石做了汇报。

1944年4月至12月,日军发动了豫湘桂战役,短短八个月,以国民党军的惨败而告终。国民党军损失近60万人,丢失大小城市146座、空军基地7个、飞机场36个,丧失国土20多万平方公里,6000万同胞陷于日军的铁蹄之下,中国人民的生命财产遭受了巨大的损失。此次正面战场出现的大溃败,完全是国民党当局长期以来实行消极避战、保存实力、准备内战的错误政策的结果。

1944年12月2日,中大学生任健、陈宏万、潘志新、黄志达、罗炳权、任彝

---

① 《中央大学档案》,第2773卷,第1页。

玺等召开了"中大学生救国会"筹备会,推举陈宏万为临时主席,参加的同学挤满了教室,陈宏万宣读了成立"中大学生救国会"的宗旨:"1. 望国人共体精诚团结之旨,共促各党派间加速协力合作,共御强寇;2. 希望内部政治加速革新,实行民主以慰国人之望;3. 希望政府切实动员一切人力物力,不容各种浪费现象存在,以适合军事第一、前线第一的要求;4. 希望政府改革大学教育,使与军事密切配合,必要实行全体征调等。"①宣言还未读完,一些不明身份的人冲入会场,乱敲桌椅,包围陈宏万并"拳足交加",幸好法律系主任何义均教授路过,将陈宏万护走得以安全。12月11日,中大行政会议形成决议:认为成立"中大学生救国会"是越轨行为,将组织者任健、陈宏万、潘志新等三名学生予以退学处分。

1945年初,"据点"核心小组成员黄可和刘晴波接受中共南方局指示,起草了新民主主义青年社章程。8月,正式批准中央大学成立新民主主义青年社(简称新青社)。该组织章程明确规定,接受中国共产党的领导,为实现新民主主义革命而奋斗。表明新青社已不是一般党的外围进步群众组织,而是在党的直接领导下的革命青年组织。领导成员有:黄可、刘晴波、黄志达、罗炳权、任彝玺、胡辅臣、穆广仁、童式一、翁礼巽等。新青社的成立,打破了自皖南事变以来,学校政治空气沉闷的局面,开始了中大民主运动迅速发展的新时期。

新青社成立的前后,中大为解放区输送了两批干部。一次是1945年春,中共南方局公开在《新华日报》的青年生活专刊内,号召知识青年到解放区去。中大、复旦、武大等校进步学生积极报名响应。为能顺利抵达解放区,南方局青委要求先由中大负责探明行程路线,然后设立了若干转送点,向中原解放区输送青年干部。凡是志愿报名的学生,经南方局批准,约定秘密联络暗号,组成小分队,辗转到达解放区,接上关系,开展工作。直至日本无条件投降后,才停止输送。重庆地区先后成行的约有200人,中大约40人。另一次是政治协商会议结束后,中国共产党和国民党、美国三方面组成的军调处执行部开始工作,中共方面急需一批英文译员,南方局指示新青社动员部分进步学生报名,

---

① 《中央大学档案》,第1412卷,第8页。

先经新青社考核,再由南方局审核,约有 30 人,秘密从沙坪坝到红岩村集中,然后乘军调处飞机飞抵河北张家口解放区。

新青社成立后,接管了"据点"一批进步书刊,后来又从新华社营业部拨来一部分,还将同学手中的好书也集聚起来,进行统一管理,创办地下"红色书箱"。它秘密放在校外,派专人管理,秘密借阅。当时"红色书箱"成为新青社开展群众工作的重要方式。复员时,红色书箱的长途运输十分危险,分散不行,集中目标太大,后来,得到潘菽教授的大力帮助,将红色书箱混在他的书箱群里,才安全运抵南京。

附表一:沙坪坝分校建设概算书

由本校南京新校址继续经费项下,借垫本校重庆沙坪坝临时校舍建设费 240 646 元。

第一款	**本大学临时校舍建设费**	240 646 元
第一项	**建筑费**	212 491 元
第一目	建筑材料	121 865 元
第一节	木料	69 611 元
第二节	砖瓦	16 159 元
第三节	石灰纸筋	7255 元
第四节	五金装修	13 868 元
第五节	杂项	14 972 元
第二目	建筑工资	90 626 元
第一节	木工工资	34 071 元
第二节	石工工资	30 752 元
第三节	泥土工工资	22 156 元
第四节	卸砌材料工资	3697 元
第二项	**设备费**	25 795 元
第一目	电气设备	11 166 元
第一节	架设材料	10 831 元
第二节	架设工资	335 元
第二目	抽水设备	14 629 元
第一节	抽水机件	10 779 元

第二节　装设工资　　　　　3850元

第三项　杂支　　　　　　2360元

第一目　杂支　　　　　　　2360元

第一节　设计监工酬金　　　716元

第二节　灯炭消耗　　　　　961元

第三节　杂费　　　　　　　683元

资料来源：《中央大学档案》，第4604卷，第318—324页。

注：

1. 校舍建筑费一栏：本项建筑计建教室、宿舍、办公厅、图书馆及各科系实验室、球场、乳牛场、防空室等共70处所，共计房屋445间，总计面积2986.18英方（另附房屋场所详表），伊时以迁移在即，款项暂由南京新校址继续经费项，借垫支付兼工赶造，更以川省建筑各情形诸多未谙，致未能编制概算，兹工程已告结束，理合补编，以备核案。

2. 卸砌材料工资一节：按重庆购办材料惯例，交货地点均在工程附近之江岸，其由江岸卸运至工程地点，堆砌各工作均由购办者自行雇工办理。

3. 电气设备一目：本目包括全部电灯电力之一切架设工之材料，除自行购置之一部分外，其由重庆电力公司代为装设，所用之材料一并购入。

4. 抽水设备一目：本校地点距江岸较远，人数众多，各实验室需用之水量亦巨若吨，用人力挑水有供给不暇之虞，且所费亦属不赀。缘购抽水机一部及附属马达小管等，用电力抽吸以便利而节约。

附表二：房屋场所详表

名称	方数	间数	备考
第一办公室	35.10	7	搭有阁楼12方
第二办公室	10.40	4	搭有阁楼9方
第一教室	70.80	17	搭有阁楼10方
第二教室	36.80	13	搭有阁7方
第三教室	27.00	10	搭有阁楼8.4方
第四教室	37.50	7	搭有阁楼5方
第五教室	70.80	17	搭有阁楼17方
第六教室	26.70	6	搭有阁楼5.7方

续表

名称	方数	间数	备考
第七教室	122.10	25	搭有阁楼 5 方
第八教室	25.60	7	搭有阁楼 6.5 方
工学院新建教室	20.80	8	
图书馆阅览室	52.00	13	搭有阁楼 8.4 方
图书馆	42.80	7	搭有阁楼 30 方
第一教职员宿舍	42.00	13	搭有阁楼 2 方
第二教职员宿舍	42.00	13	搭有阁楼 2 方
第三教职员宿舍	42.00	13	搭有阁楼 2 方
第四教职员宿舍	22.70	7	搭有阁楼 2 方
第一男生宿舍	47.80	9	搭有阁楼 11 方
第二男生宿舍	47.80	9	搭有阁楼 11 方
第三男生宿舍	47.80	9	搭有阁楼 11 方
第四男生宿舍	47.80	9	搭有阁楼 11 方
第五男生宿舍	47.80	9	搭有阁楼 11 方
第六男生宿舍	63.70	12	楼上为 47.80 方,楼下为 15.90 方,计 3 间
女生宿舍	36.00	6	
女生洗脸室	21.30	5	
饭所	105.40	21	搭有阁楼 15 方
第一厨房	14.90	4	
第二厨房	11.20	3	
水灶房	8.68	2	
洗澡房	18.50	4	搭有阁楼 10 方
卫生室	16.00	3	搭有阁楼 5 方
生物馆	26.46	5	搭有阁楼 12 方
化学馆	107.38	25	搭有阁楼 25 方
教职员集会所	54.55	10	
化工系实验室	11.60	3	搭有阁楼 4 方

续表

名称	方数	间数	备考
化工系蒸馏室	3.36	2	
农化系蒸馏室	8.00	3	
物理系教室	10.40	4	
机械系锻工厂	24.96	5	
机械系金工厂	14.00	5	
材料实验室	10.80	3	搭有阁楼4方
农产制造所	36.40	14	搭有阁楼6方
疗养室	7.80	3	
储藏室	41.10	10	
大门(传达、警卫、电房)	12.65	5	
理发室(银行、合作社)	11.74	3	搭有阁楼4方
抽水机管理室	2.88	1	
抽水机亭(计4座)	4.00	4	
第一厕所	5.50	3	
第二厕所	5.50	3	
第三厕所	5.50	3	
教职员厕所	5.46	3	
第一洗脸室	9.80	3	
第二洗脸室	9.80	3	
第三洗脸室	9.80	3	
第一小便亭	1.26	1	
第二小便亭	1.26	1	
女生厕所	1.26	1	
校工宿舍	6.00	4	
校工厕所	1.50	2	
教职员住宅区公共厕所	2.00	2	
乳牛场	81.10	10	
防空洞(共4个)	863.00		
球场(共4个)	460.00		
环校马路	528.00		
校内石板及石梯子	250.00		

附表三：柏溪分校工程说明

柏溪分校的设立有三个原则：

（一）离沙坪坝校址不宜过远，以免管理及教师兼课困难；

（二）交通应相当便利，宁利用水道不经公路；

（三）地位应相当隐蔽。

其设计建设情况如下：

（一）办公厅原来在适中地点，因建筑全校集会处所之饭厅与之遥遥相对，两建筑物间之平地做操场；

（二）图书馆及教师集中一处，使之成为学生教学区；

（三）因教学区面积无多，各系实验室只好分散各处；

（四）锻工厂工作有声，因与普通教室隔离；

（五）教职员宿舍与教室及办公厅相近；

（六）男生宿舍离饭厅及操场较近，合作社、盥洗室在其附近使之成为浴室，傍溪边就近取水；

（七）女生宿舍及卫生室病院在僻近地点；

（八）厨房、水炉房、浴室，傍溪边就近取水；

（九）工警住所及储藏室，在较远山旁偏僻处所；

（十）厕所及洗衣服在学校边界低下地方；

（十一）修十六尺宽之马路上敷煤渣，两边砌行条石围绕操场，并通达各区为校内干路。

资料来源：《中央大学档案》，第 6305 卷，第 1—10 页。

附表四：柏溪分校建设概算

概算书：

第一款	**本大学柏溪分校建设费**	370 000 元
第一项	**基地**	17 500 元
第一目	地价	17 500 元
第二项	**建筑材料**	184 000 元
第一目	木料	100 000 元
第二目	砖瓦	36 000 元
第三目	玻璃五金	16 439 元

第四目	石灰纸筋	9920 元
第五目	竹料	5271 元
第六目	杂项	16 370 元
第三项	**建筑工资**	153 700 元
第一目	木工工资	39 585 元
第二目	石工工资	76 087 元
第三目	土工工资	36 590 元
第四目	其他	1438 元
第四项	**工务费**	14 800 元
第一目	薪给	2299 元
第二目	旅运	9383 元
第三目	杂支	3118 元

资料来源:《中央大学档案》,第 4605 卷,第 24—25 页。

附表五:柏溪分校施工概况

1938 年 9 月,中大工程处筹备一切,自行绘图设计,着手平治地基,订购材料,仍按照沙坪坝建筑办法,自行购料招工承担校舍建筑工资。至翌年 2 月重要校舍才规模粗具,又陆续补充其他房屋及设备等项。分校拥有校舍设备如房屋、场圃、道路、防空室、校具等。

甲、房屋

(一) 第一教室 面积 34.2 方

(二) 第二教室 面积 16.8 方

(三) 第三教室 面积 14.4 方

(四) 第四教室 面积 14.4 方

(五) 第五教室 面积 12.48 方

(六) 第六教室 面积 16.8 方

(七) 第七教室 面积 16.8 方

(八) 第八教室 面积 19.68 方

(九) 第九教室 面积 19.68 方

(十) 第十教室 面积 16.49 方

(十一) 第十一教室 面积 13.23 方

(十二) 第十二三四教室 面积 30.24 方

(十三) 第十五六七教室 面积 30.24 方

(十四) 第十八教室 面积 23.6 方

(十五) 国画教室 面积 20.53 方

(十六) 西画教室 面积 12.48 方

(十七) 物理实验室 面积 44.84 方

(十八) 生物实验室 面积 40.42 方

(十九) 化学实验室 面积 42.98 方

(二十) 地质实验室 面积 17.78 方

(二十一) 锻工厂 面积 18.2 方

(二十二) 铸工厂 面积 20.16 方

(二十三) 师范学院心理实验室 面积 35.72 方

(二十四) 图书馆 面积 34.2 方

(二十五) 图书阅览室 面积 22.12 方

(二十六) 总办公厅 面积 40.75 方

(二十七) 体育办公室 面积 9.6 方

(二十八) 卫生室 面积 19.14 方

(二十九) 讲义室 面积 6.24 方

(三十) 传达室 面积 10.8 方

(三十一) 教职员第一宿舍 面积 18.72 方

(三十二) 教职员第二宿舍 面积 21.78 方

(三十三) 女教职员宿舍 面积 18.00 方

(三十四) 教职员第四宿舍 面积 20.28 方

(三十五) 学生第一宿舍 面积 54.34 方

(三十六) 学生第二宿舍 面积 54.34 方

(三十七) 学生第三宿舍 面积 54.34 方

(三十八) 女生宿舍 面积 28.35 方

(三十九) 学生第四宿舍 面积 54.34 方

(四十) 工警宿舍 面积 19.5 方

(四十一) 男生第一盥洗室 面积 8.97 方

(四十二) 男生第二盥洗室 面积 8.97 方

(四十三) 理发室 面积 10.53 方

(四十四)学生饭厅 面积 57.19 方

(四十五)教职员饭厅 面积 6.48 方

(四十六)开水房 面积 6.48 方

(四十七)学生第一厨房 面积 6.48 方

(四十八)学生第二厨房 面积 6.48 方

(四十九)洗衣房、教职员厨房 面积 7.88 方

(五十)工警厨房 面积 8.64 方

(五十一)浴室 面积 12.92 方

(五十二)第一图书馆储藏室 面积 14.06 方

(五十三)第二图书储藏室 面积 28.12 方

(五十四)行李储藏室 面积 8.97 方

(五十五)第一厕所 面积 5.46 方

(五十六)第二厕所 面积 1.44 方

(五十七)小便池 面积 1.42 方

以上房屋面积总计 面积 1199.5 方

(五十八)沙坪坝本校第十二教室 面积 33.6 方(1939年建)

(五十九)沙坪坝本校第十三教室 面积 33.6 方(1939年建)

以上盖草教室面积 67.2 方

乙、场圃

(一)运动场 面积计十七亩,内附有各项田径赛设备及篮球场

(二)游泳池 面积计四亩

丙、道路

第一期完成由江边至办公厅及校内交通四尺宽之干路共计 3803.42 丈,第二期完成校外之公共干路及校门各部交通支路等共计 3286.74 丈,以工程之繁简,不同施工时期及土价贵贱不一,平均每丈计 2.75 元。

丁、防空洞

第一期完成容纳三百人之防空洞三所,石工按方计算,三洞共用印板杉杆各三百六十根丈四跳板九十块,洋钉一桶,有半水沟五十余丈。

戊、设备(注:以下全部是物品名加件数,不一一列出)

柜台 十八具

楼梯 二六具

书架 五十双

垃圾桶 四十双

脚盆 十一双

阅览架 三四双

阅书架 一四四张

信箱 四双

水甑 四双

办公桌 一五零张

资料来源:《中央大学档案》,第 4605 卷,第 26—34 页。

第三章 金陵大学西迁与办学

第一节 西迁路线

与中央大学的未雨绸缪不同,抗战之初,金陵大学迁校的准备并不充分。当时美国在中国有治外法权,金大的一些西方人士认为,即使日本打到南京,金大仍有美国大使馆的保护。而国民政府方面,则认为公立大学已搬迁,教会大学迁不迁无关紧要。从金大自身层面看,金大认为,维持在南京的办学,有助于在抗战的非常时期下,安定首都社会人心以及协助国防研究。随着战局的变化,金大将部分重要研究成果移往较静僻的地带,在继续工作的同时,辟一部分校舍作为扩充附属鼓楼医院之用。于是,1937年10月4日,金大仍按时在南京开学。

但随着局势严重恶化,金大不得不于11月18日停课,决定西迁。金大原打算迁往湖南,后因文化机关迁湘者众多,金大经与另一教会大学——成都华西协合大学商洽,决定迁往四川。华西协合大学校长张凌高曾致函陈裕光,称金大迁往成都华西协合大学恐怕学生宿舍不够容纳。1937年12月,教育部及四川省教育厅发函金大,称金大迁往成都事宜当派员前往成都办理,教育部及四川省教育厅自当同意及协助。

11月25日,金大第一批师生从南京下关出发,踏上漫漫的西迁之路。在金大校长陈裕光的回忆中,可见到些许细节:

> 金大行政只好发动群众,依靠师生员工的力量,四处借车辆、船只,运送行李、家具及人员。最后分三批从下关出发,经汉口抵成都,前后历时三个月,备尝艰辛……金大校本部迁成都华西坝,理学院迁

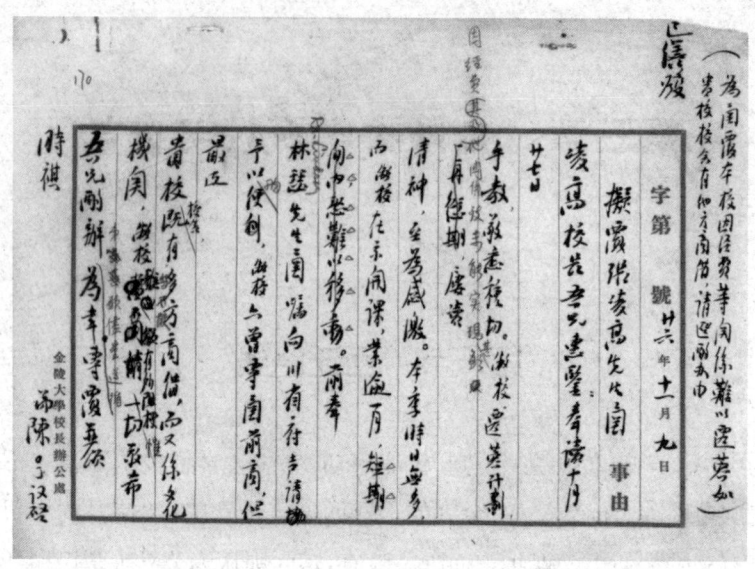

图 3-1　陈裕光就借校舍事宜致华西协合大学校长张凌高的函(1937年11月9日)

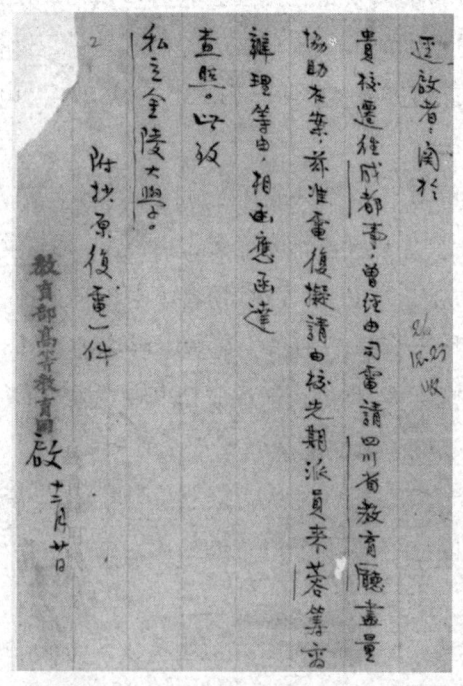

图 3-2　教育部通知金大可以到成都办理迁校手续的函(1937年12月20日)

重庆,次年三月在四川开学。当时内迁成都的,除金大外,还有金陵女子文理学院、齐鲁大学,最后还有燕京大学,加上原来的华西大学,一共有五所教会大学集中一地,显得十分热闹融洽。①

要想完成西迁必须要从水路先期抵达武汉,金大自决定西迁后便开始派人前往汉口做准备工作。早在1937年9月,乔启明②受托租用了汉口特三区湖南街德林楼十三号二楼的四间房间,作为金大西迁办事处以应对西迁事务。此外,水路人员货物运输等事,也致函教育部恳请予以交通运输上的方便。由首都南京到武汉,由于船只难觅的关系,金大员生首先是分批运送到九江同文中学,而后经轮船转运到武汉。待到将由武汉迁往成都时,仍恳请教育部将图书仪器四百余箱及员生三百余人,想办法由宜昌转往成都。教育部称已提请军事委员会后方勤务部办理,后称后方勤务部已将大多数轮船开放供教育部使用,只需自行接洽即可。12月末,金大在汉口举行行政委员会会议,正式决定金大由武汉迁往成都,中学由武汉迁往万县。另有老校友徐国桢对西迁过程的回忆:"船泊武昌……,我们借住在华中大学体育馆内。……大多数同学则在武汉耽了一个月后,又继续溯江西上至宜昌。在那里过了一个年,再向目的地——成都进发。"③

12月26日,陈裕光在汉口的报告中提到,从重庆到成都的汽车票、行李费已办妥,均按照七折优惠价格购得。到重庆可借住求精中学,每日膳食约国币三角。除优惠购票外,四川省政府还议决补助金大约二万元,华西大学还曾向纽约请求建筑费美金五千元,以纾解金大的经济困难。

综上所述,金大的西迁路线大致是:南京—九江—武汉(华中大学)—宜昌—重庆—成都(华西大学),共历时3个多月。

---

① 陈裕光:《回忆金陵大学》,《金陵大学建校一百周年纪念册》,南京大学出版社,1988年,第20页。
② 乔启明(1897—1970):字映东,男,汉族,山西省运城市临猗县人。农业经济学家。乔启明初入运城河东书院,完成学业后,考入山西大学预科。后进入金陵大学攻读农业经济系,1924年毕业,留校任教。
③ 徐国桢:《由南京到成都》,《金陵大学建校一百周年纪念册》,南京大学出版社,1988年,第366—367页。

1938年1月,金大的六百多名师生,数千件图书仪器行李抵达成都,并于3月准时开学。此前,金大理学院的电机工程系及电化教育专修科、汽车专修科等高等班次,因重庆的工业较为发达,对教学实习有利,由理学院院长魏学仁率领,留在重庆曾家岩,借求精中学校园开办,同时可服务于战时需要。①

第二节 校址校舍

金大迁入华西协合大学后,除借用华大房舍,还增建了学生宿舍4座,房屋2幢,可容三百多人。后来随着学生、教职员的增多,宿舍严重不足。1939年6月,金大成立了"临时校舍委员会",筹划添建校舍事宜,借得地皮三处,进行了较大规模的建设,分别建筑教职员住宅及学生宿舍,其概况如下:

在牛奶房附近向华大借地2亩多,建草房1座,计16间,每个房间1丈多,共可容小型家庭七八家;在高琦中学对面,向华大借地8亩多,建草屋4座,每座草房8间,每间长1.2丈、宽1丈,瓦顶,灰壁,铺有地板,1座做女生宿舍,另3座做教职员住宅,可容中型家庭十家多;向成都新村委员会借地16

图3-3 金大在成都时建的方形庭院式学生宿舍

① 金大成都校友会:《抗战时期迁蓉之金陵大学》,《金陵大学史料集》,南京大学出版社,1989年,第51页。

亩,除建学生宿舍3座供160人寄宿外,另建教职员宿舍7座,供单身教职员寄宿1座,其余6座40多间,可住十家。金大师生表示:"虽不及在京时之华堂美奂,困难期间,借地为家,得此蜗居,亦洋洋大观矣!"①

因为临时校舍的建设没有什么规划,只能因地制宜,所以金大的校舍相当分散。像在红瓦寺建造的一二年级男生宿舍,距华大明德楼6华里以上,炊事人员中午送饭,往返非常辛苦,但几年间风霜雨雪,从未间断。为了解决校内交通问题方便师生,金大成立"筑路委员会",计划在学校教室与宿舍间开辟一条新路,名为金陵路。于1938年4月16日上午十时开始修筑,并举行简单仪式。随着道路修筑粗具规模,又由校教职员募捐梧桐树,分植道路两旁。该路大约于5月初完工,路内并有石桥一座,石料由华西大学供给。

图3-4 陈裕光在"金陵路"开工典礼上讲话(1938年4月)

据金大校友张石城回忆:"从教室到学生宿舍相距2—3里,原为田间小道,全校师生动员在电台铁塔下修建大路,金陵大学举行金陵路开工典礼,由陈裕光校长主持大会。……大路筑成,至今在成都市区游览图上还印有'金陵路'的路名。铁塔高耸依然健在,现在,学生宿舍已经拆除,改建为四川医学院

---

① 《金陵大学校刊》,第264期,1939年10月10日。

图 3-5　今成都市的"金陵路"

图 3-6　电信路上德国西门子公司 20 世纪 30 年代修建的广播电台发射塔（2001 年　韩国庆摄影）

附属医院。"①

回忆里提到的高耸铁塔,就是电信路上西门子公司 20 世纪 30 年代修建的发射塔。电信路在民国初年还是农田,1935 年,德国西门子公司在这里修建了两座用于广播电台使用的发射铁塔,高近百米,是当时全城最高的建筑物。因为在发射塔下面的附属建筑物上写着很大的一个"电"字,所以这条路就在 1938 年被命名为"电字路"。新中国成立后,电信部门又在这里修了一些房屋,这条路才被改名为"电信路"。由于发射塔建筑质量很好,一直被使用到改革开放后,因为城市改造而

---

① 张石城:《战时追忆》,《金陵大学建校一百周年纪念册》,南京大学出版社,1988 年,第 375—376 页。

拆除。

　　据金大的校友回忆,当时的华西坝校园很宽广,新生宿舍在望江楼附近,每天到学校上课,单程步行需 30 分钟,每次往返四次训练走路。老生宿舍在浆洗街,步行也需二十分钟,四川同学有洋马(自行车)可骑,而流亡学生只能步行来回。① 当时的浆洗街并非顾名思义是一条浆洗衣服的街道,而是以加工皮革为特色的街道。由于位处城南,从甘阿凉地区运到成都的干牛羊皮大多集中在这里,浆洗街附近的杀牛巷也是比较集中的杀牛作坊,杀猪巷和桓侯巷是比较集中的杀猪作坊,有大量的鲜皮,所以浆洗街就成了过去成都加工硝制皮革的主要场所,聚集了大量的手工作坊,最多时超过百家。② 1941 年,中大畜牧兽医系及专修科也设在浆洗街的四川省农业改进所血清厂内。

图 3-7　浆洗上街(20 世纪 90 年代　韩国庆摄影)

　　当年的学校旁立着形似埃菲尔铁塔的先进发射塔,老宿舍所在的浆洗街臭气熏天,旁边的簧门街却店铺林立,热闹非凡,街上茶馆众多,是大学生们喝

---

① 参见金陵大学南京校友会:《金陵大学建校一百廿周年纪念文集》,2008 年 9 月。
② 参见袁庭栋:《成都街巷志》,四川文艺出版社,2017 年。

茶的好去处。从南京一路辗转来到成都的金大师生,就是在这样的氛围中度过了抗战的日子。

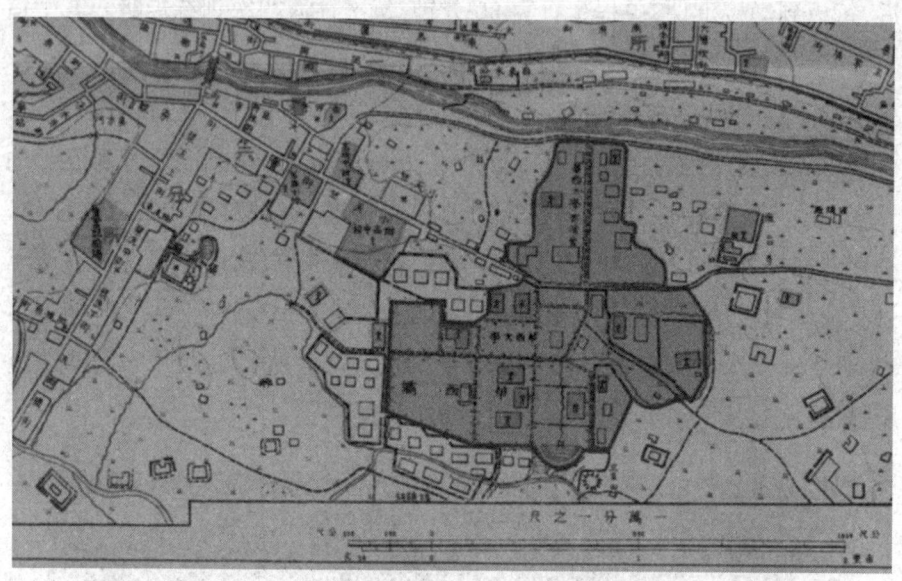

图 3-8 抗战时期成都华西坝附近的地图

第三节　金陵大学在成都华西坝

1937年11月,金大师生从南京下关出发,克服各种困难,历尽数月艰辛,于次年3月,在成都华西坝准时开学。

位于成都的华西协合大学成为一些内迁大学和学院的圣地。正如华西协合大学校长张凌高1938年所称,学校能力虽有限,在此非常时期,对于省外学生,会竭力容纳,避免他们失学之苦。四川省是聚集高校最多的地区,有近50所之多,其中,在华西协合大学所在地华西坝,除了东道主华西协合大学外,还有中央大学医学院(后迁成都后子门)、金陵大学、金陵女子文理学院、齐鲁大学、燕京大学等学校。因此,人们常常称为华西坝五大学。所谓五大学,1942年以前指华西协合大学、中央大学医学院、金陵大学、金陵女子文理学院、齐鲁大学。1941年中央大学医学院自办医院,而1942年秋,燕京大学在成都复校,所以 1942 年后五大学指华西协合大学、金陵大学、金陵女子文理学院、齐鲁大学和燕京大学。① 华西协合大学曾向纽约方面请求拨款 5000 美金以建筑校园,供各西迁教会大学使用。

1946 年,各校复员前,齐鲁大学、金陵大学、金陵女子文理学院和燕京大学联合撰写了《五大学联合办学纪念碑文》。四校在纪念碑文中写道:"华西协合大学之校舍、图书馆及一切科学设备亦无不与四大学共之,甚至事无大小,均由五大学会议公决,而不以主客悬殊,强人就我。即学术研究,亦公诸同人,而不以自秘,此尤人所难能。若持之以恒,八年如一日,则难之又难者也。"

图 3-9　陈裕光和金陵女子文理学院院长吴贻芳在华西坝

金大师生在抗战中与其他高校一样,面对轰炸、饥饿、贫困和简陋的教学、科研条件,毫不气馁,弦歌不辍,不仅扩大了学校的规模,还取得了一批国内外瞩目的研究成果,培养了大量中国当时急需的人才,在中国教育史上写下了辉煌的一页。

---

① 党跃武主编:《四川大学史话》,四川大学出版社,2017 年,第 232 页。

图 3-10　金大教工子弟在华西坝做游戏

图 3-11　陈裕光的三个子女在华西坝附近的乡村

第四节　炸弹下的金陵大学

日本飞机首次轰炸成都,是在 1938 年 11 月 8 日。据统计,全面抗战 8 年中,成都遭受日机残酷的狂轰滥炸 9 次,空袭 13 次左右(即除了投弹外还低飞俯冲用机枪扫射居民),其中尤以 1939 年"6·11"、1940 年的"10·27"和 1941 年的"7·27"三次轰炸、焚烧、扫射最为酷烈,造成了人民群众生命财产的巨大损失。①

听警报、钻防空洞也成了金大师生的共同"必修课"。1939 年 5 月,成都华西坝五大学专门制定了《五大学防空委员会防空办法》,规定学生宿舍附近须设防空洞,距地面深一尺半,再从地面堆两尺高的沙袋;各教室附近须设有曲折的防空洞;空袭警报后,有专门的教职员负责视察生物馆、女大院等地的安全;有专门的医生负责救护工作;各宿舍主任须与宿舍学生随时保持联系,了解情况;培训义勇服务人员如何使用灭火器;第一次警报后,教授和学生根据情况决定是否停课,第二次警报后,则一律停课;华西大学美籍教授戴谦和与金陵大学教授倪青原担任华西坝防空指挥员。

尽管加强了防范措施,但在日机的轰炸下,师生仍时有伤亡。1939 年 5 月 25 日,金大农学院 1936 年毕业的校友吴云达,因公在重庆出差,遭轰炸不幸遇难。10 月,吴云达所在单位内江甘蔗试验场为他举行了追悼大会,"吴故副技师云达,历年服务该场,懋著成绩,因公殒命,实堪悯伤",农学院也派代表参加了追悼会,悼念死者,"凡我校同仁同学或各方校友惠赐奠仪者,统希送交本校农学院院长室代收"。②

1939 年 6 月 11 日,日机对成都进行了惨烈的轰炸,焚烧民房之多,伤亡之众,灾区之大,都是空前的。华西坝校园也未能幸免,据《申报》报道:"六月十一日,有日机二十七架飞至成都,城内东南区及城外华西坝均遭轰炸……金

---

① 谢世廉主编:《川渝大轰炸——抗战时期日机轰炸四川史实研究》,第 106 页。
② 《金陵大学校刊》,第 263 号,1939 年 9 月 25 日。

图 3-12 被敌机轰炸过的华西坝校区

大陈裕光校长住宅亦被炸毁,全家受伤。"①报道显示陈裕光住宅被炸毁,他和家属受轻伤。金大教授陈纳逊夫人当天被敌机枪射伤臂部。农学院植物病理组助教张益诚在校外的住宅里,因房屋震塌不幸遇难。第二天陈裕光带伤到学校办公,主持学校应变事宜,师生人心因之安定。事后,蒋介石等曾对金大师生表示慰问。《金陵大学校刊》上记载:

> "六一一"敌机轰炸成都,华西坝共投四弹,一弹落于本校新教室后之中大教职员宿舍内,毁屋数间,未曾伤人;图书馆左近共落两弹,幸均未爆炸;陈校长住宅左近亦落一弹,房屋震毁,陈校长本人、太夫人、夫人及其妹陈竹君女士等稍受轻伤,爰告痊愈。全校教职员及同学死难者,仅农学院植物病理组助教张益诚君一人。校中停课两日,修理教室即行上课。当时各方对本校致慰问者,函电交驰达百余起,蒋委员长及夫人亦曾致电华西坝五大学慰问,教部陈立夫部长除致

---

① 《申报》,1939 年 7 月 24 日。

电慰问外……至各方友人及本校校友函电慰问者,更备极关切之至。本校对之极为感激,均以致谢。①

为保障师生安全,6月12日,金大召开行政会议,讨论了疏散事宜并形成决议:"教职工家眷疏散问题:尽量疏散,愈速愈佳,如无法觅相当地点者,可迁仁寿农专暂住。学生疏散问题:向华大借宿俾分散居住,以免集中(办公室、课堂、实验室亦可分散)。"②当时还决定第二天开校务会议继续讨论西迁的地点。6月14日,学生大会对学校当局提出再次西迁,他们提出:"学校疏散以全学业,教部早经明文颁布,今校方以

图3-13 被敌机轰炸过的华西坝教室

迁移困难而拟在大险之下上课四星期,断非妥(当)善之策",建议校方立即放暑假,在确定安全的新校址后,再定是否继续补课、补大考;将同学疏散到安全地区,学生离蓉前,向学校登记通信地址,以便下学期开学后立即赴新校址上课;实在无法离蓉的学生,搬到华大校舍散居,并协助学校再次迁移,同时对防空壕等加以改进。③

7月14日,金大行政会议再次讨论了师生的疏散问题、安全问题,决定当务之急先保质保量地修好防空洞、避难所,"筑防空壕于下列各处(事务处负责):学生宿舍、高琦对面、生物馆后面;避难所:青春岛已有一所,新村(暂缓),

---

① 《金陵大学校刊》,第263号,1939年9月25日。
② 《金陵大学档案》,第224卷,第98—99页。
③ 张宪文主编:《金陵大学史》,第83页。

牛奶房"①。

理学院分驻在重庆和成都两地,魏学仁院长②常驻重庆,主管重庆校区工作,李方训副院长主管成都校区工作。1940年8月和9月,重庆校区遭到空袭,学生宿舍、食堂被炸毁,经济损失达120 739元。开学后,学生吃饭、住宿、上课都成了问题。电机工程系新生胡昌泰9月中旬到重庆校区报到时,学校被炸,无人接待,无法上课,后给教务处去函要求保留学籍,"赶至贵校理学院,时值被炸,无从接洽。会□一位刘先生命生直接函贵处报且附汇缴保证金,申请保留学额……"③。11月,魏学仁给教育部的报告中写道:"本校理学院在渝校舍于本年八月九日及九月十三日敌机空袭时两次被炸,损失甚重。全部重建修理及辅购器材设备等共需经费国币拾贰万零柒佰叁拾玖元,除该院工厂及制造有一部分曾向中央信托局所保兵险……尚短少国币拾万余元,以致修建工程无法进行。现该院本学期虽已设法在渝照常开课,惟宿舍饭堂等尚未修建,以致学生食住问题无法解决。"④

1941年3月,因每天警报很多,为减少对上课的影响,教务处特下发了通知:"1. 注意警报期间,照常上课。空袭警报发出时,停止上课;2. 解除警报发出一小时后,恢复上课,时间暂不更动,例如:下午一时半解除警报,则二时半开始上课,所有第六堂课程均上半小时,第七八堂仍照原定时间上课;3. 因警报所缺之课由各教员斟酌补足之。"⑤

1941年7月27日,日军对成都的轰炸达到抗战以来最高点,称"7·27惨案"。当日,日军出动108架飞机,分4批每批27架对成都进行连续轰炸,中弹的地方被黑烟笼罩,房屋倒塌,烈火熊熊,来不及逃避的无辜市民被炸得血肉横飞,尸陈狼藉。理学院电化专修科刚毕业一年的孙叔元同学,品学兼优,在四川科学仪器制造所工作,风华正茂,服务社会,不幸在空袭中遇难,"七月

---

① 《金陵大学档案》,第224卷,第107—108页。
② 魏学仁(1899—1987):字乐山,江苏南京人。1922年毕业于金陵大学,1928年获芝加哥大学物理学博士学位。归国后,任金大物理系教授、理学院院长。
③ 《金陵大学档案》,第944卷,第57页。
④ 《金陵大学档案》,第224卷,第212页。
⑤ 《金陵大学档案》,第15卷,第200页。

二十七日敌机袭蓉时,身中破片流血过多,竟以身殉。噩耗传来,同学无不悲愤异常,弥留时其爱人亦亲在侧料理后事,尤为悽怆云"①。金大教授单寿父的女儿单明婉,对日机频繁来成都轰炸印象深刻,晚年回忆道:"有一次炸弹落在树林,母亲叫我卧在草地上,用最好的一件夹克大衣把我盖住;有一次来不及外逃,则钻到木床或方桌下面躲避。有一次108架日机炸平了西门南巷子,少城公园(今人民公园)内也血肉横飞,我们的一位小学老师也丧生在一泓死水边。"②

第五节 战时校园文化生活

抗战时学校迁川,学生团体组织在数目上比南京时略有减少,虽未达往昔之众,然在实质上则更充分表现其"蓬蓬勃勃之朝气",并增加了抗战时期的特色。如当时在华西坝的华大、金大、金女大、齐鲁大学、中大医学院的学生联合组成了"五大学战时服务团",经常救护伤兵,举行义卖、义演活动。1938年后,敌机经常飞临上空,成都被多次空袭,在日机轰炸时,五大学学生成立了空袭救护队,冒着生命危险,抢救受伤同胞。1940年,金大师生成立了"伤兵之友社"③,设委员9人,其中学生委员4人。同学们积极参加救助伤兵的活动,定时到医院慰问伤兵,为他们洗澡灭虱,将护饮食,料理医药,做伤兵同胞的朋友,安慰他们,帮助他们尽快康复。服务团、救护队的队员救死扶伤的行为受到了市民的称赞。

学生会组织主动联系各院系,在学校教职员组织带领下,在暑假期间组织同学参加各种社会调查和服务活动,如组织边疆服务团、抗战教育团、宣讲团等。这些团队活动以"提倡乡村服务,研究边疆社会,练习团体生活,服务边区民众"为宗旨。1940年暑假,社会学系同学参加了雷马屏峨边区施教团,在系

---

① 《金陵大学校刊》,第293号,1941年10月1日。
② 《南大校友通讯》(2018秋季号),第49页。
③ 《金陵大学校刊》,第277号,1940年6月10日。

主任柯象峰①带领下,步行两千多里,不畏酷暑,历时一个月,向民众宣传抗战精神,沿途放映电影,诊疗疾病。

1941年夏,教育部成立了私立大学学生暑期边疆服务团,金大的学生也参与其中,先后到灌县(今都江堰市)、汶川、茂县等地,大部分路程是步行,一个多月,虽天气炎热,甚为劳累,但同学们能为当地民众服务,感到很高兴,"教育部举办私立大学学生暑期边疆服务团川西组,于七月十四日由蓉出发。是日晨六时半,在华西坝举行出发式后,即有汽车送至灌县,以后行程概系步行,经汶川、威川、理县、杂古脑、萱杆桥、鹧鸪山、马河堤、芦花、黑水、茂县,再转威州经灌县回成都"②。

农业经济系12名同学,在应廉耕、崔毓俊老师的带领下,暑假赴四川北部安县农村进行实地调查,冒炎炎烈日,历时一个半月,除了和当地农改所合作,给当地农民以"施放新麦种、耕牛注射、引用特种肥料等"农事指导外,还对农民做抗战、兵役及医药卫生方面的宣传、讲解,深受农民的好评。③ 理学院师生利用本校电化教育的专长,赴四川边区摄制边疆电影,为边民放映有关地理、工业资源、自然科学及国防常识等影片。

金大在华西坝校园生活内容也是多种多样、精彩纷呈的,各项活动都追求个性的自然流露和自由发展,在繁忙的学习之余,校园活动深受学生的喜爱。除学校定期为学生组织运动会、辩论赛外,校园中的学生团体自行组织演讲会、读书会、报告会也十分频繁。此外,学校师生之间还利用各种庆典和辞旧迎新的机会,展开各种形式的联谊、同乐、游艺等活动,既为同学们提供了可施展才华和特长、展现个人青春的风采的舞台,也可使同学们得到弥足珍贵的友谊,对广大学生的身心健康和人格完善起了重要的作用。

1939年,国内外大学毕业同学旅川协会发起组织了成都市各大学学生演讲赛。预赛时,项英同学代表金大参赛,题目为"抗战建国与川康建设",名列

---

① 柯象峰(1900—1983):安徽贵池人,社会学家。1922年毕业于金陵大学,1930年获法国里昂大学经济学博士学位。1930—1947年在金大任教授、社会学系主任等。1952年任南京大学外语系、经济系教授。
② 《申报》,1941年7月22日。
③ 《金陵大学校刊》,第280号,1940年10月25日。

第一。决赛时,题目为"科学化运动提倡与实施",进入决赛的有6名同学,项英再次夺魁。1940年,教育部举办全国大学生"抗战建国论文比赛",金大的周绍麟、凌鼎钟、张国璋及贾宏宇同学获奖。① 1941年,同学们组织了"金陵学术励进会",旨在交流各科知识,增进合作精神,研讨治学方法。励进会经常举办演讲竞赛,题目如"抗战时期大学教育应以解决生活为目的"等,同学们积极参加,一方面宣传了抗战,另一方面也训练了金大同学的演讲技能、临场口才。1943年,教育部举办了全国大学生论文比赛,经济系王世英同学写的文章《反侵略战争》,获得中文组第二名。

　　五大学莘莘学子聚在华西坝,这里很快朝气蓬勃,充满了青春的气息。1938年春开始,华西坝五大学就联合举办了"华西坝五大学运动会",一年一度成为惯例。而在这样的体育盛会上,金大体育健儿在赛场奋力争先,处处留下了矫健的身影。1942年5月,华西坝五大学及协合高中等七校举办联合运动会,金大同学积极参加,校刊上记述了当时的盛况:"金大队伍一字长蛇阵,浩浩荡荡直奔运动场而来,机械化部队前导,杏黄色校旗高举,乐队之后,紧随着男女健儿,田径名将。歌声雄壮,步伐整齐,啦啦队各部门全体出动,大队人马声威极盛。"②啦啦队队员有500多人,运动员在赛场上经过激烈的比拼,当成绩传出时,名列前茅,振奋人心"金陵健儿,名列前茅,各项冠军,非我莫属,锦标包办,早在意中"③。除体育运动外,校中的戏剧爱好者陆续恢复了各种剧社活动,除了演出传统戏剧外,还排演体现爱国精神的现代剧,以激励抗日斗志。如金大同学中爱好评剧的同学组织了"金陵国剧社",1941年5月,他们在"师生联谊大会"上为大家演出传统戏剧《法门寺》和《探母坐宫》,衣冠鲜艳,演员水平高,演出时盛况空前,校刊描述为:"可容一千人左右的会场都挤得水泄不通,校长全家福降临。朱雄先生迟到,吃了闭门羹。"④同学们组织的黎明剧社,积极为社会福利部门募捐,演出了话剧《孤岛夜曲》《炸药》《月亮上升》,壬午剧社演出了老舍名著改编的话剧《面子问题》和于伶的名剧《女子公

---

① 《金陵大学校刊》,第278号,1940年9月25日。
② 《金陵大学校刊》,第306号,1942年5月15日。
③ 同上。
④ 同上。

寓》，他们把售票所得款全部捐给校服务基金和平民医院。

图3-14　金大学生在进行体育比赛

图3-15　1941级学生的手绘校园图

金大1941届(1941年毕业)学生在南京入校时正值抗战全面爆发，毕业时抗战进入相持阶段，他们目睹了山河破碎，经历了西迁，在华西坝完成了学业，可谓长于忧患，习于艰苦。在1941届毕业生纪念册里的有一份学生手绘图,这份"华西坝钟楼与北大楼"的手绘图,风格非常轻快活泼,可以看出,尽管远离首都"寄人篱下",但同学们的文化生活依然丰富多彩。图中形容华西坝的临时校舍,同学用"新课室"这一形容词而非消极的词汇,从这份"苦中作乐"的手绘图中,金大学生们积极乐观的态度、对学习生活以及未来的希望和热忱可见一斑。

抗战年代,金大学生的物质生活条件和学习环境十分艰苦。同学们为了节约煤费,洗脸洗澡都用冷水,寒冷的冬天也不例外。平时吃的是糙米,有杂质,难以下咽,有同学统计每碗饭中平均有稻粒 35 颗,有秕 20 颗。汽车专修科学生人数比较少,又要往返于重庆和成都之间,来回奔波很是辛苦,但他们很爱汽车驾驶,每次上课前一二小时,都提前做汽车保养工作。1940 年汽车专修科在重庆的学生宿舍被敌机炸毁,只能把校内汽车维修间作为宿舍,但同学们仍很乐观地表示,我们的生活名副其实。当时大米很贵,有时学校甚至买不到,面临断炊之虞,便派代表到各乡镇去想方法,肉的供应量也很少。学生稻兹(笔名)在文章《铁塔之畔》中回忆:

> 两座高矗云霄的铁塔(无线电台)之侧,便是我们在川的巢。四所平淡的楼房,再夹杂些饭堂等一些零碎,由纯白的外装抹上了黑的保护色,它的邻近便是球场、试验田、园艺场,落在幽静的华西坝的一角。三年了,它是金大到成都来的发源地,做过教室、寝室及自修室。直到现在,仅甲乙丙丁四字排列中,我们永不会忘记那故巢的庄严之宫,他涂上了血和泪(国军退出时做过难民收容所)。叫芜草长满了阶除,院中的玫瑰,不知现在为谁开着! 我们为什么要到这里来呢? 跋涉、吃苦,这大概不必要我来解答……
>
> 饭堂在四所宿舍的后面,伙食是由同学自选七人组--膳食委员会办理的,物价高涨声,管理伙食是最困难的一桩事。米非常贵,前些时更没处买,记得在今年暑假时没米吃,便派代表到各乡镇去设法,寻到了又怕被别人路劫,于是同学们便权且做一次卫士。现在每餐五菜,

一白水汤，三百多人一天啖四斤肉，可是白饭还可饱腹……①

尽管如此，年轻的学子根本不在意环境的恶劣，毕竟求学求知是第一位的。也许正是那段特殊时期的特别经历，铸就了金大学子们坚韧的人生意志和强烈的爱国情怀。

第六节　教学与科研成果

一、教学工作

抗战期间，为了适应形势的需要，根据教育部的规定，1939 年起，金大调整了行政部门的结构，调整为校长办公室和教务、训导、总务三处。教务处下设注册、学籍、成绩和招生 4 组；训导处下设体育卫生、生活管理、军事管理（后撤销）、奖贷金及女生指导 5 组；总务处下设文书、人事及事务 3 组。图书馆及会计室仍为学校独立单位，还设工务室、推广部。此外附设鼓楼医院及附属中学各 1 所。金大的校部机关均设于华西大学教育学院大楼内。同时，实行三长制，即教务长、训导长、总务长，襄助校长分管这三方面的工作。教务长为柯象峰，训导长为袁柏樵，总务长为倪青原（后为陈裕光、顾俊人），1944 年时，聘之江大学教授顾琢人担任。各院长人选也有变动。文学院院长原为刘国钧，1944 年由蔡乐生接任；理学院院长魏学仁，副院长李方训；农学院院长谢家声于 1936 年调任中央农业实验所所长，改由章之汶主持农学院工作。中国文化研究所由李小缘任所长。

处于非常时期的金大，经费不足，缺乏良好的办学条件，但全校人员本着竭诚为抗战服务的精神，同心协力，艰苦奋斗，不断推进学校各项事业的发展。如理学院的办学方针：一是"培植理工人才，以适应国家需要"；二是"努力科学研究，以促进生产建设"；三是"推广科学教育，以增加科学常识"。根据当时社会的需要，各院系逐步增加新学科。

---

① 《金陵大学校刊》，第 282 号，1940 年 11 月 25 日。

表 3-1　院系新增学科表

时间	院系/研究所	新增专修科/部	备注
1938 年	理学院	电化教育专修科	与教育部电影教育及播音教育两委员会合作
1939 年	理学院	汽车专修科	
	农学院	园艺职业师资科	
1940 年	农科研究所	农艺学部	
	文学院	图书馆专修科	
		社会服务部	
1941 年	农科研究所	园艺学部	
1942 年		英语专修科	与华西大学、齐鲁大学、金陵女子文理学院合办
1943 年	理学院	扩充电机工程系	
	农学院	园艺专修科	
1945 年	文学研究所	社会学部	招收社会福利行政研究生

资料来源：《私立金陵大学要览》，《金陵大学档案》，第 83 卷，第 2—3 页。

据学校 1943 年 5 月统计，院系的规模已扩大为：

1. 理学院设：数学、物理、化学、生物、化学工程、电机工程六系，附设理科研究所化学部、电化教育专修科、汽车专修科，及教育电影。

2. 文学院设：中国文学、外国语文、历史、社会、政治经济、哲学心理六系，附设国文专修科、图书馆学专修科。

3. 农学院设：农业经济、农艺、农业教育、森林、园艺、植物病虫害、蚕桑七系，附设农科研究所，农业经济、农艺、园艺三部，及农业专修科，另设农林试验场十九所、推广区九区。①

此外本校又设中国文化研究所、社会服务部，及附属中学（现迁万县）与鼓

---

① 《金陵大学档案》，第 335 卷，第 488 页。

楼医院(仍在南京)，与他校合办英语专修科。

据学校《私立金陵大学要览》1947年6月统计，抗战期间各院科系数为：

1. 理学院设：数学、物理、化学、生物、化学工程、电机工程六系，另设电化教育专修科、教育电影部，曾设汽车专修科。

2. 文学院设：中国文学、外国语文、历史、社会(附社会福利行政组)、政治经济、哲学心理六系，另设国文专修科，曾设图书馆学专修科，曾与华西大学、齐鲁大学及金陵女子文理学院合办英语专修科。

3. 农学院设：农业经济、农艺、森林、植物、园艺、植物病虫害(内分植物病理学组及昆虫学组)、农业教育、蚕桑八系(植物、蚕桑二系尚待呈请备案)，另设农业专修科与园艺专修科，农业推广部，曾设园艺职业师资科。①

西迁后的教学工作，除取消主辅系制度外，学制无大的变化。在课程设置上，根据战时和建设的需要，进行了修订。文学院加强战时知识与实用技能的教育，国文系增设公文程式课，历史系增设日本史、边疆问题概论、西南边疆等课，政治经济学系增设中国经济地理、交通经济、战时经济、战时财政、所得税会计等课，哲学系增设战时哲学、军事心理、应用心理、人生通论等课，社会学系增设人口问题课等。理、农学院也从战时需要出发，结合四川省的实际，对课程做了修订。抗战时期，由于实验设备和试验场地的缺乏，学习基本依靠课堂教学和书本。同时，学生除了上课，还要参加军事训练，并经常深入城乡开展抗日宣传活动。这样，就不可能有战前那样完全正常稳定的教学秩序。

当时，华西坝五所教会大学都面临经济与师资缺乏的共同困难，于是开始资源共享，协调互补。主要是课程上的合作，基础课由各校负责，学校教师依其专长所开设的专业课，向五校开放，学生可以跨校、跨学科选课，各校承认其学分。五所教会大学都实行学分制，允许学生校际选课(或旁听)，学术气氛颇浓。各大学聘请专家、学者做学术报告，必先张贴海报，告之大家参加。为此，

---

① 《私立金陵大学要览》，《金陵大学档案》，第83卷，第5—6页。

当时的华西坝被誉为"文化城"。以后渐渐发展为课程上的全面合作,规定各校相同系所开设的课程合二而一,有统一的课程表、各课名称及学分。这样便较好地解决了师资不足的问题,丰富了学生的学习内容。除了课程上的合作,还有联合办系科、联合办刊物、联合招生等等。在行政工作上,如实行训导制度,制订校历,改善教师待遇,组织防务等,也都商定统一办法与步骤。学校之间联系与合作的决策机构为五校校长联席会议。各校系主任之间、部门之间也举行各种联席会议,但会议所做出的决定,需经校长联席会议认可。五大学之间的联系与合作,不仅促进了工作,还增进了友谊。

图 3-16 金大学生在上课

随着系科设置的调整和学校各方面秩序的日趋稳定,学校招生工作就提上了议事日程。1938 年 6 月,金大行政会议决定了下学期的招生计划,当时规定,9 月 7、8、9 日三天在成都、重庆、长沙、昆明、桂林、香港、上海等地举行入学考试,招生名额定为 60—90 人。①

1938 年春季学期开学时,学生数为 310 人(内研究生 8 人,本科生 299 人,专科生 3 人),以后逐年增加,到 1945 年时,学生数达到 1114 人(内研究生 31 人,本科生 981 人,专科生 102 人),大大超过了战前在校学生总数。此后,金大

---

① 《金陵大学档案》,第 224 卷,第 77 页。

也就基本上保持了这一规模。金大教职员、学生的人数统计如表3-2所示:

表 3-2　1937—1947 年教职员和学生人数统计表　　　（单位:人）

年季 \ 项目	教职员	学生			
		研究生	本科生	专修科	共计
1937 年秋	235	7	214	7	228
1938 年春	145	8	299	3	310
1938 年秋	147	4	407	89	500
1939 年春	197	4	427	117	548
1939 年秋	260	7	459	117	583
1940 年春	260	9	586	148	743
1940 年秋	262	18	635	128	781
1941 年春	301	16	775	127	918
1941 年秋	320	25	686	129	840
1942 年春	326	22	994	117	1133
1942 年秋	303	34	885	142	1061
1943 年春	311	30	1046	135	1211
1943 年秋	262	35	819	68	922
1944 年春	268	41	905	89	1035
1944 年秋	296	29	983	56	1068
1945 年春	299	24	884	107	1015
1945 年秋	277	31	981	102	1114
1946 年春	289	30	879	113	1022
1946 年秋	247	18	970	128	1116
1947 年春	253	18	1048	104	1170

资料来源:《金陵大学档案》,第83卷,第6页。

学校设立了多种奖学金以奖励家境贫寒、成绩优秀的学生,减轻他们的经济负担,使之安心学习。如包文奖学金,5人,每人每学期50元;参政奖学金,5人,每人每学期50元;景唐奖学金,1人,每学期50元;还有留美同学奖学金、荣誉奖学金、战区农学生奖学金等。获奖名单定期公布,1939年秋季开学时,获奖的学生有170人,比上学期增加了25%。①

学校院系除正常教学外,还想方设法提高教员的学术水平,如理学院1939年发起教职员参加的学术座谈会,平均每半月举行一次,除了邀请校外知名人士外,还邀请校内有最新研究成果的学者,进行演讲、座谈,促进教员互相交流,共同提高。校刊上记载了1939年10月至1940年12月年召开的学术座谈会,如表3-3所示:

表3-3 理学院学术座谈会日程表

日期		讲员	讲题
1939年	10.4	刘衡如先生	现代自然科学对于哲学之影响
	10.18	李晓舫先生	现代天文学所昭示之宇宙
	11.1	侯宝璋先生	近代医药之奇迹
	11.5	汤吉禾先生	自然科学对于政治学之影响
	11.29	刘觉凡先生	教育思潮
	12.13	顾颉刚先生	科学家对于开发西北应有之责任
	12.20	孙明经先生	如何开发西康资源
1940年	1.10	张奎先生	成都寄生虫传染之概况
	2.21	梁其奎先生	抗战期中药物问题及其解决之途径
	3.6	戴谦和先生	华西发掘与科学
	3.20	郑集先生	国人之营养概况
	4.3	许季萧先生	蔡子民先生与鲁迅
	4.17	程玉麐先生	最近精神病理学
	5.15	李廷安先生	公共卫生
	6.5	皮宗敢先生	军队机械化之要义
	10.2	朱壬葆先生	性腺内分泌之性质
	10.23	闻在宥先生	谈所谓滇缅语
	11.6	徐益棠先生	雷波鸟瞰
	11.20	林致平先生	飞机概说

---

① 《金陵大学校刊》,第264号,1939年10月10日。

续表

日期	讲员	讲题
12.4	许季茀先生	翁叔平与李越缦日记之比较
12.18	王绳祖先生	国际局势与抗战

资料来源:《金陵大学校刊》,第283号,1940年12月10日。

尽管条件困苦,老师们仍孜孜不倦地教学,同学们也能刻苦钻研,系统地学习各科知识,打下扎实的专业基础。教育部授予1937年度硕士学位的金大学生有4人,在当年度国内西迁的各大学中是最早的。因学有所长,学生就业时供不应求,如1940年,校刊报道:"本校近接中国银行、交通银行、财政部……来函,征求各种人才,惟本届毕业生多以预定相当。"①"征聘(图书馆)馆长、主任及流通编目人员,待遇均在百元以上……惟本校最近无此项毕业生。"②从1937到1945年间,金大共有1282人毕业,其中本科生866人、硕士生58人、专科生358人。1937—1946年度毕业生人数如表3-4所示:

表3-4 1937—1946年度毕业生人数统计表 （单位:人）

年度	项目								
	硕士	学士	专修科						
			国文	图书馆学	电化教育	汽车	农业	园艺	共计
1937年	4	74					17		95
1938年		69	1				34		104
1939年	2	88	3		8		23		124
1940年	5	68	3		10	13	25		124
1941年	6	95	5		6		19	19	150
1942年	9	60	6	6	3	16	19		119
1943年	16	108	7	2	4		16		153
1944年	10	133	7	2	1	15	20		188
1945年	6	171	8	1	3	15	4	17	225
1946年	7	183	1				22	19	232
总计	65	1049	41	11	35	78	199	36	1514

资料来源:《金陵大学档案》,第83卷,第6页。

① 《金陵大学校刊》,第276号,1940年5月25日。
② 《金陵大学校刊》,第278号,1940年9月25日。

光阴荏苒,物换星移,几十年之后,当年的年轻学子大都成为国家的栋梁之材,成为各领域的大师和专家。诸如,中国人民大学副校长谢道炉(谢韬)、中国农科院院长卢良恕、美国科学院院士李单浩等等。其中有7人后来当选为中国科学院或中国工程院院士,如表3-5所示：

表3-5 全面抗战时期金陵大学培养的学生在新中国成立后入选院士人员名单

姓名	学校	系科	就读时间/年	荣誉称号	荣誉获得时间/年
陈俊愉	金陵大学	园艺系(本科) 园艺部(研究生)	1935—1940 1941—1943	中国工程院院士	1997
阳含熙	金陵大学	农学院	1935—1939	中国科学院院士	1991
庄巧生	金陵大学	农学院	1935—1939	中国科学院院士	1991
吴中伦	金陵大学	农学院	1936—1940	中国科学院院士	1980
黄宗道	金陵大学	农学院	1939—1948	中国工程院院士	1997
陈彪	金陵大学	物理系	1943—1946	中国科学院院士	1980
卢良恕	金陵大学	农学院	1943—1947	中国工程院院士	1994

尽管华西坝屡遭敌机轰炸,经常停电,经费紧张,物资匮乏,处境困难,但是金大的高等教育非但没有萎缩,反而得到了发展和壮大。陈裕光晚年在《回忆金陵大学》中写道："抗战八年,处境虽然困难,但金大科系仍有发展,学生人数年年增加,我心中感到十分快慰。"①

二、科研成果

西迁后的科研工作仍被列为金大的一项主要任务。各学院为了加强对科研工作的领导,使研究工作能有计划地开展,分别制订了院研究委员会的组织大纲,明确规定其职责为:审查各系科学研究计划(有无经济或学术价值);审查出版的科学论文和本院的出版物;审核学生的毕业论文。同时规定未经研究委员会审查的科研项目,概不发给经费。这使有限的经费得以合理使用。

各学院在西迁时期的科研工作,大都密切结合战时建设的需要和四川省

---

① 金陵大学南京校友会编:《金陵大学建校一百周年纪念册》,南京大学出版社,1988年,第21页。

的实际情况进行。其中有许多项目得到了政府机关和社会团体人士的支持和合作。理学院在为战时建设服务方面,得到了大显身手的机会;文学院采取因地制宜办法,侧重于边疆问题和考古方面的调查和研究;农学院集中力量对四川省的主要作物开展研究。

同时金大继续秉承"求学本旨,在求致用,培育人才,服务社会"的教育方针,特别重视学校与社会之间的联系,倡导除努力于教学及研究工作,以期探求高深学理外,并力求教、学、做三者合一,凡是社会服务,科学实用与提倡,及农事改进等项工作,都积极推广,使学校与社会打成一片。要求学生必须关心社会民生,注重社会调查与社会问题的研究,并将科研成果推广,加强科研成果转化,积极为社会与国家服务。八年间,金大不仅在学术研究方面取得丰硕成果,在社会事业方面也得到了大力发展,获得了政府的褒扬。1939年,教育部社会教育司对金大的社会教育事业"专函奖赞",并颁给奖金一千元,作为补助社会教育之用。

理学院在电池研制与对外合作方面,取得了一系列有价值的成果。1939年,教育部与理学院合作,在重庆开办了干电池厂,"技术方面,则由本校理学院担任"①,生产各种规格型号的电池,价格仅为进口电池的一半,市场销量很好。魏学仁、杨简初等研制的隔层滤杯式蓄电池,性能优良且取材本国原料,适合大量生产。该项目的隔层滤杯式阳电极获得经济部核准专利5年。隔层滤杯式蓄电池发明成功后,交通部很重视并立即采用,1942年5月,交通部与金大签订了《合资经营中央湿电池制造厂暂行办法》,在重庆合作办厂,"以制造隔层滤杯式湿电池及其他各种湿电池材料为主要业务"。② 该厂在抗战期间共计供应交通部及其附属机关蓄电池14万只,约占该部当时电信方面电池总需要量50%以上,基本解决了电信电源供应问题,使后方通讯交通得以维持,并为国家节省了外汇,湿电池厂的贡献甚大。政府考核审计等机关均认为该厂管理及制造方面的效率在公营工厂中不可多得。1943年教育部颁布指令,嘉奖理学院,尤其是重庆分部的工作。该指令指出,该院管理极有效率,教

---

① 《金陵大学校刊》,第265号,1939年10月25日。
② 《金陵大学档案》,第1763卷,第96页。

学科研工作取得显著成绩,实验工厂很好地完成了国家急需的生产任务。

受四川教育厅委托,理学院负责四川省科学仪器制造所的技术工作,制造仪器供大后方各级学校之需。其研制的微影图书放映器,首批制造100台,于1943年春分配到全国几十个图书馆使用,效果很好,后来供全国各大学及图书馆应用,对教育界、学术界贡献很大。

理学院的电影教育部和电化教育专修科的教学科研与推广工作均得到很大发展。全面抗战后,政府和社会各方面都感国难方殷,当首重教育,以唤起民众,提高抗战觉悟。因此,发展电化教育,特别是培养电化教育人才,实为当务之急。1938年秋,理学院接受教育部委托,与教育部电影教育及播音教育两委员会合作,开办了电化教育专修科。开办经费由教育部每年补助1万元,其余由学校经常费中开支。经过数年的发展,电化教育专修科成为我国第一个在大学培养电影和播音教育专业人才的基地。1941年,孙明经从美国考察归来后,担任专修科主任。

1941年春,电化教育专修科分为电影和播音两组,两组的公共必修基本课程有国文、英文、数学、物理、光学、电磁学等计29学分;技术课程有社会教育、无线电学、电机工程、内燃机学、汽车学、有声电影、机械画、金工、电码收发、放映实习及机械修理、收音机装置及修理、影片观览等共计51学分。此外,电影组加修摄影学、剧本编审、电影摄影法等课程;播音组加修电信、高等无线电学、无线电机设计等课程。[1] 还开办广播电台1家。1942年,孙明经在成都创办并主编了《电影与播音》月刊,这是中国高等学校主办的最早的电影、播音及电化教育方面的学术刊物。后教育部社会教育司决定与金大合办《电影与播音》,"月刊内容,除有关技术文字外,加刊电教法令、教育广播及各地电教事业实况等"。[2] 电化教育专修科在成都的校舍从仅有1间房子起家,到抗战胜利时已发展为有12间房屋的影音教育基地,培训毕业的技术人员数十人,服务地点遍及全国各地。摄制了大量的科学、地理、农业、工业等教育题材的16毫米电影,供国内外放映,内容贴近观众。赴各省及边区放映教育影片,

---

[1] 《金陵大学校刊》,第288号,1941年4月10日。
[2] 《金陵大学档案》,第1744卷,第46页。

推行社会教育,唤起抗战精神。其中"1943年11月,金大电化教育系主任孙明经,将有关中美英三国首脑开罗会议的纪录片在华西坝广场上放映"①,让师生了解国际形势,很受欢迎。教育电影部与电化教育专修科的成就,是抗战期间理学院事业发展的光辉篇章,1943年教育部颁发指令,指出:"查该校年来办理电化教育著有成绩,应予嘉奖。"②

图 3-17 1943 年,国民政府教育部对金大电化教育成绩的嘉奖令

化学系汪仲钧副教授发明的新型复写纸,获得经济部核准专利 3 年。化工系的教师设计发明的硫酸铵运用于酒精的制造,氯化铵运用于电池的制造,提高了产量,效果显著。裘家奎教授根据多年的教学经验,编写的教材《定性分析化学》风行各大学,一再增印。戴安邦、裘家奎教授从事汞色素的纯净芒硝蒸馏水的研制,解决了当时医药及防治植物病虫害的急需。此外,理学院的日蚀观测、风洞实验、木材干馏等项目,也取得了一定成果。

在人文科学和哲学社会科学的调查与研究方面,历史学系从抗战开始,即着手收集史料,编纂《中日战争史料》。政治学系的县政研究成绩昭著,学生也在协助教师调查研究中取得成绩,尤其注重抗战时期县政机构效率及乡村政治改善办法的资料收集和研究,以新都实验县为调查研究的重点。社会学系和联合国救济总署、行政院救济总署合作,共同研究社会福利行政这个课题,培养了大量的社会救济人才,很

---

① 徐国桢:《由南京到成都》,金陵大学南京校友会编:《金陵大学建校一百周年纪念册》,第 368 页。

② 《金陵大学档案》,第 68 卷,第 14 页。

有成效。此外,文学院的教授在抗战时期,继续埋头著书立说,不断有新作问世。1944年前出版的有陈仲之的《晞发集注》、罗卓汉的《史记十二诸侯年表考证》、高文的《汉碑集释》、程会昌的《目录学丛考》、张守义的《中国文学疏证》、孙望的《唐诗补遗》、沈祖棻的《双白词肌参》、刘道和的《方言疏证补》、王绳祖的《中国外交史》、陈恭禄的《西晋史》、柯象峰的《西康社会鸟瞰》、卫惠林的《中国边疆社会文化史》、倪惠元的《实用人事管理》、林蔚人的《财政学》、倪青原的《哲学概论》、蔡乐生的《汉字研究》等著作。此外还出版了胡翔冬所著诗草《白怡斋诗》及佘磊霞的遗著《珍卢诗集》。

西迁时期,文学院和中国文化研究所办的定期刊物有:1.《斯文》,半月刊,发表教师短篇论文,1940年创办。2.《边疆研究通讯》,月刊,由社会学系社会教育研究室编印,1942年创办,卫惠林、于式玉、贺觉非、潘景衍等学者在杂志上发表边疆研究的论文,内容丰富,很受欢迎。3.《史学论丛》,历史系创。4.《边疆研究论丛》,由徐益棠教授主编,共出三期。5.《中国文化研究汇刊》,由金大、燕京、齐鲁、华大四大学的文化研究所或国学研究所联合创办,各校轮流担任主编,金大由李小缘任主编,1940年创刊,1950年停刊,共出八卷,是一份有影响的学术刊物。

中国文化研究所在考古方面获得新的进展。1938年2月,商承祚教授从皖南绕道入川,路过长沙,了解到近几年来长沙郊区家墓中出土文物很多,就停留了4个月,考察长沙近年来所发现之楚器,除自行收藏若干珍器外,并摩挲湘中各收藏家所藏之楚物,收集到该地出土文物5类总计66件,如漆器、铜器、玉石器、陶土器、丝革等,均甚精美,堪称楚文化中的精品代表。到成都后,除在华西坝展览一次外,并将见闻所得写成《长沙古物闻见记》二卷。但商教授并未满足于所取得的成就,认为第一次考察的时间太短,还需要进一步考察研究。1940年,在得学校同意之后,他又再度入长沙,时值日寇围攻长沙,战斗正激烈进行,硝烟弥漫,居民惶惶出走,商教授却置生死于度外,出没于枪林弹雨之中,抢救古物于厄运,"不避艰辛,履险如夷,不一年,人物安然返校。热心学术,至堪钦佩。而此次所得之古物,计一百四十余件"[①]。他将这些文物

---

① 《金陵大学校刊》,第314号,1942年12月15日。

装箱后安全运抵成都。经过整理研究,他撰写了《长沙古物闻见记》一书以及《长沙古器物图录》《楚漆器集》等文,在考古界颇负盛名。

在以后的几年中,商承祚又和刘铭恕等人不辞辛苦,对四川汉阙、崖墓(即悬棺)、石刻、造像等进行调查与挖掘,足迹遍及四川的新津、灌县、眉山、重庆等地。历经数年之考察,共得古物、金石、邛窑、汉画等千余件。商承祚又将其所得整理成《四川新津汉崖墓砖墓考略》等文。商教授为弘扬我国古代文化做出了重大贡献,其献身于学术的精神,也令人钦佩。

1942年,根据教育部的要求,金大向教育部提交了41位教员已完成的112份著作、科研成果的汇总表,以及57位教员正在进行中的112份著作、科研成果汇总表①,这些成果部分是在抗战前完成的,部分是入川后完成的。如表3-6、表3-7所示:

表3-6 1942年6月已完成的著作、科研成果汇总表

姓名	院系	本校教员专题结果报告
刘国钧	文学院	一、孔子思想与将来之时代 二、曹操与其时代之思想 三、建安时代之人生观
罗倬汉	中国文学系	史记十二诸侯年表考证
张守义	中国文学系	一、国故论衡论式篇小笺 二、庾信哀江南赋译注 三、论文小记
高文	中国文学系	一、石门颂集释 二、礼器碑集释 三、史晨前碑集释 四、史晨后碑集释 五、中国文字学教学法之商榷 六、说文校勘记
李相珏	中国文学系	诗经学在春秋时代之应用
刘道和	中国文学系	一、方言疏证补 二、齐语辑述 三、佩蘅室杂录

---

① 《金陵大学档案》,第64卷,第300—319页。

续表

姓名	院系	本校教员专题结果报告
W. P. Fenn	外国语文系	1. Composition Correction Guide 2. English Speech Sounds
Peter Bannon	外国语文系	Elementary Exposition
王绳祖	史学系	一、中俄伊犁交涉始末(1871—1881) 二、伦敦档案局印象记 三、谈牛津大学导师制度 四、说史 五、评李思纯译史学原论
陈恭禄	史学系	一、中国史(第一册) 二、论秦疆域 三、三国时蜀户口之估计 四、东汉党锢
倪惠元	政经系经济组	一、输出信用保险论 二、公司理财
李焯林	政经系经济组	一、工业合作成本会计 二、Balance sheet 译词之商榷 三、过分利得税财产租赁之折旧问题
林蔚人	政经系经济组	一、中国关税之研究 二、中国印花税之研究 三、中国所得税问题 四、中国遗产税
陈泽珩	政经系经济组	一、会计学原理 二、交通会计
宓贤璋	政经系政治组	一、土司制度 二、滇西土司实地调查报告 三、川西土司实地调查报告
柯象峰	社会学系	中国人口政策
徐益棠	社会学系	一、广西象平间傜民之生死习俗 二、中国民族学发达史略 三、十年来我国边疆民族研究之回顾与前瞻
卫惠林	社会学系	一、世界民族分类与分布 二、中国民俗调查问题格

续表

姓名	院系	本校教员专题结果报告
Lewis S. C. Smythe	社会学系	1. A Comprehensive Schedule for the Study of the Chinese Family 2. A Comprehensive Schedule for the Study of the Chinese Family 3. A Survey of the Family Higiene of 114 Families in Chengtu 4. Christianity and the Cooperative Movement 5. The Cooperative Movement in China Before and During the Sino-Japanese Hostilities 6. A History of Industrial Cooperation
倪青原	哲学心理系哲学组	一、释逻辑 二、言人生——生物学观点的解释
刘廼敬	哲学心理系	统计学
曹祖彬	图书馆学专修科	丛书子目备检
陈长伟	图书馆学专修科	图书流通法
戴安邦	理学院化学系	一、Displacement of Hydroxy Group from Aluminum Oxychloride Hydrosol and Basic Aluminum Chloride Solutions 二、木材干馏试验 三、酒石酸铜溶液之性质 四、江苏土壤肥力分析 五、群青之制备及性质（一） 六、四川芒硝 七、银代合物对于染料之吸著作用 八、各种处理对于五棓子成分之影响 九、桐油之吸收氧气作用 十、碱式碳酸铜之制备
潘鸿声	农学院农艺经济系	一、成都平原米之生产与运销 二、南充蚕丝之产销 三、金堂橙桔之产销
李惠谦	农艺经济系	农村信用合作社之组织与经营及其对于社员之影响
胡国华	农艺经济系	成都市生活费用之研究
余启游	农艺经济系	四川郫县大烟叶之产销

续表

姓名	院系	本校教员专题结果报告
朱惠方	森林系	一、西康洪坝之森林 二、松杉轨枕之强度比较试验 三、中国木材之硬度研究 四、中国中部木材之强度试验 五、主要木材之收缩试验 六、主要木材之纤维研究
王一桂	森林系	一、南路边茶之分析 二、油桐种子覆土深浅对发芽及生长之影响 三、四川重要桐林之油桐品种及生长研究 四、油桐开花之观察
焦启源	生物系植物组	一、气孔之生理问题 二、四川之白蜡工业 三、芒硝 四、川康之核桃 五、花红树之生产力 六、小麦之沉偃
林礼铨	农专科	农村学校珠算教学之研究及算盘子之改良
马育华	农艺系	1. Method of Transformation as applied to the Percentage of Infestation of Stem Borer of Rice Fertilizer Experiment 2. A Factorial Experiment on Rice Culture 3. Studies on Technics of Confonding
王绶	农艺系	中国作物育种学及实用生物统计法
汤湘雨	农艺系	一、水稻之生理研究 二、谷类种子容量简便测定法
高立民	农艺系	水稻栽培试验之研究
黄瑞采	农艺系	一、田间肥料试验 二、盆钵肥料试验 三、土壤性状与灌溉排水之关系 四、防止土壤冲蚀试验 五、水土保持文献之搜集 六、我国各地土壤冲蚀概况之调查
陈骥	农艺系	小麦根部性状与小麦偃伏之关系
曾省	农林生物系昆虫组	烟草害虫

续表

姓名	院系	本校教员专题结果报告
齐兆生	农林生物系昆虫组	一、柑橘实蝇之研究 二、柑橘两种潜叶昆虫之研究 三、柑橘瘿蜘蛛及锈蜘蛛之研究
李隆术	农林生物系昆虫组	床虱防除法之研究

表3-7 上报教育部正在研究中的课题的汇总表

姓名	院系	本校教员专题研究调查
刘国钧	文学院	一、世界战争之思想的背景 二、六朝思想史
罗倬汉	中国文学系	经学通论
张守义	中国文学系	一、中国文学疏证 二、文章论选疏 三、释词典章句
高文	中国文学系	汉碑研究
李相珏	中国文学系	韩昌黎之研究
丁廷浔	中国文学系	先秦制度考
刘道和	中国文学系	一、汉语声尾考 二、汉语复纽考 三、庄子郭注探原
W. P. Fenn	外国语文系	1. Measurement of English Vocabulary of College Freshman 2. Measurement of Difficulty of English Readings 3. Preparation of New Course in Subfreshman and Freshman 4. Preparation of the Following Texts for English Majors: a) Outline of English Literature for Chinese Students; b) Introduction to English Poetry for Chinese Students; c) Guide for Chinese Students of Western Literature 5. A Comparative Study of English Translations of Chinese Poetry 6. A Study if the Effect of the War on Higher Education in China

续表

姓名	院系	本校教员专题研究调查
Susie Mayes		Preparation of New Course in Subfreshman and Freshman English
王绳祖	史学系	中国外交史之研究
陈恭禄	史学系	西晋史之研究
刘平侯	政经系政治组	促进行政效率之要件
宓贤璋	政经系政治组	一、土司制度 二、民法概论 三、中国政府
倪惠元	政经系经济组	一、股份有限公司之财务政策 二、实用人事管理
林蔚人	政经系经济组	中国盐税之检讨
李焯林	政经系经济组	会计学原理(拟编教材书)
张干周	政经系经济组	一、战时物价高涨之经济作用 二、外汇稳定之理论与政策
柯象峰	社会学系	一、倮族社会 二、贫民救济事业
徐益棠	社会学系	本校西迁后所得民物标本目录
卫惠林	社会学系	中国西部民族分布与文化区的研究
Lewis S. C. Smythe	社会学系	1. Chinese Family 2. Industrial Cooperative Organization
蔡乐生	哲学心理系	一、汉字的学习心理 二、智力测验的编造
倪青原	哲学心理系哲学组	一、哲学概论 二、逻辑概论 三、逻辑理论之研究
叶叶琴	哲学心理系哲学组	现代社会思潮背景之检讨
郭中一	哲学心理系哲学组	基督教与中国之宗教思想
曹祖彬	图书馆学专修科	大学图书馆
陈长伟	图书馆学专修科	图书馆组织与管理
戴安邦	理学院化学系	桐油之性质与利用
戈福鼎	农学院农艺经济系	四川省农业方式之研究

续表

姓名	院系	本校教员专题研究调查
黄毓甲	农艺经济系	中国农业经济史
李惠谦	农艺经济系	温江农业金融与合作之研究
陈祖规	农艺经济系	中国作物源流考
胡国华	农艺经济系	战时物价变动之行为
应廉耕	农艺经济系	四川省之土地分类
裴保义	农艺经济系	四川省土地分类(土壤部分)
江荫元	农艺经济系	成都市薪资变动之研究
潘鸿声	农艺经济系	一、四川省主要粮食之运销 二、成都平原米之生产成本
焦启源	生物系植物组	一、四川之五棓子（Ⅰ） 二、四川之五棓子（Ⅱ）（英文） 三、四川之五棓子（Ⅲ） 四、四川桐油增产之展望 五、四川省桐油事业之过去现在与将来 六、四川省桐树与桐油（Ⅱ） 七、四川省桐树与桐油（Ⅲ） 八、黄涟 九、小麦之萌芽力 十、油菜与菓子油
魏景超	植物病理组	一、甘薯贮藏病害之调查及防治之研究 二、中国菌属之研究 三、柑橘病害防治试验 四、苹果轮文褐腐色防治试验 五、水稻病害研究 六、小麦条锈病抗病育种 七、烟叶环点病之研究 八、成都蔬菜病害调查
林傅光	植物病理组	植物防治药剂
朱惠方	森林系	一、编纂林学辞典 二、主要燃料之燃力与着火试验 三、成都市木材燃料之需给 四、燃料之资源并造林实施方案 五、燃料利用方法之改进
朱大猷	森林系	一、四川主要森林树种理财的轮伐期之研究 二、四川主要森林树种形数之调查

续表

姓名	院系	本校教员专题研究调查
韩麟凤	森林系	经济树木病害之研究
王一桂	森林系	茶子覆土深浅对发芽及生长之影响
吴中伦	森林系	一、柏木育苗试验 二、成都慈竹生长研究
单寿父	蚕桑系	一、蚕儿饲育之研究 二、四川省桑树品种之研究 三、四川省蚕种之研究
靳自重	农艺系	一、小麦纯系育种 二、小麦杂交育种 三、小麦细胞分类的研究
王绶	农艺系	一、大麦育种研究 二、大豆育种研究
汤湘雨	农艺系	一、水稻育种 二、水稻分类
汤湘雨　黄瑞采	农艺系	烟叶改良设计
黄瑞采	农艺系	区田深耕及施肥试验
马育华	农艺系	A Note on Field Experiment of Factorial Design
胡昌炽	园艺系	中国果树分类学之研究
章文才	园艺系	一、成都产苹果之贮藏 二、柑橘之贮藏研究 三、四川省柑橘之品质研究 四、柑橘种类之根群生长栽培环境之影响研究 五、甜橙授粉与果实产量及品质之影响 六、果树品种与砧木之亲和性研究 七、成都麻皮苹果之修剪法研究
朱雄	园艺系	四川泡菜之研究
朱壬葆	农林生物系	甲状腺对于性腺功能之影响
屈天祥	农林生物系	烟草蚜虫
龙子平	农林生物系	小麦弹尾虫之研究

据 1943 年 5 月《五十五年来之金陵大学》统计，入川后的著作、科研成果"次第完成者，有一百五十余种，现在进行中者，尚有百余种"①。主要完成的科研成果如表 3-8 所示：

表 3-8　入川后主要完成的科研成果表

理学院	1. 杀虫剂的制造 2. 农产品的化学分析 3. 蔗糖的精炼 4. 电化学的研究 5. 毛纺机的改良 6. 动物标本的采集 7. 照像乳汁的制造 8. 照像胶片的制造 9. 图画影片放映机的设计 10. 蓄电池的制造 11. 短距离收音机的设计
文学院	1. 西康社会调查 2. 宜宾、江安、新都等县的县政调查 3. 成都纺织业调查 4. 嘉定川绸调查 5. 毛织品试验 6. 手工业的改进计划 7. 史学教育幻灯目录的编制 8. 中国文化研究所的西蜀石刻、四川壁画、长沙古物、楚漆器等研究与考察 9. 整理中国古代的画学史料 10. 调查雷马屏峨一带猓猓民族
农学院	1. 华阳县的土壤调查研究 2. 柑桔品系的选择与研究 3. 腥黑粉病及杆黑粉病的生理限制研究 4. 四川药用植物的研究 5. 三化螟虫的研究 6. 昆虫标本的采集 7. 木材的涨缩性试验 8. 农具的改良与制造 9. 四川农产物价的调查研究 10. 四川 40 余县土地分类的研究 11. 中国农村建设的具体方案 12. 大学农业教育的研究 13. 县单位农业推广制度之研究

---

① 《金陵大学校刊》，第 321 号，1943 年 5 月 1 日。

1944年3月，受教育部委托，文学院举办了成都地区"史地教育演讲周"，历史系教授参加并做公开演讲。演讲内容丰富，大大激发了听众对祖国大好河山和灿烂文明的热爱，更激励了人们将抗战坚持到底的信念。应成都广播电台的邀请，文学院教授每两周轮流前往播音一次，进行抗战主题的系列讲演；朱锦江教授也受该台特邀，举办文学讲座，讲演文学与抗战的关系、文学基本理论等，讲演精辟透彻，深受听众好评，后将讲稿汇辑成《成都十讲》。

　　文学院还创办各类业余学校，如社会学系和成都社会处合办了工人子弟学校，除讲授一般知识外，还讲授公民训练、生活技能等课程，还有成人夜校、暑期补习日夜班等。举办职业训练班；警察训练班；保育员训练班，毕业生24名；儿童教育班；工业合作高级人员合作班，两期毕业生共24名；劳工教育班，共有三班，其中一班为蓉新印刷工业合作社的印刷工人。开办民众阅览室、民众代笔处、平民夜校、妇婴保健指导所，做好难民卫生工作、家庭访问、民报壁报、集体培训、个案工作等。为彭县制定了社会救济与福利的工作计划，并指导实施。

　　农学院在农业科研和推广方面，着重致力于四川省主要作物（稻、麦、棉）、特种作物（桐油、柑桔、茶、蚕桑）和畜产的研究与改进，以及农村经济、农业教育状况的调查和实验。研究工作的特点是由专题研究趋向于综合研究。即以某种事业为研究中心，有关系科的教师联合进行研究，以求该事业的全面改进，如选种、栽培、防霉、加工、贮藏、运输等问题。综合研究的课题有：稻、麦、棉、柑桔和烟草等。研究工作既重视实用，又探讨理论。据1942年统计，该院科研项目达114项。1944年写成论文并出版各种研究丛刊达99种，发表在农经类《研究设计》的计有12项。

　　金大教授美国人卜凯编写的《中国土地利用》一书，于1937年问世，全书分3巨册，内容浩瀚，图文并茂，统计数据翔实，备受中外学者好评。该书第1册被译成中文后，于1941年在成都出版。1942年该书获得了中央图书杂志审查委员会颁发的荣誉奖状。农业教育学系教授林礼铨发明了"仲衡算盘"法，即把笔算方式运用到珠算上，并写了文章《仲衡算盘珠笔合一算法》，登在《农林新报》上，加以推广，一读此文，凡是会笔算的即能运用珠盘，毫无困难，该项发明获得了经济部的五年专利。1940年，农学院教师樊庆笙赴美留学，

1944年回国后将从美国带回的青霉素生产菌种(B21)进行青霉素生产、提取和临床试验,为中国生产青霉素药品做了重要的前期工作,这个时期的农业推广工作,由示范推广转入训练辅导为主阶段。应四川、陕西两省的要求,在交通比较便利,位置比较重要的地方建立以县为单位的农业推广实验区,在四川建立了新都、温江、仁寿等农业推广区,在陕西建立了南郑、泾阳等农业推广区。推广改良种子及种苗,如"金大2905号"改良小麦在川西、川北大规模推广种植;"金大1号"大麦在安县进行了试验,产量高过本地种20%;"金大322号"大豆在成都和温江两处推广,"试验成绩极为良好,产量之高,竟超过本地种二倍以上,极受农民之欢迎,咸要求大量推广"[1]。金大改良柑橘推行种植地区也很广。应四川省的邀请,金大担任彭县及华阳两示范区农业推广的辅导工作。

农学院设立农业推广学校、各种训练班、补习班,开展农业教育,受教育部四川省教育厅委请,担任川西各农业职业学校的辅导工作。并与农产促进委员会、中国银行管理处合办初高级推广人员训练班,为各县农业推广工作培训骨干。对新都、仁寿等县的农民基础学校及农民补习学校进行授课,讲授农民千字课、珠算课、农业常识课等,研究农民教育的具体实施办法。

---

[1] 《金陵大学校刊》,第267号,1939年11月25日。

第四章 蒙难与抗争

第一节 南京沦陷和惨绝人寰的大屠杀

1937年12月13日,日军攻入南京。在持续6周的时间内,灭绝人性的侵略者制造了震惊中外的南京大屠杀惨案,30多万无辜平民和放下武器的士兵惨遭杀戮。约翰·拉贝在《拉贝日记》中对此有翔实的记载。

约翰·拉贝,1882年11月23日出生于德国汉堡,1908年来到中国,自1911年起先后担任德国西门子公司驻北京、天津、南京办事处代表,1930年11月,拉贝被西门子上海总部任命为南京代表处负责人,1931年11月2日到达中国国民政府首都南京,1938年2月回国。拉贝在中国生活了近30年,与中国人民结下了深厚的友谊。"把世界还给人,把人归还自己",这一人道主义的精髓,沐浴、净化了无数的魂魄,也铸造了拉贝的人生观。

1937年日军攻入南京前夕,他被推为南京安全区国际委员会主席,日军攻占南京后,古城金陵陷入黑色恐怖深渊。拉贝利用自己的纳粹党员

图4-1 约翰·拉贝

身份,在自己的住宅收容了 600 多名中国难民,在他负责的不足 4 平方公里的安全区内,他和他领导的十多位南京安全区国际委员会成员,拯救了 25 万中国人的生命;他还在租住的这幢小楼内,写下了著名的《拉贝日记》。

1938 年春,拉贝回到德国后,在柏林多次公开发表演讲,揭露日军在南京的疯狂暴行,遭到盖世太保的迫害。

1945 年第二次世界大战结束后,拉贝由于他纳粹党员身份受到不公正的待遇。在他最消沉的日子里,南京人民为他募捐,寄赠钱和食物,使他重新燃起了面对生活的勇气。

1950 年,拉贝因中风在柏林去世。

拉贝原是一位普通的德国商人,他在南京的这段特殊经历使其永载史册。他于 1934 年因与金陵大学农学院院长谢家声的协议搬至小桃园 10 号(今小粉桥 1 号)居住,直至 1938 年离开。南京大屠杀期间,他的故居作为 25 个难民收容所之一,收容、救助了 600 多位难民,使他们免遭日军的残害。这所故居位于南京大学鼓楼校区南园内,为了缅怀他的人道主义精神及其为南京人民所做的贡献,故居今已建设成为南京大学拉贝与国际安全区纪念馆。

图 4-2　拉贝雕塑

历史学家章开沅教授曾说,德国人的《拉贝日记》和美国人的《贝德士文献》,将把企图"翻身"的日本军国主义永远牢牢钉在历史的耻辱柱上。从《拉贝日记》里,可以看到日军对南京的轰炸、屠杀、抢劫、焚烧,以及中国军民反抗的真实记录。

一、轰炸

日军对南京的侵犯是在疯狂的轰炸中拉开序幕的。1937年8月,拉贝和妻子在北戴河度假。当听到日本飞机已经袭击南京的消息时,拉贝于28日在夜幕下告别妻子,和平时期坐火车只需40个小时的行程,这次花了10天半时间,于9月7日才回到了南京。拉贝在日记①中写道:

9月19日、20日

在这两天里,我在4次空袭中受到了战斗的洗礼。从这一天起开始了我的战时日记。

9月26日午夜2点30分,一直等到4点,才响起了"警报解除"的鸣鸣声。距离中山路上德国黑幕佩尔饭店不远处,在天生药房和远洋办事处的对面,大约有12所中国人的房屋被几枚炸弹炸得精光。房子前面一个防空洞里,除去坐在中间的一个人外,里面所有人都因炸弹爆炸产生的气浪而丧生。中央医院里落下了15枚炸弹。虽然只炸死两个人,但实物损失巨大。在院子里可以看到两个弹坑,它的直径约20米,深5—6米(500公斤的炸弹)。

到12月13日日军攻陷南京为止,拉贝每天对日机的轰炸都做了详细的记录。如在9月份剩下的日子里,除了21日、23日、24日、29日、30日五个雨天外,南京每天不止一次地遭到轰炸。

---

① 以下拉贝日记选段均引自约翰·拉贝:《拉贝日记》,《拉贝日记》翻译组译,江苏人民出版社、江苏教育出版社,1997年。

二、屠杀

12月14日

开车穿过城市的路上，我们才真正了解到破坏的程度。汽车每开100—200米的距离，我们就会碰上好几具尸体。死亡的都是平民，我检查了尸体，发现背部有被子弹击中的痕迹。看来这些人是在逃跑的途中被人从后面击中而死的。我们遇见了一队约200名中国工人，日本士兵将他们从难民区中挑选出来，捆绑着将他们赶走。我们的各种抗议都没有结果。我们安置了大约1000名中国士兵在司法部大楼里，约有400—500人被捆绑着从那里强行拖走。我们估计他们是被枪毙了，因为我们听见了各种不同的机关枪扫射声。我们被这种做法惊呆了。

1月22日

我在这本日记里多次写到一名被枪杀的中国士兵的尸体，这具尸体被捆绑在一张竹床上，自12月13日起一直横躺在我的房子附近，没有掩埋。我对日本大使馆提出抗议，请求他们派人或者允许我进行掩埋，至今仍没有结果。尸体依然在原来的地点，只是绳索已被剪断，那张竹床仍在两米远处。我无法理解日本人对这件事的做法。他们一方面要别人承认它是和欧洲强国平起平坐的大国并受到同样对待；另一方面其行为却时时表现出残暴、野蛮和兽性。既然我为安葬这具可怜的尸体所付出的种种努力没有任何结果，我只好作罢，但是随着时间的推移，我越来越意识到，这个人虽然死了，但他的尸体将永远留在这个人间。1月31日我终于满意地发现，那名在我门前横尸达6个星期之久的中国士兵今天终于下葬了。

三、抢劫

1月20日

从12月14日起，局势出现急剧恶化。日本的战斗部队因为进军过快,出现补给不足,城市便听任他们处置,他们的所作所为,尤其是对最贫穷、最无辜的人的所作所为,完全超出了常人所能想象的地步。他们抢走难民(穷人中最穷的人)的大米,凡是能拿走的粮食储备他们悉数掠走,他们还抢睡觉用的棉被、衣物以及手镯。一句话,凡是他们觉得值得带走的东西,就全部抢走。谁要是稍有犹豫,就会立即遭到刺刀戳刺,有不少人就是不明不白之中在这种野蛮行径之下惨遭杀害,成千上万的人就这样被杀害了。这些已经堕落成野兽的兵匪不断地闯进难民区和挤满难民的房子,甚至连先行抢劫的士兵不屑一顾的东西也不放过。自从日本部队于1937年12月13日进驻以来,安全区(其实根本算不上是安全区,因为它无法提供绝对的安全)的骚乱才真正开始。迄今一切都组织得非常安宁与平和,但是根本得不到日本士兵的尊重,他们对于卐字旗和德国大使馆用德、英、中3种文字书写的布告不屑一顾。德国大使馆也特别为德国人住家的佣人们发了保护证明,但他们每天都来向我报告,说日本士兵把床上用品和钱财等抢走,疯狂地用枪托和刺刀强行把锁着的房门砸开,闯了进去。

四、强奸

12月17日

有一个美国人这样说道:"安全区变成了日本人的妓院。"这话几乎可以说是符合事实的。昨天夜里约有1000名姑娘和妇女遭强奸,仅在金陵女子文理学院一处就有100多名姑娘被强奸。此时听到的消息全是强奸。如果兄弟或丈夫出来干预,就被日本人枪杀。

12月18日

我们原先期望随着最高指挥官的到达能恢复秩序(12月17日,日军侵占南京时任华中方面军司令官松井石根得意扬扬地进城并举行入城式),但是遗憾的是,我们的愿望并没有实现。正相反,今天的情况比昨天还要糟糕,19号的日军暴行报告中记录了17日21次暴行,其中强奸达10次之多。

五、焚烧

1月17日

昨天下午,我和罗森博士坐汽车在城里看了很多地方,我非常沮丧地回到家里。日本人在这里造成的破坏真是罄竹难书。我认为这个城市完全不可能在短时间内恢复繁荣。太平路从前是主要的商业街道,是南京人的骄傲,这条街夜晚的霓虹灯可以与上海的南京路相媲美,如今它已变成一片废墟,一切都烧光了,再也没有一所完好无损的房屋,左右两边全是瓦砾场。以前的娱乐区夫子庙连同其茶馆和大市场,同样被完全毁坏了。目之所及,全是瓦砾废墟!由谁来重建呢?回程的路上我们还到了新街口后面的国家剧院和大商场的火灾现场。这里的一切也都烧光了。先前我写过这座城市被日本人纵火烧毁了三分之一,如今我担心自己的估计大错特错了。如果我还未认真看过的东城也遭到了同样的命运,那这座城市肯定有一半以上都成了废墟。我还有这样的印象,仿佛我们的安全区正装得越来越满,而不是应日本人的要求越来越空。上海路上的人拥挤不堪,十分危险。现在安全区的难民总数估计已经达到25万人,增加的5万人来自城市的废墟地区。这些人根本不知道他们应该住到哪里去。

总之,在日军占领南京最黑暗的六周内,南京城几乎变成了一座人间地狱。生者不能安身立命,死者不能入土为安。暴行每天都在发生,实在难以一一列举。中文版的《拉贝日记》里不仅包括照片、信件、报告、新闻报道等,特别珍贵的是,其中收录了递交给日本军方的426例"事态报告"、约翰·马吉牧师关于他的影片《南京暴行纪实》的引言和4号影片的31个画面及其解说词。拉贝和其他安全区委员会成员每天都会以书信、电报、会见等方式向日军指挥官及日本大使馆提出抗议,并将每日发生的多次暴行经常以附件的形式报告给日方。以19日报告中记录日本士兵在南京安全区的暴行次数为例:15日4

次、16日16次、17日21次、18日11次、19日8次。这些报告具有精确的施暴时间,有时精确到几时几分;准确的暴行地点;具体的施暴人数或姓名;详细的施暴过程,包括记录抢劫、焚烧物品、杀害难民及强奸妇女的具体数字;翔实的报告内容,每次暴行的报告都有安全区委员确认属实并签名,其中一部分暴行是在委员会成员带着日本军官或日本记者的见证下发生的。

第二节 拉贝笔下的中国军民抗争

在《拉贝日记》里,中国人民遭受苦难的过程,同时也是一个不断抗争的过程。拉贝对于中国各阶层,包括军人、商人、难民等奋起反抗的事迹在日记中也都有记载。

一、"我们应当用自己的热血来保卫祖国"

10月29日

上海防线的战斗对我们大家的情绪都产生了影响,在这场战斗中,除去双方都有巨大损失以外,其他一切肯定也都超过了至今有过的程度。这样,日本人在上海实际上也许已经或接近达到了他们的目的。我们不相信他们会向中国的"兴登堡防线"发起冲锋,虽然谁也不知道他们现在究竟还有什么打算。中国人不是没有进行过英勇的防守,我们现在看到的已足以证明,他们维护了中国军队的声誉。

10月31日

上海的战斗在紧邻外国租界区的地方继续进行。战斗中又有一批人员被打死,其中有3名英国士兵。另外有一批过路人受了伤。所有外国人,当然还有全体中国居民,交口称赞500名或800名中国人,他们在被切断联系的情况下,仍然在一个仓库里(上海四行仓库)英勇地抗击日本人,表现得视死如归。

11月2日

仓库里已有将近100名士兵丧生,最后的人员撤出时还会有损失,然后这个插曲也就此结束。但它也提供了这样的证明:如果有必要，中国士兵也会死得其所。

11月6日

我们读到中国军队在上海抗击纪律严格的日本部队的有关报道时，确实是惊讶的。虽说是向上海派出了由德国军事顾问训练的（据说这些顾问三分之二已经阵亡）南京最好的部队，可是如果得不到足够的装备，即使是最好的部队又能有什么办法？在装备方面实在差得太远了！日本的现代化军队装备有重型火炮、无数的坦克和轰炸机等等，力量远远超过了中国军队。这些都是不可忽视的问题。日本当然最明白为什么他们的进攻不可等得太久。再过四五年之后，它面对的就是一支中国的人民军队，这支人民军队有很大可能会战胜它，这个风险日本人是不愿意冒的！

11月9日

在上海的日本将军松井10天前曾预言在11月9日将中国军队赶出上海。他言中了。中国人确确实实英勇地进行了保卫！连日本人也不得不承认这一点。中国人之所以不能赢得战争，是因为他们缺少日本人的现代化技术装备。

12月6日

我和现在住在我旁边的"军官道德修养协会"的黄上校进行了一次很有意思的交谈。黄坚决不赞成设立安全区。他认为这样一个区会瓦解南京部队的士气。他向我解释说："我们是因为自己的过错才输掉了这场战争，我们应当能守卫得更好一些。我们应当用自己的热血来保卫祖国，不让日本人占领一寸土地。"

12月13日

我们转弯开进上海路，街道上到处躺着死亡的平民，再往前开迎面碰上了向前推进的日本兵。见日本人是经新街口向北挺进，所以我们的车就绕过日本人的部队，迅速地开了过去。沿途我们通过缴械救下了3个分队600名中国士兵。有些士兵不愿意执行放下武器的要求。我们委员会的另外两名成员则继续往前行驶，在铁道部碰到了另外一支约400人的中国部队。我们的人同样也要求他们放下武器。这时不知从什么地方有人朝我们射击。我们只听见子弹呼啸而过,但是不知是从哪儿射来的。最后我们终于发现,是一名中国军官骑在马上拿着一支卡宾枪四处扫射,可能是他不同意我们的做法。必须承认,从他的立场出发,他这样做不是完全没有道理。但是尽管如此,我们经过考虑仍然坚持我们的做法,我们别无选择!如果在安全区的边上发生了巷战,那么逃跑的中国士兵毫无疑问会撤进安全区,这样安全区就不是一个非军事化的区域。他即使不被日本人摧毁,也会遭到日本人的猛烈射击。因此我们一直希望这些完全解除武装的中国士兵除了被日本人当作战俘之外,不会有其他危险。

拉贝的良苦用心没能挽救他们的生命。当这些躲进安全区的士兵后来都被日军杀害以后,拉贝非常难过地说,早知如此,还不如让他们在战场上死得其所。

二、"为了我的祖国的利益"

9月21日

我们的中国佣人和职员连同他们的家属约有30人,他们都在看着"主人"。如果他留下来,他们就忠实地站在他们的岗位上直到最后一刻(这情况我以前在中国北方的战争中见到过)……我给了我的助手韩(湘林)先生一笔预支款,使他能够把他的妻子和两个孩子送到安全的济南去。他十分坦率地说:"您在哪里,我就在哪里。"在这种情况下,我可以而且应该逃走吗?我认为我不能这么做!

9月26日

西门子洋行上海总部的周工程师经过26个小时的火车行程后才到达这里。他是在交通部官员陶先生的提议下出差到这里来修理道路电话设备的。周先生是我们最好的工程师。在交谈中我问他,他的家人对他只身到这里来是否放心,会不会担心他途中发生意外,他给我的回答是令人十分感动的。他回答说:"我对我的妻子说了,万一我遇到了不幸,你不要指望西门子洋行,决不可对西门子洋行提出任何要求,你要回到北方老家去,和孩子们一起在那里依靠我们自己的薄田为生。我这次出差不仅仅是为了洋行的利益,而首先是为了我的祖国的利益。"

三、"你们的工作将会载入南京的历史史册"

南京沦陷前夕,为保留中华文化一缕血脉,为中华民族保存读书的种子,处于战火威胁下的中国大学纷纷西迁,以弦歌不断和自强不屈的精神、意志与襟怀,书写了近代中国教育史上荡气回肠的篇章。1937年11月,南京沦陷前,拉贝把自己的汽车提供给金大,用于运送金大西迁的师生员工和他们的行李,对此以及拉贝为建立安全区所做的一切,金大校长陈裕光还专门写信向拉贝致谢。

1938年2月12日

(陈裕光1937年12月9日写给拉贝的信)

尊敬的拉贝先生:

我谨以金陵大学师生员工的名义,对您将您的汽车供给我们用于运送人员和行李表示我最诚挚的赞扬和衷心的感谢。没有您友好的帮助,要把500多人及时从南京运往汉口,我们是完全办不到的。我们中的一些人在本周还要继续到中国西部去,我们希望路过这里的每班船都能带走一批人。无论如何还得过段时间,我们才能使所有人登上旅程。

我们常常惦记着南京。我们希望,留在那里的所有人都能摆脱战争的恐怖。

对于您为建立安全区所做的一切和正在做的一切,我们向您表示我们最衷心的感谢。

怀着许多良好的愿望向您问候!

1938年2月21日

如果说我们外国人现在取得了一定成绩的话,那我们有很大部分要归功于——这点我们永远不会忘记——忠实友好地帮助我们的中国朋友们。我们委员会各部门的实际工作都是中国人做的,我们必须坦率地承认,他们是在比我们冒更大危险的情况下进行工作的。毫无疑问,我们外国人也不时地受到日本人的虐待,但尽管如此,相对说来,我们还有一定的安全感,还不至于遇到最糟糕的情况,而你们——我的中国朋友们,为我们委员会工作经常要冒着生命危险。我们的中国朋友,你们的人太多了,这里我无法一一说出你们大家的名字,请你们原谅我在此只提到各个部门的领导人,即系主任汤忠谟先生,中方秘书处负责人;韩湘琳先生,粮食委员;许传音博士先生,住房委员;沈玉书牧师先生,卫生委员。我谨向你们,各位先生们,以及你们的全体人员表示我最衷心的感谢。我希望,良好的合作精神和至今把我们连接在一起的友谊对你们大家都是永久长存的。请你们一如既往地为南京国际救济委员会效力,使它的工作达到一个良好的、富有成果的结局。你们的工作将会载入南京的历史史册,对此我深信不疑。

当然,如果单就数量比较而言,拉贝记载抗争的内容不算多。但考虑到在日军的高压之下,拉贝能够记录下这些内容已经是善莫大焉了。如果说拉贝在日记中将人民遭受的屈辱作为一条明线来写,那么人们通过抗争反映出来的不屈精神则是其中或隐或现的一条暗线。这些令人感动的闪光点,似星星之火,给黑暗中的人们带来光明的希望,也是中华民族遭遇危难时自我拯救的象征。很难想象一个民族在遭受苦难的时候,如果没有自救的精神,如何会博得国际社会的同情与支持,更别说取得战争的最后胜利了。

南京大屠杀不仅是整个中华民族的耻辱,也是人类历史上最残忍的暴行之一。正如西班牙哲学家乔治·桑塔亚纳指出的那样:"忘记过去的人注定要重蹈覆辙。"[①]从这个意义上说,《拉贝日记》不失为一本和平宣言。中国人民抗日战争已经胜利75周年了,通过对《拉贝日记》的解读,回顾这段历史,避免此类事件再次发生,也是对人类和平的巨大贡献。

---

① 张纯如:《南京浩劫——被遗忘的大屠杀》,杨夏鸣译,东方出版社,2007年,第13页。

第三节　金陵大学发起建立"南京国际安全区"

一、建立"南京国际安全区"

南京沦陷前,仿照震旦大学教授、法国神父饶家驹在中国军队即将撤离上海之际设立南市难民区的先例,在南京成立了一个由中立国人士组成的名为"南京安全区国际委员会"的救济机构。在日军南京大屠杀期间,"南京国际安全区"(简称"南京安全区",亦称"难民区")让25万难民得到救助,免遭屠戮。而这一机构的发起人和重要组织者是美国传教士米尔斯(W. P. Mills)和金陵大学的几位教授。

8月13日淞沪会战打响后,日军屡屡派飞机轰炸南京。11月12日,上海沦陷,接着苏州沦陷,一场恶战将在国民政府首都南京展开,已是不可避免了。

图4-3　杭立武

为了尽量减少战争给平民造成的伤害,按照在上海南市设立难民区收容难民的先例,由金陵大学董事会副董事长杭立武提议,11月22日下午,邀集在南京各教会学校服务的美国人和少数英德商业人士大约20人开会,决定成立一个南京平民中立区。① 目的是在最危急的时候,使未撤离的难民有一个躲避的处所,避免日军的轰炸。会上大家一致推举拉贝出任南京安全区国际委员会主席。金陵大学教授史迈士为秘书,杭立武为总干事,美国人费奇为副干事。不久,杭立武奉命西迁,离开南京,由金陵

---

① 杭立武:《我与金大校董会》,金陵大学校友会(台湾)编:《金陵大学》,1982年,第177页。

大学教授贝德士任总干事。

会后,拉贝等人又设法将南京安全区的成立转告上海的日本军方,并设法把安全区地图转交日军,请日方进攻南京后不要骚扰安全区(后来,在进入南京城的日本兵身上就发现有画着南京安全区的地图)。

南京安全区国际委员会成员有:主席约翰·拉贝(德籍西门子洋行)、秘书史迈士(美籍金陵大学)、芒罗·福勒(英籍亚细亚石油公司)、马吉牧师(美籍美国圣公会)、希尔兹(英籍和记洋行)、汉森(丹麦籍德士古石油公司)、潘丁(德籍本兴明贸易公司)、麦凯(英籍太古洋行)、皮克林(德籍美孚石油公司)、施佩林(英籍上海保险公司)、贝德士(美籍金陵大学)、米尔斯牧师(美籍长老会)、利恩(英籍亚细亚石油公司)、特里默(美籍大学医院)、林查理(美籍金陵大学)。其中:芒罗·福勒、希尔兹、汉森、潘丁、麦凯、皮克林及利恩7人在南京被日军侵占之前离开南京。而克勒格尔和乔治·费奇两人在日军占领期间留在南京,并正式加入委员会。

安全区国际委员会成员中共有三人为金陵大学美籍教授,分别是贝德士、史迈士、林查理。

贝德士(Miner Searle Bates),中文译作贝茨,贝德士是其中文名。贝德士于1897年出生于俄亥俄州的纽瓦克,父亲是基督会的牧师和大学校长。他毕业于俄亥俄州的海勒姆大学,并以罗兹学者的身份在牛津大学获得文学学士和硕士学位。1935年,他在哈佛的中国历史系获得博士学位。1917年至1918年,贝德士加入美军服役,并在印度和美索不达米亚地区做基督教青年会工作。1920年至1950年,贝德士作为基督教联合传教会的传教士,在金陵大学教授历史,长达30年之久。金大的历史学系就是他一手创办的,著名的历史学家陈恭禄、王绳祖、章开沅等均曾受教于贝德士。从20世纪20年代开始,贝德士在金大政治历史

图4-4 贝德士

系任教并兼任系主任,历史学系创立之后改任历史学系系主任并开设该系多门主干课程,在文学院各系的机构设置、课程安排以及人事变动上都起到了至关重要的作用。1929年,金陵大学根据"教育部"的要求开始进行文理科改组,筹备成立文学院。这一时期贝德士是改组委员会的重要成员之一,并参加了改组前期的内部会议。1930年文学院成立之后,贝德士又在院系内的学科建设、课程安排等方面起到了巨大的作用。同年6月份,文学院改组完成,设立了中国文学系、外国文学系、历史学系、政治学系、经济学系、社会学系、哲学系以及教育学系共8个系,贝德士担任历史学系系主任。

七七事变时,贝德士一家正在日本度夏,他在那里讲课,经历了重重苦难才穿过敌方防线回到南京。11月,金大经过与华西大学协商,准备迁往成都。为保护学校资产,陈裕光委任贝德士以紧急委员会主席兼副校长的名义留在南京,担负起守护校产的重任。

图4-5 史迈士

史迈士(Lewis S. C. Smythe),1934年在芝加哥大学获社会学博士学位,并被基督会派往金陵大学任教。1937年9月,史迈士夫人带着两个孩子前往牯岭美国学校,他本人留在南京教书。当南京即将陷落时,他拒绝撤离并致力于建立安全区保护难民。作为安全区国际委员会秘书,他从1937年12月14日到1938年2月19日,给日本大使馆写了69封信以抗议日军暴行,有些信由委员会主席拉贝签字,但大多数由史迈士签发。1938年春,根据国际救济委员会的布置,史迈士率领大约20个学生,对南京及其邻县战争损害进行调查。其成果是出版了《南京战祸写真,1937年12月至1938年3月》(也译为《南京地区战争灾祸》)一书。1938年9月,史迈士全家离开南京前往四川成都,在西迁的金陵大学重执教鞭。

林查理(Charles Henry Riggs,部分史料译作"里格斯"),1892年生于美国纽约斯考第亚,1916年由公理会派到中国,1935年到金陵大学农艺学系任教,讲授"农具及工艺""农机及动力"等课程。他是把近代美国农业科技引进中国的重要人物,在中国期间,林查理著有《中国农业中的农艺管理》和《农业机械学》等书。中国最早的农具本科毕业生吴相淦、张季高及著名的农机专家蒋亦元等均曾受教于林查理先生。在南京大屠杀期间,林查理担任安全区委员兼住房委员会副主任,负责解决安全区难民安置的住房问题。为收容更多的难民,他将自己位于汉口路 23 号的住处也作为难民收容所的一部分,收容了不少难民。值得一提的是,林查理曾冒着生命危险,亲赴日军屠杀现场,对即将被杀害的难民施以援助,因此遭到日军殴打。12 月 16 日,日军赴国民政府司法部难民收容所,欲将男性难民抢去枪决,并将警察 50 人抢去,林查理闻讯立刻赶至该收容所阻止日军,一日军军官三次用军刀威胁他,还两次用拳头重击了他的胸部,"虽被敌人殴打凌辱,无所屈服"①。林查理不断向该军官解释情况,不顾个人安危,竭力避免平民遭殃。

图 4-6　林查理

　　南京国际安全区以美国大使馆所在地和金陵大学等教会学校为中心,占地 3.86 平方公里。安全区范围:东面以中山路为界,从新街口至山西路交叉路口;北面从山西路交叉路口至西康路;西面从西康路直至上海路与汉中路交叉路口;南面从汉中路与上海路交叉路口起,至新街口起点止。界内分设陆军学校、兵库署(军械库)、德中俱乐部(DOS)、贵格会传教团、汉口路小学、华侨俱乐部、西门子洋行院内、中山路司法学校、金陵大学蚕厂、农业学校、圣经师资培训学院、金陵神学院、五台山小学、金陵大学附中、大方巷军用化工厂、山西路小学、高家酒馆 55 号、金陵大学、金大图书馆、金陵女子文理学院、教堂和长老会传教团学校、双塘、宁海路 5 号、小粉桥 1 号、平仓巷共计 25 个难民收容所。

---

① 《金陵大学档案》,第 146 卷,第 76 页。

安全区当时承担了以下六大任务：一、安全保障；二、难民安置；三、食品供应；四、建立卫生设施；五、医院抢救；六、警察管理等。

安全保障。为了保证安全区的安全，拉贝等人决定在安全区内所有出入口设置路障，标志警戒线，同时派臂戴安全区标记、手握手枪的警察站岗，对进入安全区人员进行入区检查，负责对安全区边界的守卫。

难民安置。南京沦陷后，安全区内聚集了20多万难民，少数放下武器的中国士兵也进入安全区避难，一些国民党军队的高级军官也得到了安全区国际委员会的特别照顾，各个收容所均人满为患。

食品供应。为了让赤贫的难民能够生存下去，国际委员会还在安全区开设3处粥厂，每日施粥两次，时间长达2个月，部分居民从安全区返回原住地后，国际委员会又扩大救济工作，在安全区设立临时难民营，并收容郊区农民，保证每天的粮食供给，帮助进行消毒、防疫工作。

建立卫生设施。为了防止瘟疫的流行，国际委员会从上海购买豆类、鱼肝油等物品以及防治白喉的药品，运进南京，同时修建专用厕所，及时将垃圾和粪便进行清理，避免了瘟疫的发生。

医院抢救。国际委员会利用由马林出任院长的基督医院——鼓楼医院收治大量病人，同时救治被日军杀伤的南京市民。

警察管理。12月1日上午，安全区国际委员会在平仓巷3号开会讨论委员会人员的分工。时任南京市市长马超俊参加了会议，他交给委员会450名警察，要求委员会承担管辖安全区的全部责任。

为了更好地发挥救助难民的作用，南京安全区国际委员会制定了《难民区规则》，同时印发了《告南京市民书》，呼吁南京市民进入安全区避难。

1938年1月下旬，日军当局开始强迫安全区难民各自回家，2月18日，南京安全区国际委员会被迫解散，改称"南京国际救济委员会"。委员会的工作已从保护战火中受害的市民和遭受日本占领暴行侵害的难民，转变为对受害市民的生活救济和对社会恢复的援助。

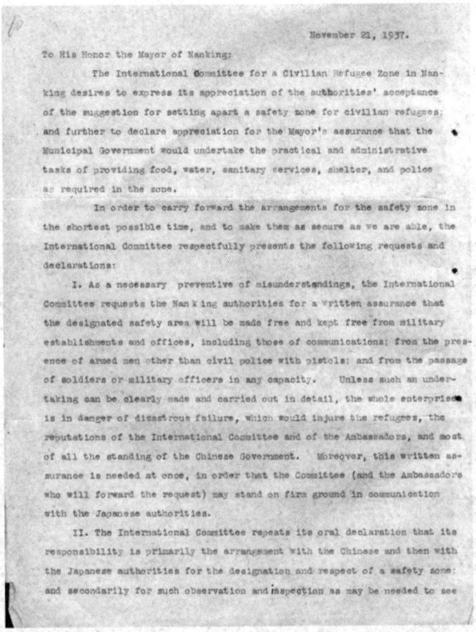

November 21, 1937.

To His Honor the Mayor of Nanking:

The International Committee for a Civilian Refugee Zone in Nanking desires to express its appreciation of the authorities' acceptance of the suggestion for setting apart a safety zone for civilian refugees; and further to declare appreciation for the Mayor's assurance that the Municipal Government would undertake the practical and administrative tasks of providing food, water, sanitary services, shelter, and police as required in the zone.

In order to carry forward the arrangements for the safety zone in the shortest possible time, and to make them as secure as we are able, the International Committee respectfully presents the following requests and declarations:

I. As a necessary preventive of misunderstandings, the International Committee requests the Nanking authorities for a written assurance that the designated safety area will be made free and kept free from military establishments and offices, including those of communications; from the presence of armed men other than civil police with pistols; and from the passage of soldiers or military officers in any capacity. Unless such an undertaking can be clearly made and carried out in detail, the whole enterprise is in danger of disastrous failure, which would injure the refugees, the reputations of the International Committee and of the Ambassadors, and most of all the standing of the Chinese Government. Moreover, this written assurance is needed at once, in order that the Committee (and the Ambassadors who will forward the request) may stand on firm ground in communication with the Japanese authorities.

II. The International Committee repeats its oral declaration that its responsibility is primarily the arrangement with the Chinese and then with the Japanese authorities for the designation and respect of a safety zone; and secondarily for such observation and inspection as may be needed to see

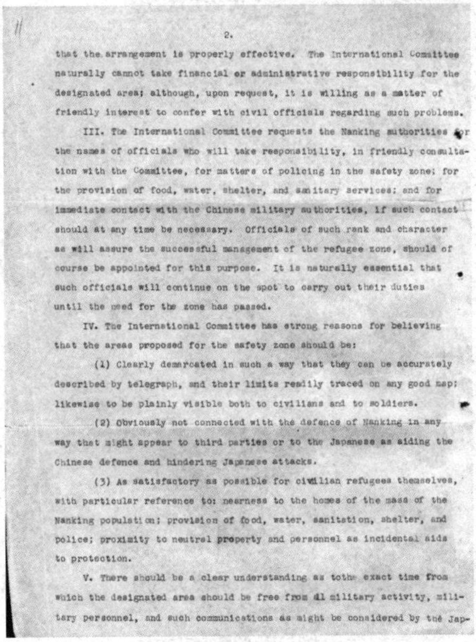

2.

that the arrangement is properly effective. The International Committee naturally cannot take financial or administrative responsibility for the designated area; although, upon request, it is willing as a matter of friendly interest to confer with civil officials regarding such problems.

III. The International Committee requests the Nanking authorities for the names of officials who will take responsibility, in friendly consultation with the Committee, for matters of policing in the safety zone; for the provision of food, water, shelter, and sanitary services; and for immediate contact with the Chinese military authorities, if such contact should at any time be necessary. Officials of such rank and character as will assure the successful management of the refugee zone, should of course be appointed for this purpose. It is naturally essential that such officials will continue on the spot to carry out their duties until the need for the zone has passed.

IV. The International Committee has strong reasons for believing that the areas proposed for the safety zone should be:

(1) Clearly demarcated in such a way that they can be accurately described by telegraph, and their limits readily traced on any good map; likewise to be plainly visible both to civilians and to soldiers.

(2) Obviously not connected with the defence of Nanking in any way that might appear to third parties or to the Japanese as aiding the Chinese defence and hindering Japanese attacks.

(3) As satisfactory as possible for civilian refugees themselves, with particular reference to: nearness to the homes of the mass of the Nanking population; provision of food, water, sanitation, shelter, and police; proximity to neutral property and personnel as incidental aids to protection.

V. There should be a clear understanding as tothe exact time from which the designated area should be free from al military activity, military personnel, and such communications as might be considered by the Jap-

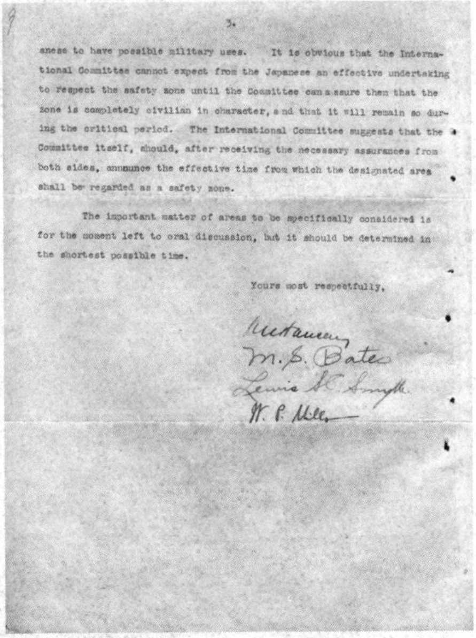

3.

anese to have possible military uses. It is obvious that the International Committee cannot expect from the Japanese an effective undertaking to respect the safety zone until the Committee can assure them that the zone is completely civilian in character, and that it will remain so during the critical period. The International Committee suggests that the Committee itself, should, after receiving the necessary assurances from both sides, announce the effective time from which the designated area shall be regarded as a safety zone.

The important matter of areas to be specifically considered is for the moment left to oral discussion, but it should be determined in the shortest possible time.

Yours most respectfully,

M. S. Bates

Lewis S. C. Smythe

W. P. Mills

图 4 - 7　由米尔斯、贝德士、史迈士、杭立武联名向南京市政府提交的“关于建立南京难民区的报告”(1937 年 11 月 21 日)

正是由于南京安全区国际委员会成员的不懈努力,才在一定程度上阻止了日军的杀戮、强奸、掠夺和破坏罪行,才使可能造成25万难民死亡的饥饿和疫病在一定程度上得到控制。正如拉贝在告别演说中所讲的,南京安全区国际委员会为守护南京军民所进行的战斗将"永留南京史册"。

图4-8 南京安全区国际委员会和国际红十字会南京委员会部分成员(左起福斯特牧师、米尔斯牧师、拉贝、史迈士、施佩林、波德希伏洛夫)

图4-9 安全区内的难民收容所

第四章 蒙难与抗争 173

图 4-10 难民涌进安全区

《拉贝日记》对安全区的建立、任务等也做了详细的记录。
关于安全区的建立：

11月19日

成立了一个国际委员会（主要由鼓楼医院的美国医生和在金陵大学任教授的传教士组成）。委员会试图建立一个难民区，即位于城内或城外的一个中立区。一旦城市遭到炮击，非战斗人员可以躲避到那里去。有人问我（我要留在这里的消息已传出）是否愿意参加这个委员会，我表示愿意。晚上在史迈士教授家吃饭的时候，我结识了很多美国籍的委员。

11月22日

下午5时，国际委员会开会讨论成立一个南京平民中立区。大家推选我当主席，我推辞不掉，为了做件好事，我让步了。但愿我能够胜任这个也许会变得十分重要的职务。德国大使在上船前不久通过我的介绍认识了史迈士博士（委员会秘书）。大使同意委员会草拟的有关建立安全区的建议,该建议将通过美国大使馆(有一个电台)电发给上海美国总领事再转交给日本大使。我们已经获得了英国大使和美国大使的同意。我们在委员会会议上决定:在上海日本大使收到电报以前,不准公开发表电报内容。我们十分希望我们向日本人发出的呼吁不是枉费唇舌。从英文翻译过来的电文如下:

考虑到可能在南京或南京附近爆发敌对行动这一情况,由丹麦、德国、英国和美国公民组成的国际委员会特此建议中国政府和日本政府为逃难的平民建立一个安全区。

国际委员会有责任取得中国政府的特别保证:撤除拟建的安全区内所有军事设施和包括军事交通指挥机构在内的军事机构;安全区内不准驻扎武装人员,携带手枪的平民警察除外。禁止所有士兵与军事团体进入安全区,无论这些军事团体具有什么性质,无论其军官军衔为何种级别。国际委员会将努力使上述保证得到尊重和令人满意的执行。

以下具体表明的地区,国际委员会认为适合用来保护逃难的平民。这个区域位于城区的西部,迄今为止,日本空军在空袭时始终注意使其免遭破坏。

所建议的安全区界定如下:

东面:以中山路为界,从新街口至山西路交叉路口;

北面:从山西路交叉路口向西划线(即新住宅区的西边界),至西康路;

西面:从上面提到的北界限向南至汉口路中段(即新住宅区的西南角,呈拱形),再往东南划直线,直至上海路与汉中路交叉路口;

南面:从汉中路与上海路交叉路口起,至新街口起点止。

国际委员会将负责用白色旗帜或其他有待确定的标志清楚地标出这些边界,并将其公布于众。委员会建议从收到双方政府表示完全同意的通知之日起,视安全区为正式成立。

国际委员会特别希望日本政府从人道主义出发,保证安全区的民用性质得到尊重。委员会认为,为平民采取这种人道主义的预防措施,将会给双方负有责任的政府带来荣誉。委员会恳请日本政府迅速回复,以便能够尽快结束与中国政府进行的必要谈判,为保护难民做必要的准备。

  国际委员会满怀信心地希望此建议能够得到友善考虑。

  顺致崇高的敬意

J. M. 汉森

G. 舒尔彻-潘丁

P. H. 芒罗·福勒

<u>约翰·马吉</u>

P. R. 希尔兹

艾弗·麦凯

<u>约翰 H. D. 拉贝</u>

J. F. 皮克林

<u>M. S. 贝德士</u>

爱德华·施佩林

W. P. 米尔斯

C. S. 特里默

D. J. 利恩

<u>查尔斯 H. 林查理</u>

<u>刘易斯 S. C. 史迈士</u>

(注:姓名下面画了线的先生们在南京被占领期间留在了南京)

11 月 25 日

  日本人对于建立平民中立区一事至今还没有给予"最终"答复。我决定通过上海德国总领事馆和上海国社党中国分部负责人拉曼给希特勒和克里伯尔发电报。今天发了下面的电报:

  上海德国总领事馆

  转国社党中国分部负责人拉曼:

我恳请您代为转发以下电报。

第一封，

致元首：

国社党南京地区小组组长、本市国际委员会主席请求元首阁下劝说日本政府同意为平民建立一个中立区，否则即将爆发的南京争夺战会危及 20 多万人的生命。

谨致德意志的问候

拉贝

西门子驻南京代表

第二封，

致总领事克里伯尔：

恳请您支持我今天请求元首劝说日本政府同意为平民建立一个中立区，否则即将在南京爆发的战斗将不可避免地引起可怕的血腥屠杀。

希特勒万岁！

拉贝

西门子代表

南京国际委员会主席

如有必要，我将支付电报费。请西门子洋行（中国上海）从我账上预支。

拉贝

11 月 28 日

施佩林接我去参加下午 3 点在史迈士博士家举行的委员会会议。会上正式任命费奇先生为委员会总干事，杭立武博士为中方共事总干事。我们认为，在得到日本当局消息以前，我们不可能采取进一步行动。米尔斯牧师建议我们尽快做一次尝试，即提请中国最高领导人（最高统帅和唐将军）注意，从军事角度看，固守南京是荒唐的，能否考虑和平让出这座城市，这样做是不是更好一些。杭立武博士反驳说,现在不是采取这种行动的适当时机,我们要耐心等待,直到得到日本当局同意建立中立区的肯定答复。我们下午4点30分散会,没有取得很大进展,因为一切还是未知数。

11月29日

下午4点,委员会内部会议召开,我们讨论了许多有待解决的问题。6点,在英国文化协会举行例会,市长当众宣布了国际委员会成立。我通知说,我们得到了所有大使馆道义上的支持;在美国大使馆的帮助下已给上海日本大使发去了两份电报;我个人不但给元首,也给克里伯尔发了电报。我不能期待希特勒的答复,因为这种纯粹的外交问题也许要通过其他方式来解决。但是我表示,我确信元首会给予帮助。我请求与会人员再耐心等待一两天,因为我仍然没有放弃还能得到日本当局同意的希望。最高统帅向委员会提供10万元经费。我提议礼和洋行的克勒格尔担任财务主管。他得到了认可,毫不迟疑地接受了这个职位。我请克勒格尔搬进我的新房子(宁海路5号),他对此表示同意。我的卡车尽管有德国国旗,还是被守卫内政部的士兵抢走了。我给唐将军的代理龙上校打了电话,晚上11点才领回了汽车。

关于安全区的任务:

12月1日

9点30分,我与克勒格尔和施佩林一起开车去平仓巷,委员会在那里开会。我们进行了分工,列出了人员名单。马市长带着他的一班人来参加会议,答应给我们3万袋大米和1万袋面粉。可惜我们还没有卡车把这些粮食运进难民区。大米和面粉我们可以卖掉(为了防止"谋取暴利",必须由我们限定最高价格),把所得收入用来救济难民。当然我们也可以自己做主把一定数量的大米或面粉免费分给穷人。我们将建立施粥处(粥厂)。费奇、克勒格尔、史迈士博士、基督教青年会的王先生、里格斯等和我一起参观了我在宁海路5号的新房子,明天我们要在这里正式开设委员会办事处。晚上6点在英国文化协会召开委员会会议。会后,召集新闻记者和欧洲人等开会。我们向新闻界公布了计划和各个职务的分配情况。晚上7点30分,在首都饭店召开委员会会议。我们很难决定是否继续开展建立难民区的工作,因为我们始终还没有得到日本当局的答复。如果我们要求留在南京的市民搬进中立区,之后又遭到日本人断然拒绝,那么我们将负有很大的责任。表决的结果是,大多数委员赞成我们继续工作下去。开放中立区公告的行文必须十分谨慎。我们先要向这里每一个代销报纸的中国人打听:有没有人,都是些什么人留在这里。就是说,我们要查看一下中国人情绪的晴雨表。我们将暂时把中立区称作"难民区",而不是"安全区"。这样,如果以后有人指责我们的话,我们就多少有些保护。韩(湘琳)先生和他那位怡和通砖瓦厂的朋友孙先生被委任命为粮食委员。韩先生喜笑颜开,他有生以来还没有担任过那么高的职务呢。

12月2日

法国神父雅坎诺(上海南市难民区)给我们转来了日本当局的电报。下面是电文:

1937年12月1日电

致南京大使馆(南京美国大使馆):

日本政府已获悉你们建立安全区的申请,却不得不遗憾地对此予以否决。

若中国军队对平民及(或)其财产处理失当,日本政府方面对此不能承担任何责任。但是,只要与日方必要的军事措施不相冲突,日本政府将努力尊重此区域。

签名:雅坎诺(上海)
高斯(美国大使馆官员)

据电台报道,伦敦把这个答复视为断然拒绝。我们这里的看法不同。从外交角度看,这个答复措辞巧妙,留了一条后路。但是从总体上看,还是有利的。我们根本就不指望日本人为"中国军队……处理失当"承担责任。电报的结束语"但是……日本政府将努力尊重此区域"等等,已经令人非常满意。

12月4日

难民们开始陆陆续续搬进安全区。一份小报还是反复告诫中国人,不要进入"外国人"的难民区。这家煽动性的报纸写道,即使城市遭到炮击,中国人也应当正视危险,这是每一个中国人的义务。

12月7日

清晨约5点许,大批飞机从低空掠过我们的房顶,这是最高统帅蒋介石的告别仪式。我昨天下午拜访的黄上校也走了,这是奉了最高统帅的命令!留下来的全部是穷苦的人民和我们几个决心要和最穷苦的人们在我们的所谓"安全区"共患难的欧美人。

12月8日

前一段时间一直和我们合作的马市长昨天离开了南京。于是委员会不得不开始在难民区内处理应由市政府处理的市政管理工作和问题。这样,我真有点像一名"执行市长"了。

12月9日

下午2点,我和贝德士博士、施佩林、米尔斯、龙、参谋部的一位上校巡视了唐将军不满意的安全区沿线(西南界限)。……我们想再面见唐将军一次,力争说服他放弃对内城的保卫。令我们感到十分意外的是,唐将军竟然表示同意。我和米尔斯牧师,还有贝茨博士在龙上校和一名士兵的陪同下来到了美国炮艇"帕奈"号上,通过美国大使馆的艾奇逊先生发出了下列电报:

出于人道主义考虑,国际委员会建议南京附近的所有武装力量停火3天,在这3天内,日军在现有阵地按兵不动,中国军队则从城内撤出。

签名:约翰·拉贝

主席

12月10日

我们紧张地等待着日本当局和蒋介石对我们电报的答复。城市的命运和20万人的性命处于危险之中。从汉口美国大使约翰逊那里传来消息,他已经把我们的电报转交给了蒋介石,并且他本人也同意并支持我们的建议。同时他又发了一份秘密电报告诉我们,在汉口的中国外交部已经正式口头通知他,他们认为唐将军同意停火3天并从南京撤出部队的看法是错误的。此外,蒋介石已经宣布,他不会接受这类的建议。

12月12日

中午11点,龙和周奉唐将军之命来请我们做最后一次努力,签订停火3天的协议。在这3天内,守城部队撤退,然后将城市交给日本人(和原先的想法一样)。我们起草了一份新的致美国大使的电报、一封在电报发出前应由唐将军先行寄给我们的信件,以及一份和谈代表应遵守的行为规则,规则的内容是:和谈代表在白旗的保护下,在阵地前沿向日军最高指挥官递交有关停火协议的信件。施佩林毛遂自荐充当和谈代表。整个中午,我们都在等待着回唐将军那儿取那封必要的信件的龙和周。到了晚上6点的时候,龙来了。他说,我们的努力已经没有用处了:对停火来讲,一切已经太晚了,日本人已经到城门边上了。……到了晚上8点的时候,龙、周两位先生(林已经撤退了)到我这儿请求在我的住房里得到保护。我同意了。……晚上9点,龙先生秘密告诉我,根据唐将军的命令,中国军队在晚上9—10点撤退。后来我听说,唐将军实际上在晚上8点就已经脱离了自己的部队,乘船到浦口去了。同时我还听龙先生讲,他和周奉命留下来负责照顾伤员。他恳切地请我在这方面提供帮助。存放在我这里的3万元只能用于此目的。我非常乐意接受这笔捐赠,并答应提供帮助,因为那些急需各种医疗救护的伤员们的苦痛是语言所无法形容的!

委员会设立了粥厂和米面分发点,到目前为止我们以此还能养活涌进安全区的20万南京居民。但是现在日本人下达命令,强迫我们关闭粮食销售点,因为新成立的自治委员会想要接管救济难民的工作,而且采用这种方式可以迫使难民离开安全区,返回自己的原住处。前面已经提到过,安全区以外的城区里没被损坏的房子已经所剩无几,所以难民们根本不知道他们该投身何处,更何况仍然不时有日本士兵在街上烧杀劫掠横冲直撞,难民们见到他们就害怕。我们委员会尽力希望能和日本人以及由日本人新成立的自治政府达成谅解,起码要保证难民的粮食供应。另外,如果日本人以及新的自治政府能接管我们的工作,我们是不会有任何意见的,而且我们希望越早越好!一旦市区内恢复了秩序,当局准予我离开南京,我将前往上海。到目前为止,有关此事的所有申请都遭到了日本人的拒绝。

1月22日

局势报告(1938年1月22日)

南京安全区国际委员会目前担负着一个救济委员会的职能,保障城内25万居民的利益。……目前国际委员会下辖25个难民收容所……

2月5日

根据日本人的最新要求,所有难民收容所必须在2月8日解散,难民群中一片哗然,情绪安定不下来。至今已有大约三分之一的难民撤离了难民区,余者大多为妇女和儿童,他们拒绝离开安全区。

2月11日

上海传来一条好消息:上海方面已把100吨蚕豆装船发往这里,这正是我们治疗脚气病所求之不得的。地平线上出现了一丝曙光!

2月18日

我任命米尔斯先生为副主席或执行主席的提议被接受了。我还要留任约两个月。如果我以后回不了南京,米尔斯可能将被顺理成章地任命为主席。我们决定,将安全区委员会的名称如同在上述电报中指出的那样更改为"南京国际救济委员会"。索恩先生被指定为去美国旅行的费奇先生的继任人。史迈士先生除任秘书的职务外,暂时还将继续担任财务主管职务,但以后应该减轻他的负担。

2月21日

你们必须知道,建立安全区委员会的主意是米尔斯先生提出来的。我可以向你们保证,平仓巷3号是我们组织的智囊所在地。由于我们的美国朋友们米尔斯先生、贝德士博士先生、史迈士博士先生、费奇先生、索恩先生、马吉先生、福斯特先生和里格斯先生的才干使委员会得以成立;也由于他们不知疲倦地工作,委员会得以在我们大家无论危险与否的情况下能够顺利完成它的任务。

二、金陵大学难民收容所

图4-11 金大工程处兼校产管理处主任齐兆昌

在南京大屠杀期间,金陵大学的老师不顾个人安危,留守南京,校园则作为难民收容所,守护数万难民。南京安全区国际委员会在约3.86平方公里的范围内,设立了25个难民收容所,先后有25万南京市民和放下武器的中国官兵避难于内。金陵大学是其中最大的一个,收容难民最多时达5万人。南京沦陷前,金陵大学进行了西迁,贝德士、史迈士、林查理、陈嵘、齐兆昌等留守南京,担任守护校产的重任。1937年11月,准备成立南京安全区时,他们开放金大校园作为难民收容所,贝德士、陈嵘、齐兆昌等开始救济难民、管理难民。

(一)《拉贝日记》里关于日军在金大难民收容所暴行的记载

1. 日本士兵在南京安全区的暴行

1937年12月16日

12月15日夜晚,7个日本士兵闯进金陵大学图书馆大楼,拖走7名中国妇女,其中3名妇女被当场强奸。

....

　　　　　　　　　　　　　　　　签名：刘易斯 S. C. 史迈士

　　　　　　　　　　　　　　　　　　　秘书

2. 致福井喜代志先生南京

　　　　　　　　　　　　　　　　安全区委员会南京宁海路

日本帝国大使馆二等秘书　　　　　　1937 年 12 月 18 日

南京

　　尊敬的福井先生：

　　……昨天有 1000 名妇女因遭到奸污或家中遭到抢劫逃到金陵大学。昨天晚上贝茨博士回到在金陵大学的寝室，准备在那里过夜，保护这些妇女，但是不论在他自己睡觉的地方还是在大学图书馆，他都没有看见一个宪兵站岗。

　　……成千上万的妇女因极度恐惧纷纷来到我们的美国学校寻求保护，(如：截至 12 月 15 日，小桃园的原语言学校共安置有 600 人，12 月 15 日夜间发生了多起强奸事件后，400 名妇女和儿童便逃到了金陵女子文理学院，结果那个地方只留下了 200 名男子。)这些公共校舍原来计划安置 3.5 万人，但是由于妇女们的恐惧，人数增加到了 5 万。这还不包括从司法部和最高法院这两个地方撤出来的所有男人。

　　　　　　　　　　　　　　　　　　签名：约翰 H. D. 拉贝

　　　　　　　　　　　　　　　　　　　　主席

3. 致日本大使馆

　　　　　　　　　　　　　　　　　　1937 年 12 月 18 日

南京

　　由于贵军士兵持续不断的抢劫、暴力和强奸，整个城市笼罩在惊恐和悲惨的气氛中。1.7 万多人，其中很多是妇女和儿童，逃到我们的建筑物里来寻求保护。

……如果贵军士兵的行为不能重新得到控制,那么设立在原何应钦公馆的日本秋山旅团司令部对周围居住的人就会构成极大的威胁。

就在写这封信的时候,我被7个来我们这里检查的日本士兵打断了,我必须和他们打交道。所谓检查,无非就是看看有没有女人能让他们晚上拖出去强奸。我夜里就睡在这栋楼里,而且将继续在此过夜,希望能给这里无依无靠的妇女儿童多少带来一些好处,能给他们提供一些我所能提供的微薄的帮助。

我一再努力本着友好和谅解的精神来书写这封信,却无法掩盖字里行间反映出来的自贵军5天前进城以来我们所经历的绝望和悲痛。

签名:M. S. 贝德士
金陵大学救济委员会主席

4. 致日本大使馆

1937年12月19日

南京

晚上将近8时的时候,3名日本士兵从医院的一个后门闯入,放肆地在医院的走廊里跑来跑去。……当我赶到时,其中有3名(房间里共6名护士)已经被强奸。

签名:罗伯特·O. 威尔逊
医学博士

5. 日本士兵在安全区的暴行

1937年12月19日

12月15日,一批日本人闯进小桃园旁边的金陵大学的大楼里,强奸了30名妇女,其中有些妇女遭强奸达6次之多。(索恩)

6.   1937 年 12 月 21 日

美国人的确是难受极了。到目前为止,我很有派头地指一下我的卐字袖标、我的党徽,以及我房子和汽车上的德国国旗还能起到相应的作用,还能奏效(太棒了),但是日本人对美国国旗丝毫不予理会。我的车今天早上被日本士兵拦住的时候,我大发雷霆。看见我指着我的旗子,日本人立即给我放行,但是特里默大夫和麦卡勒姆博士在鼓楼医院遭到了枪击,幸好子弹打歪了。朝我们开枪这个事实让人感到可怕,因此就不难理解那些在自己的大学给成千上万的妇女和姑娘提供庇护的美国人为何忍无可忍了。

7.   1937 年 12 月 24 日
                                            南京平仓巷 3 号
致日本帝国大使馆   1937 年 12 月 25 日①
南京

今天早晨 10 时许,林查理先生在汉口路 29 号看见多名日本士兵,并且听到有一个妇女在喊叫。这名妇女请求林查理把她送到汉口路陆军大学的难民收容所。林查理陪着她沿着汉口路向东来到了大学校园的边上,这时他们遇见了 1 名日本稽查军官带着 2 名士兵和 1 名翻译。当他解释说他是在陪同这名妇女回家时,他遭到了这名军官的反复殴打。

                                     签名:刘易斯 S.C. 史迈士

8.   1938 年 1 月 24 日

高玉先生今天又到了我们的总部,并且带了一名会说中文的级别较高的警官。高玉在一个大学难民收容所找寻女孩子的时候被贝德士博士当场抓住。他解释说,他要找几个女洗衣工和女厨子。这

---

① 拉贝将此函收在了 12 月 24 日的日记里。

当然没人会信,因为在远东众所周知,洗衣和烧饭在中国是男仆们做的事儿。高玉要求恢复他的"好名声"。史迈士博士记录下了整个谈话并向他指出,他肯定要把此事通知各大使馆,这当然不合高玉的心意。他明确地提请我们注意,不要打扰大使馆,随后便沮丧地离开了这里。这件事着实让总部的全体人员幸灾乐祸了一番。

9. 南京安全区国际委员会关于形势的内部报告

1938年2月14日

金陵大学的5个大农场仅剩一点儿蚕豆,其余的一切都被日本军人抢走了或烧掉了,包括所有房屋、家具、库房和储备粮。

(二)金陵大学当时的状况

图4-12 陈嵘

1. 1938年3月12日,留守南京的陈嵘①教授给陈裕光去函,汇报金大的情况:

景唐校长钧鉴:

日前由贝副校长转示手书,敬领种切。日下此间仍属军事行动区域,一切水陆交通完全停顿,何时能得开放,殊难预料耳。

本校三院及学生宿舍自去年十二月间开始收容难民,最初人数将达万人,近已减至三分之一。自本年元旦发起难民自修团,现已成立十六班(课程

---

① 陈嵘(1888—1971):浙江安吉人,世界知名的科学家,我国林学界的一代宗师。早年他在日本留学期间,就追随孙中山先生参加革命,后又到美国、德国深造,回国后担任金陵大学教授兼森林系主任。

另纸附奉),每班平均五十人,共计有团员八百余人之多,教员均系义务,学习者颇为踊跃。谨肃奉达。并颂

　　道安

陈嵘叩

三月十二日①

从陈嵘的信中可以看出,1937年12月,金大的文、理、农学院及学生宿舍里收容的难民超过万人,到次年3月份还有三千多人,当时南京的交通"完全停顿",金大的留守人员还组织难民进行学习。

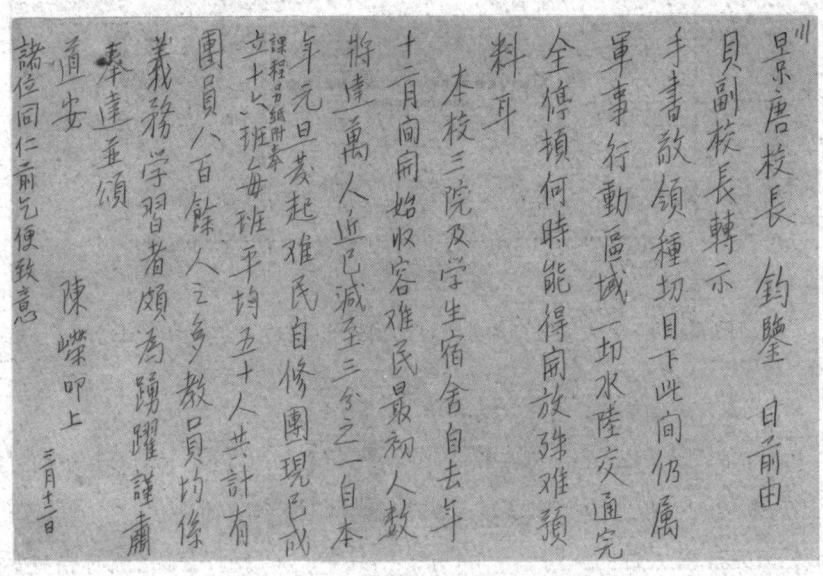

图 4-13　陈嵘的信函

2. 1938年6月,金陵大学致教育部关于损失的函:

重庆教育部钧鉴:

有电奉悉。本校自战后至本年三月一日止,财产损失总计约十

---

① 《金陵大学档案》,第366卷,第111页。

万零三千七百卅七元,敌军入校计一千七百廿次,被掳二人,伤五人。

金陵大学感(盖印)①

报告中显示,金大财产损失 103 737 元,日军进校计 1720 次,校方人员被抓走 2 人,受伤 5 人。

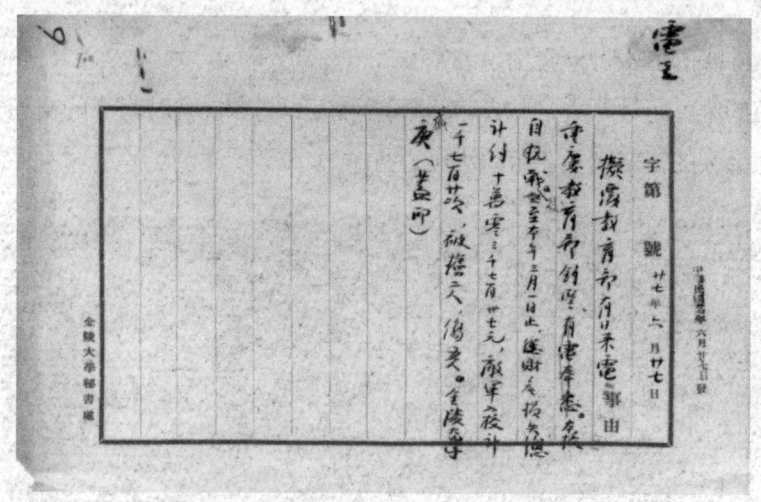

图 4-14 金大致教育部关于校产损失的函(1938 年 6 月 27 日)

3. 史迈士等三教授荣膺景星勋章

当时,金陵大学留守的外籍教职员除了贝德士、史迈士、林查理外,还有麦卡伦(鼓楼医院行政主管)、C. Y. 徐(大学医院职员)等。他们都是南京安全区国际委员会办事极勤而历时较久的骨干。其中,贝德士、史迈士、林查理因此荣获国民政府颁发的荣誉勋章,1948 年 4 月 15 日《金陵大学校刊》报道:

史迈士等三教授荣膺景星勋章

本校美籍教授贝德士(Dr. M. S. Bates)、史迈士(Dr. L. S. C. Smythe)、林查理(Mr. C. H. Riggs)三先生,在校任教有年,蜚声学界,在抗战京沪沦陷时期,不避艰险,留居南京,举办难民安全区,救

---

① 《金陵大学档案》,第 19 卷,第 100 页。

护难民,厥绩至伟。国民政府特于本年元旦,明令各授给襟绶景星勋章一座,以奖勋劳。现勋章已由外交部发交本校,分别转至具领。

图4-15 1948年4月15日的《金陵大学校刊》

三、金陵女子文理学院难民收容所

1937年金陵女子文理学院(原名金陵女子大学,1951年并入金陵大学)和金陵大学,一同作为难民收容所。南京沦陷前,美籍人士明妮·魏特琳(中文名华群)和中方人士程瑞芳、陈斐然组成了三人非常委员会,负责该校难民收容所的工作。南京大屠杀期间,奸淫强暴每天都在发生。在日军的兽行下,作为集中容纳妇女和儿童的难民收容所,金陵女子文理学院面临更为恐怖的处境。

魏特琳担任金陵女子文理学院难民收容

图4-16 魏特琳

所所长。她带领留守校园的教职员冒着生命危险,保护了上万名妇孺,使他们免遭蹂躏。吴贻芳在魏特琳去世六周年时,撰写了文章《追念中国人之友——华群女士》发表在报纸上,以示纪念,该文章节选如下:

华群女士逝世,忽已六周年,今日本校同人与首都人士共同举行纪念,有不能已于言者,撮述如左,藉示追思之忱。

身世之介绍

华群女士于公元一八八六年生于美国伊利诺州,家世清寒,故入师范学校。卒业后,任教数年,刻苦自励,获有积蓄,始入大学肄业,得文学士学位,于民国元年始来我国,任安徽合肥三育女中校长。及任期告满,返国入哥伦比亚大学研究院,获硕士学位。民国八年受本校之聘,任教导主任及教育学系主任,曾两度代理校长,凤学辛勤,成绩卓越,历二十余年,卒以战时辛劳过度,患病逝世,时民国三十年五月十四也。

战时之功绩

民国二十六年抗战事起[①],敌军逼首都,本校奉令西迁,女士慨然自任留守之责,待目击首都无法迁避之妇孺惶急情状,毅然以本校为收容所,与国际救济会联系。自十二月八日开始收容,初仅四千余人,待日军入城,恣意屠杀,无恶不作,于是要求入所避难者,势如潮涌,女士尽量收容,冒万险以救获,纵被掌颊亦不辞,其见义勇为如是。故获保全者逾万人,遂有"万家生佛"之称。后秩序渐佳,妇孺可以回家住宿,而无家可归者又成问题,随设职业科授以自谋生活之技能,并为青年女子设实验科(实为附中之别名)以免失学之痛苦,其救人之周密与彻底,为世所罕见。卒以劳瘁过度,而患神经衰弱。经友朋敦劝,始返国调治,历匝年而去世,闻者莫不震悼。国府于三十年六月十日,明令褒扬,以张其勋绩。[②]

---

① 1931年9月18日,日军蓄意挑起的九一八事变,成为中国人民抗日战争的起点。
② 《金陵大学档案》,第334卷,第429页。

图 4-17　魏特琳(二排左六)与金陵女子文理学院难民收容所
工作人员合影(1938 年 5 月 31 日)

程瑞芳①当时留下了一部记录南京大屠杀的日记,她用手中的笔逐日记录所见所闻,记录日军的烧杀淫掠的暴行,记录外国友人对难民的救助,记录难民所里的艰难生活,记录中国人民的勇敢反抗。全世界都知道犹太小姑娘安妮有一本著名的记录德国法西斯对犹太人进行大屠杀的日记,而程瑞芳记录南京大屠杀的日记也可称为"中国的《安妮日记》"。以下特节选部分日记内容,再现南京沦陷时的惨状和难民之间的相互救助。

1937 年 12 月 9 日

今日一天大炮声未停,由牛首山放的警报没有了,大郊场(大校场机场——引者注)被占。今天进来的人不少,外面的敌机、大炮声,

---

①　程瑞芳(1875—1969),湖北武昌人。1894 年毕业于武昌护士学校,1924 年到南京担任金陵女子大学舍监,负责管理学生宿舍和食堂。1937 年南京沦陷前夕,时年 62 岁的程瑞芳主动留守南京,在 1937 年至 1938 年协助魏特琳管理金陵女子文理学院安全区,救助了大批难民。

里面的大人哭小孩……安全区分九区,我们是第四区,陈斐然是第四区区长,我是第四区的卫生组组长,齐兆高(应为齐兆昌——引者注)是第三区区长,沈牧师是卫生组各区(各区卫生组——引者注)组长。

12月14日

今天来的人更多,都是安全区内逃来的,印日兵白日跑到他们家里抄钱、强奸。路上刺死的人不少,安全区内都是如此,外边更不少,没有人敢去,刺死的多半青年男子。

12月17日

现在是十二点钟,坐次写日记不能睡,因今晚尝过亡国奴的味道(当天日军华中派遣军司令松井石根举行入城仪式——引者注)……今晚拖去共十一个姑娘,不知拖到何处受用。我要哭了,这些姑娘将来如何?

12月19日

城南烧了不少房子,每日晚上烧。这些难民真可怜,有的家被烧了,有的丈夫被日兵杀了,有的被日兵拖去了不知生死,哭的哭,叫的叫,惨不堪言。

12月29日

今日登记没有人自招,他们留下一些年轻人是他们所疑心的,叫这些女难民出来承认是她们的父兄、丈夫、亲戚。有一个老太太有胆量,出来认了三个人,其实她不认得他们,她就是要救他们。有一个年轻女子也是出来认说是她哥哥,回到家里换衣服又出来认她亲戚,此人真可佩。没有人认的就带走。

1938年1月1日

他们进城快三礼拜了,还不许别国人进来,不要人看他们所做的一切不正当的事。这次日本人在此做的事被德美两国人士看清楚了,知道他们的不良,从前他们不相信日本人不好。

1月3日

在燕子矶那边有几千逃兵饿了三天,后来派两个兵到日兵那里投降,有两天送东西给他们吃,三天后用机关枪射死了!这是魏司夫

(应为师傅——引者注)在那里看到的。有的军人和百姓,他们用绳子捆牵到沟边,枪一个倒在沟里一个,一排一排的死,真可怜……魏司夫(师傅)回来说,他拖去的那一天,下关那一带路上没有路走,走在死人身上,他所看见的事情是惊人,所以他骇死了!

1月8日

走鼓楼到中山路,到新街口去看看,没有我国人在这条路上走,只有日本鬼。房子店面烧了,抢的抢了,凄惨极了,新街口附近有日兵用卡车搬东西,有的兵在店里找东西,那里也有军队住在那里。本想到别的地方去看看,兵多,未去。

1月25日

今天所见一难民讲的,在他家隔壁有一人家,兄弟两人,两人都有妻子,弟媳比嫂嫂好看。有一日本兵去,他们招待他很好,请他吃茶吃点心……等他吃多了酒,这两兄弟就把这兵打死了,晚上抬出去甩在外面。次日一早,他们都跑到难民区去住。真好,打死一个出出

图 4-18 金陵女子文理学院难民收容所闭营时,部分妇孺难民合影

气也是好的。

2月14日

昨日到城南看看,也到夫子庙去看的,南京的房子烧了三分之二,其余都是空的。有的光架子,有的地板、柜都没有。最好是这安全区,这边没有烧,烧得最厉害的是夫子庙、太平路。真可恶,这样狠心!南京现在完全一空。

金陵大学与金陵女子文理学院的中美教职员为援救安全区内25万南京难民尽了最大努力,两校校园为数万难民提供了栖息之所,这是金陵之光,也是作为金大继承者的南大之光,我们应该永远铭记这段虽然极为艰难但是充满献身精神与不畏邪恶勇气的可歌可泣的历史。

图4-19 南京国际救济委员会、红卍字会临时急赈联合会全体职员摄影,其中贝德士为前排右五,史迈士为前排右三(1938年9月23日)

第四节 金陵大学医院的医疗救助

金陵大学医院(今南京鼓楼医院),是1892年由加拿大籍传教士马林在美国教会和南京士绅资助下创立的。南京沦陷前,鼓楼医院即已成为救治中国伤兵的主要医疗机构之一。南京大屠杀期间,每天惨遭日军杀伤的平民不可计数,位于难民区内的鼓楼医院是城内施行人道主义医疗救助的唯一正规医院。外科医生威尔逊、内科医生特里默、检验室主任鲍恩典、行政主管麦卡伦与少数护士(其中一位是67岁的Iva Hynds,另一位是Grace Bauer)等中外医护人员为数以千计的中国百姓带来生存的希望。其中,威尔逊的表现最为突出,虽然是美国人,但童年和少年时光都在南京度过,因此,他对南京有深厚的感情。他是在柏睿德离开南京的4个月时间里,南京安全区内唯一的外科医生。

图 4-20 南京大屠杀时期留守鼓楼医院的医护人员

第五节 中央大学师生为南京难民捐款

南京沦陷后,同胞或被强奸残杀,或吃不饱、穿不暖,消息传到重庆,中央大学毛宗良、金善宝、范存忠等教授非常气愤,很同情南京难民的不幸遭遇,号召中大教职员为南京的难民捐款,救济他们,款项交国际救济委员会,以尽绵薄之力。16 位教授发起的募捐倡议书写道:

> 南京沦陷后,屡得身历其境者之消息,凡我痛苦同胞之避入难民区者,既横被寇军之强奸残杀,复受其搜括掠夺,敝衣不完,粒米难得。在国际同情人士有目共睹之下,已如此惨无人道,其未及避入难民区之民众,所受强寇蹂躏之苦,当更甚于九重地狱矣。同人等间关异地,一息犹存,展读来简,似闻惨号之声;回首河山,不胜同情之泪。在此江南风雪之际,弥念无食无衣之苦,爰拟各竭绵薄努力,捐助款项交国际救济委员会。凡我教职员同人认定以后,即凭签字由本校会计组先行垫汇。救灾之急,甚于救火,苟我被难同胞得延残喘,使他日收回失地,重遇其人于血染京华之故址,犹有拥篲相迎之比邻,是则此刻义粟仁浆之赐,更足征侠行高风矣。
>
> 是为启。
>
> 发起人:毛宗良、艾伟、朱世英、吴幹、吴文安、吴蕴瑞、何兆清、沈学源、李学清、周同庆、周鸿经、金善宝、范存忠、胡坤陞、胡焕庸、胡鸣善①

1938 年 5 月,中大医学院院长戚寿南在给罗家伦校长的信中,汇报了鼓楼医院收容的难民最多,急待救济,失陷后外国人士维持最为得力,建议中大的捐款请陈裕光校长转汇给在京的"外国人士办理":

---

① 《金陵大学档案》,第 278 卷,第 76 页。

志希校长先生赐鉴：

敬陈者，顷与金大校长陈裕光先生谈及，南京失陷后，难民众多，情状极惨，教会外国人士维持最为得力，尤以鼓楼医院内收容难民最多，急待救济。本校前次为南京难民请捐，此项捐款如认为寄交外国人士办理为妥，陈裕光校长可以负责介绍并请托，捐款亦可寄交陈校长（成都金大），转汇在京外国人士办理。特此奉闻，敬希卓裁为祷。

此颂

道绥

弟戚寿南敬启

二十七年五月十八日①

次月罗家伦在给陈裕光的信中，提及此次中大师生为救济南京难民，共捐款2000多元，询问了如何将此款汇往南京国际难民救济会，并建议将来款项分配时，其中一部分"为鼓楼医院专指定为救济难民医药费用"②。

裕光先生校长道鉴：

接奉惠函，敬悉一切。贵校迁蓉，业经开学，至仰贤劳，甚为佩慰，并谂贵校留京同人现仍继续救护难民工作，此种不避艰险维护人道之精神，实深钦佩。敝校同人，前因鉴于南京沦陷后，不克离京之同胞备受敌人蹂躏，生活异常艰困，爰发起集款救济，由师生捐得二千零数十元，现正在筹划如何汇往南京国际难民救济会。如由贵校留京教授贝德士先生代转该会亦可。至该款移作补助贵校南京鼓楼医院医药费用一节，固属甚佳。但同人意见，医院性质对于敌我均须同等待遇，似非经全体捐款人同意，弟不能擅自变更。将来如果汇请国际救济会代为分配时，请其支拨一小部分款项，为鼓楼医院专指定为救济难民医药费用，似无不可。但此事弟此时当无权变更捐款人

---

① 《中央大学档案》，第4767卷，第54页。
② 同上书，第70页。

之原意,想亦先生所能谅解。另,未知贵校近来汇款至留京人员时手续如何办?即希见示,是所感盼。万一将来由敝校不便直接汇寄,可否请贵校代为办理?专此布复,尚乞赐复。即颂

教祺

弟罗家伦敬启
六月十四日

第六节　清毒运动

1940年4月,汪伪行政院通过在南京建立中央大学案,在沦陷区进行招生,录取新生674人,8月底开学,校址初设于建邺路红纸廊(原中央政治学校内),校舍简陋,图书、仪器设备奇缺。太平洋战争爆发后,学校于1942年8月迁至天津路金陵大学原址(1937年11月金陵大学迁往四川成都)。在校学生数曾达1100余人,教师165人,其中教授、副教授110人,讲师39人,日籍教员15人,德籍教员1人。全校设文、法商、教育、理工、农、医等6个学院。1945年9月,南京中央大学解散,后改为南京临时大学,1946年6月,临时大学撤销,学生分别转入中央大学、上海交通大学、浙江大学等校。

日本侵略者统治下的南京鸦片馆林立,到处乌烟瘴气,人民处于水深火热之中。青年学生举行了声势浩大的反毒品运动,其中1944年1月24日,南京学生清毒

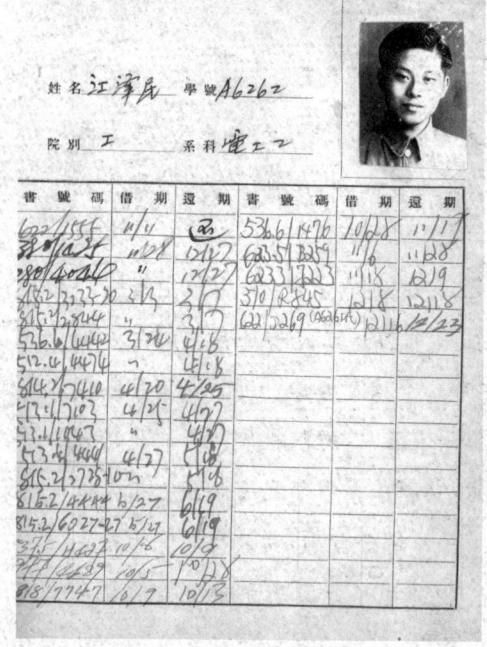

图4-21　江泽民同志在南京中央大学读书时的借书证

运动工作团组织 100 多人，搜查白面大王曹玉成的家，将搜出的海洛因当众焚烧，并将曹押送警察厅。汪伪政府迫于压力，不得不下令将其枪毙。当时南京中大清毒斗争的领导人是中共地下党员厉恩虞等。江泽民总书记在 1998 年 7 月 17 日撰写文章《忆厉恩虞同志》，专门回忆了这段时期的清毒斗争。江泽民当时在南京中央大学机电系读书。

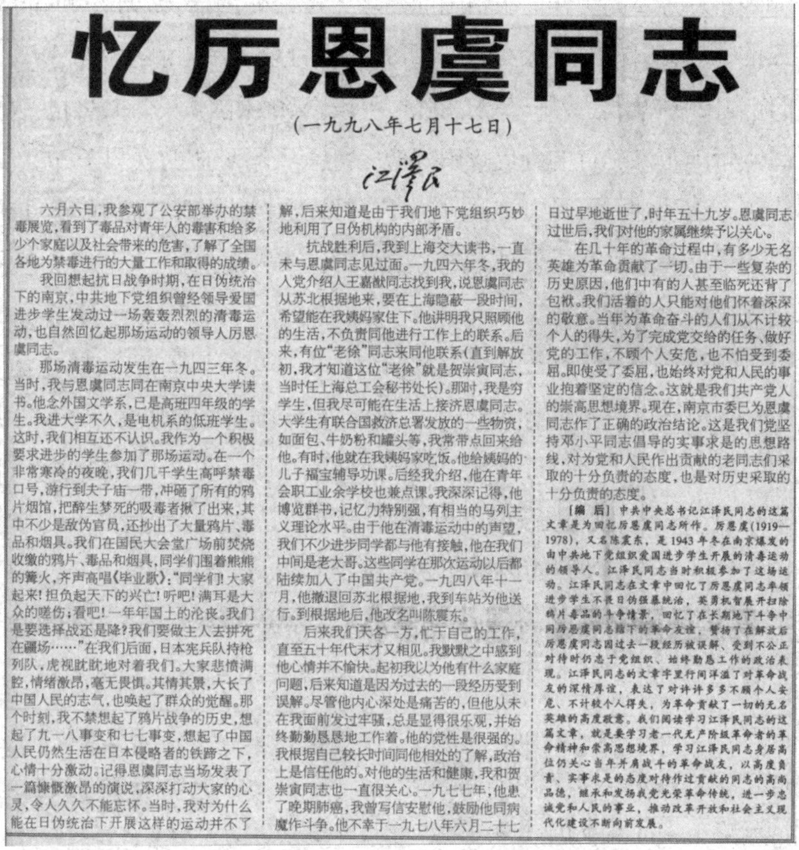

忆厉恩虞同志

（一九九八年七月十七日）

江泽民

六月六日，我参观了公安部举办的禁毒展览，看到了毒品对青年人的毒害和给多少个家庭以及社会带来的危害，了解了全国各地为禁毒进行的大量工作和取得的成绩。

我回想起抗日战争时期，在日伪统治下的南京，中共地下党组织曾经领导爱国进步学生发动过一场轰轰烈烈的清毒运动，也自然回忆起那场运动的领导人厉恩虞同志。

那场清毒运动发生在一九四三年冬。当时，我与恩虞同志同在南京中央大学读书。他念外国文学系，已是高班四年级的学生。我进大学不久，是电机系的低班学生。这时，我们相互还不认识。我作为一个积极要求进步的学生参加了那场运动。在一个非常寒冷的夜晚，我们几千学生高呼禁毒口号，游行到夫子庙一带，冲砸了所有的鸦片烟馆，把醉生梦死的吸毒者揪了出来，其中不少是敌伪官员，还抄出了大量鸦片、毒品和烟具。我们在国民大会堂广场前焚烧收缴的鸦片、毒品和烟具，同学们围着熊熊的篝火，齐声高唱《毕业歌》："同学们！大家起来！担负起天下的兴亡！听吧！满耳是大众的嗟伤；看吧！一年年国土的沦丧。我们是要选择战还是降？我们要做主人去拼死在疆场……"在我们后面，日本宪兵队持枪列队，虎视眈眈地对着我们。大家悲愤满腔，情绪激昂，毫无畏惧。其情其景，大长了中国人民的志气，也唤起了群众的觉醒。那个时刻，我不禁想起了鸦片战争的历史，想起了九一八事变和七七事变，想起了中国人民仍然生活在日本侵略者的铁蹄之下，心情十分激动。记得恩虞同志当场发表了一篇慷慨激昂的演说，深深打动大家的心灵，令人久久不能忘怀。当时，我对为什么能在日伪统治下开展这样的运动并不了解，后来知道是由于我们地下党组织巧妙地利用了日伪机构的内部矛盾。

抗战胜利后，我到上海交大读书，一直未与恩虞同志见过面。一九四六年冬，我的入党介绍人王嘉猷同志找到我，说恩虞同志从苏北根据地来，要在上海隐蔽一段时间，希望能在我姨妈家住下。他讲明我只照顾他的生活，不负责同他进行工作上的联系。后来，有位"老徐"同志来同他联系（直到解放初，我才知道这位"老徐"就是贺崇寅同志，当时任上海总工会秘书处长）。那时，我是穷学生，但我尽可能在生活上接济恩虞同志。大学生有联合国救济总署发放的一些物资，如面包、牛奶粉和罐头等，我常带点回来给他。有时，他就在我姨妈家吃饭。他给姨妈的儿子福宝辅导功课。后经我介绍，他在青年会职工业余学校也兼点课。我深深记得，他博览群书，记忆力特别强，有相当的马列主义理论水平。由于他在清毒运动中的声望，我们不少进步同学都与他有接触，他在我们中间是老大哥。这些同学在那次运动以后都陆续加入了中国共产党。一九四八年十一月，他撤退回苏北根据地，我到车站为他送行。到根据地后，他改名叫陈震东。

后来我们天各一方，忙于自己的工作，直至五十年代末才又相见。我默默之中感到他心情并不愉快。起初我以为他有什么家庭问题，后来知道是因为过去的一段经历受到误解。尽管他内心深处是痛苦的，但他从未在我面前发过牢骚，总是显得很乐观，并始终勤勤恳恳地工作着。他的党性是很强的。我根据自己较长时间同他相处的了解，政治上是信任他的。对他的生活和健康，我和贺崇寅同志也一直很关心。一九七七年，他患了晚期肺癌，我曾写信安慰他，鼓励他同病魔作斗争。他不幸于一九七八年六月二十七日过早地逝世了，时年五十九岁。恩虞同志过世后，我们对他的家属继续予以关心。

在几十年的革命过程中，有多少无名英雄为革命贡献了一切。由于一些复杂的历史原因，他们中有的人甚至临死还背了包袱。我们活着的人只能对他们怀着深深的敬意。当年为革命奋斗的人们从不计较个人的得失，为了完成党交给的任务、做好党的工作，不顾个人安危，也不怕受到委屈。即使受了委屈，也始终对党和人民的事业抱着坚定的信念。这就是我们共产党人的崇高思想境界。现在，南京市委已为恩虞同志作了正确的政治结论。这是我们党坚持邓小平同志倡导的实事求是的思想路线，对为党和人民作出贡献的老同志们采取的十分负责的态度，也是对历史采取的十分负责的态度。

【编　后】中共中央总书记江泽民同志的这篇文章是为回忆厉恩虞同志所作。厉恩虞（1919—1978），又名陈震东，是 1943 年冬在南京爆发的由中共地下党组织爱国进步学生开展的清毒运动的领导人。江泽民同志当时积极参加了这场运动。江泽民同志在文章中回忆了厉恩虞同志率领进步学生不畏日伪强暴统治，英勇机智展开扫除鸦片毒品的斗争情景，回忆了在长期地下斗争中同厉恩虞同志结下的革命友谊，赞扬了在解放后厉恩虞同志因过去一段经历被误解、受到不公正对待时仍忠于党组织、始终勤恳工作的政治表现。江泽民同志的文章字里行间洋溢了对革命战友的深情厚谊，表达了对许许多多不顾个人安危、不计较个人得失，为革命贡献了一切的无名英雄的高度敬意。我们阅读学习江泽民同志的这篇文章，就是要学习老一代无产阶级革命者的革命精神和崇高思想境界，学习江泽民同志身居高位仍关心当年并肩战斗的革命战友，以高度负责、实事求是的态度对待作过贡献的同志的高尚品德，继承和发扬我党光荣革命传统，进一步忠诚党和人民的事业，推动改革开放和社会主义现代化建设不断向前发展。

图 4-22　江泽民同志的文章《忆厉恩虞同志》

一、清毒运动的背景

1943 年冬，日军在中国已经是强弩之末，却加强了对沦陷区的血腥统治。沦陷六年之久的南京更是深受其害。日寇在南京实行毒化政策，进行"鸦片专营"贸易，由长期在中国从事情报与贩毒勾当的日本人里见甫任理事长的华中宏济善堂在南京设立了最大的一家分堂,统一经管毒品的采购与销售。日本联合汪伪政府大量运售毒品,公卖鸦片,并且允许统治区设立烟馆,从中抽税。另外,它怂恿其占领的内蒙古等边疆地区,大量种植鸦片,连并东南亚的鸦片、海洛因等毒品,销往全中国,其中以南京为甚。南京城烟馆林立,乌烟瘴气。

日寇贩卖毒品的目的也是昭然若揭,"日本发动侵华战争后,就把向中国人民倾销鸦片等毒品当作征服中国的一项重要战略武器,诚如当时国际社会所揭露的那样:'日本对于贩卖毒品,可获两种利益:一为由贩卖毒品所获之收入,可作为侵略中国之费用;二为用强迫手段,毒化中国人民,使之日趋衰弱退化。'日本帝国主义施行的毒化政策好像一把杀人不见血的软刀子,能置千千万万中国人于死地而不见血迹,能抢掠千千万万中国的财富而不留抢掠的痕迹。它的最恶毒之处在于使越来越多的中国人成为无羞耻心、无爱国心、无反抗心也无反抗力的顺民"①。

"在南京市中心新街口,有好多家招牌广告辉煌夺目的贩毒店,里面不但鸦片、红丸、海洛因应有尽有,而且备有雅座,供给烟具。宣传毒品与鸦片烟馆的广告竟连续刊登于南京日伪报纸的显著位置。而一些敢于抵制与揭露日伪毒品毒化政策的人,则被指为'反日分子',遭到严厉惩处。南京成为日本当局在中国占领区推行和实施毒品毒化政策最典型、最严重的地区之一。据当时西方人士调查和报纸报道,到1939年底,南京吸毒人数已占南京人口总数的1/4至1/3,'南京几成烟土世界'。"②总之,鸦片流毒肆虐南京,越来越多的人的抗日激情也被消磨殆尽。

汪伪政府成立后,面对鸦片猖獗的南京城,汪伪政府不但不加以取缔,反而因为分赃不均而引发了日伪内部争夺鸦片专卖权的矛盾。

日本当局在南京推行毒化政策获得的巨额利润,绝大部分被日方通过宏济善堂拿走,只有少部分充作汪伪政权的财政收入。时任汪伪政府"财政部部长"的周佛海兼任"南京市市长",他与日寇宏济善堂特货公司相勾结,利用职

---

① 中共南京市委党史工作办公室编:《革命青年满腔热血——青年江泽民与南京》,中央文献出版社,2013年,第14页。

② 同上书,第14—15页。

权侵吞毒品的利润与税收,引起陈璧君(汪精卫妻)和时任"宣传部部长"的林柏生的嫉妒。于是林柏生利用自己兼任的"新国民运动促进会"秘书长职务之便,倡导戒烟,利用广大人民群众和青年学生对日寇毒化政策的切齿痛恨,搞点禁烟宣传,打砸几处烟馆,制造点舆论,打击一下周佛海的势力,一出心中怨气。日本屡屡不把鸦片专营权划归汪伪政权,作为汪精卫亲信的他,亦是在其授意下,给日本当局施加一些压力。同时,林柏生一贯标榜自己爱国,喜欢拉拢青年,借此亦想提高自己在青年中的威望,捞取政治资本。后来正是敌伪以及汪伪政府各派系间的种种矛盾,使清毒运动得以开展,学生们得以保全。

南京中央大学虽然在日本的铁蹄下,但学生们依然涌动着反抗外族侵略的爱国热忱。据与江泽民同年考入南京中央大学医学院的杨玉回忆道:"南京中央大学'校园里并不像我猜想的那样消沉、颓唐、逆来顺受。爱国进步、团结友爱、反抗日寇的氛围竟是那么浓郁、那么强烈,完全出乎我的意料。仅仅一个学期,我已经感受到祖国母亲怀抱中的炽热,她使我懂得了人生的意义及其真正的价值'。"学生们深知国仇家恨,常在课余聊天时谈及民族兴亡、国家前途等话题。

另外,1943年夏初,在中共地下党组织与中大抗日团体"青年救国社"(简称"青救社")的领导下,南京中央大学发动了驱逐反动校长樊仲云的"倒樊运动"。这场运动极大鼓舞和锻炼了广大学生,开创了在日军统治下沦陷区学生公开斗争的先河,为更大规模的学生运动如"清毒运动"提供了经验。

中共在南京长期隐蔽,积淀力量。群众工作,特别是在青年学生中的工作已经有了较大、较好的基础。当时的南京中央大学是南京和苏浙皖地区唯一一所规模大、院系齐全的综合性大学,是各方力量的逐鹿之地。中共十分重视在南京中央大学开展工作,领导成立了许多组织,如秘密抗日团体"团结救国社""青年救国社""民社"等,且党员和外围组织打入了"学生互助会""干字实践会"等青年团体,并掌握了领导权。通过这两个"合法组织",党和南京中央大学爱国学生通过举行讲座、创刊、辩论、传播进步书籍等形式宣传抗日思想,为以后的清毒运动准备了思想和组织基础。

二、清毒运动的过程

林柏生派自己的亲信找到了在学生中很有威信、领导了"倒樊运动"的厉恩虞、王嘉谟两人,希望由他们来领导禁烟。厉与王,当时都是南京中央大学四年级的学生,分别在外文系与土木工程系学习,且都是"青救社"的骨干成员,深刻真切地目睹过鸦片流毒下的南京城。其中厉恩虞又名陈震东(1919—1978),江苏省南京市人,出身于城市贫民家庭,他家中有母亲和弟弟,全家挤在新街口附近的一间条件简陋的小屋里,靠勤工俭学上了南京中央大学,挣得微薄工资维持全家的生活。他学习外文,在同学间推心置腹,爽直豪放,待人真诚,许多低年级的学生都受到过他深刻的影响。身负家庭重担的他却无有一日忘记国仇家恨,热爱祖国,痛恨日寇,积极而义无反顾地参加了许多抗日救亡活动。

两人跟"青救社"社员研究,并按照党组织的指示,决定以林柏生为掩护,利用敌人内部矛盾,发动青年开展一次学生运动,以达到唤醒群众、扰乱敌人阵营、打击日寇的目的。关键是必须由"青救社"来领导,不受林柏生及其爪牙制约,不受其利用。中共也准备动员党领导的其他力量积极参与该运动。

1943年12月17日晚,林柏生的亲信、"青年模范团"专职干部李绍忠邀集部分南京中央大学学生研究禁烟运动,意图搞点宣传,虚张声势。但以厉恩虞、王嘉谟为代表的进步学生则主张直接打击烟商。为了给林柏生一个措手不及,厉恩虞等人当晚就带领200多名大、中学生上街捣毁烟馆,由此拉开了声势浩大的"清毒运动"的序幕。

满怀对鸦片毒害的痛恨,入学不久的江泽民也参加了当晚捣毁烟馆的行动。江泽民出身于书香门第,革命家庭,正如江泽慧所说:"我们全家都是革命者。我的父亲、叔伯,还有江泽民的大哥江蛰君,他们全都出去参加了革命,既打日本侵略者,也打国民党。"而且,江家乃诗礼之家,自小江泽民也受传统爱国情怀的浸润,他曾回忆道:"当我们还是学生的时候,这些作品就深深地扎根在我们心里,使我们热爱自己的祖国。"①江泽民的成长期正是中国战乱频仍、内忧外患不已的时期。见证过国人置于水深火热之中,他固然欲做些力所能及的事情,挽救多灾多难的祖国,所以他甚至在上中学的时候就参加了学生运动。时年十七岁的江泽民以优异的成绩从扬州中学高中二年级跳级直接考取了南京中央大学一年级,成为电机系当年录取的八名学生之一。带着家庭烙印和爱国情愫进入了南京中央大学后,他常以低年级身份踊跃参与各种学生活动,"清毒运动"就是其中之一。

他与情绪激动的同学们一道,沿中山路、太平路向夫子庙烟馆集中地进发,一面捣毁烟馆,一面向路边的群众宣传鸦片的危害。对于"青救社"成员来说,目标非常明确,不仅要付诸实践行动,捣毁烟馆,还要扩大影响,所以妄想虚张声势、不愿暴露的李绍忠等人,一开打就偷偷溜走了。在夫子庙打烟馆时遇到了日本宪兵的阻挠,王嘉谟还被宪兵打伤,头部鲜血直流。厉恩虞巧妙利用敌伪矛盾,亮出林柏生的牌子,把责任推到他身上,并带领队伍来到林柏生住处,逼他出来表示支持,大家才安然脱险,整队返校。

为了趁热打铁,12月18日下午开始,以"青救社"为领导,仍由厉恩虞、王嘉谟带队,组织了更大规模、涉及更多学校的打烟馆行动。结合第一天的实践经验,学生们有的放矢,直奔夫子庙,要把以夫子庙为中心的所有烟馆都砸烂,焚烧烟土,扩大影响。

这次活动由国府路国民大会堂前出发,队伍在行进途中陆续扩大,共3000人以上。"青救社"社员和一些学生骨干组成纠察队散布在游行队伍两旁,引导队伍按统一行动计划执行并维持队伍的秩序。队伍浩浩荡荡,把从朱雀路到夫子庙的烟馆都给捣毁了。江泽民成为这次活动的积极分子,下午他冲进宿舍向大家报告17日晚一些同学去打烟馆而被日本宪兵打伤的情况,提出要室友当晚集体出动,"江泽民坚持道:'人少了不行,请和我们一起去吧。不管怎么样,我们今晚都得去。'苟利国家生死以,岂因祸福避趋之。他慷慨激昂地

---

① 中共南京市委党史工作办公室编:《革命青年满腔热血——青年江泽民与南京》,第5页。

谈到了中国的历史、文化和民族性"①。在江泽民的感召下,舍友们打消顾虑,全体参与18日的活动。他还发动了电机系的其他同学汇入学生队伍。

学生们激情高涨,打击彻底,"打烟馆时由专门组织的行动组执行,先是把烟馆招牌和门口其他设施砸坏,对老板和烟客教训一番,有的烟客吓得跪地求饶。把烟客撵走后,没收所有烟具、烟土,放在临时征用的人力车上随队伍拉走。此时队伍除高喊口号外,还对街上行人进行宣传。此外,还以打烟馆为主,扩大到打赌场和舞厅,没收赌具,砸了几家舞厅,提出了反对"烟、赌、舞"的口号。这次行动引起了沿途很多群众的注意,受到群众赞扬,有的人还随着队伍行进。征用的人力车总数大约有一二十辆,每辆都装得满满的,最后拉到目的地时,这些人力车工人都不要工钱,令人感动"②。

直至当天深夜,游行队伍回到国民大会堂,在众多荷枪实弹的日本宪兵、汉奸特务的跟踪监视下,爱国学生把缴获的烟具、鸦片、烟土等堆积在广场前,由厉恩虞、王嘉谟点燃,学生们围着熊熊篝火,高唱《毕业歌》《开路先锋》。大火燃烧了将近一个小时,群众情绪达到高潮。随后,全体进入大会堂开会,学生领袖厉恩虞发表了慷慨激昂的演讲,赞扬大家英勇果敢,大义凛然,不畏艰险。他从百年前英帝国主义向中国倾销鸦片、林则徐虎门销烟,讲到又有人向国人公然贩卖毒品,毒害同胞,号召大家不能醉生梦死,要愤而起之,匹夫有责。讲到动情处,他声泪俱下,带领大家又唱起《毕业歌》。

此幕壮怀激烈,后来江泽民动情回忆:"在一个非常寒冷的夜晚,我们几千学生高呼禁毒口号,游行到夫子庙一带,冲砸了所有的鸦片烟馆,把醉生梦死的吸毒者揪了出来,其中不少是敌伪官员,还抄出了大量鸦片、毒品和烟具。我们在国民大会堂广场前焚烧收缴的鸦片、毒品和烟具,同学们围着熊熊的篝火,齐声高唱《毕业歌》:'同学们!大家起来!担负起天下的兴亡!听吧!满耳是大众的嗟伤;看吧!一年年国土的沦丧。我们是要选择战还是降?我们要做主人去拼死在疆场……'在我们后面,日本宪兵队持枪列队,虎视眈眈地

---

① 中共南京市委党史工作办公室编:《革命青年满腔热血——青年江泽民与南京》,第17页。

② 同上书,第48页。

对着我们。大家悲愤满腔,情绪激昂,毫无畏惧。其情其景,大长了中国人民的志气,也唤起了群众的觉醒。那个时刻,我不禁想起了鸦片战争的历史,想起了九一八事变和七七事变,想起了中国人民仍然生活在日本侵略者的铁蹄之下,心情十分激动。记得恩虞同志当场发表了一篇慷慨激昂的演说,深深打动大家的心灵,令人久久不能忘怀。"

在国民大会堂会上,厉恩虞、王嘉谟提出组织"首都清毒总会"的主张。群众表示赞成,随即推选厉恩虞为会长,王嘉谟为副会长。也是从此,这次学生运动被称作清毒运动。"清毒"这一深得民心的运动,很快便波及无锡、苏州、上海、北平等地区,各地纷纷掀起清毒运动。

这次行动规模较大,当即引起了日本特务的注意。日本宪兵队特高课的高级特务石井把厉恩虞、王嘉谟找去谈话,厉恩虞、王嘉谟把一切责任推到林柏生身上,日特无可奈何。不久,总会成立了组织、宣传、总务各组,由"青救社"成员及南方大学两位学生领袖杨效周、李华分别担任组长,并排除了林柏生的人。

寒假将近,很多学校不让学生参与清毒的激烈运动,提前放了假。于是,"清毒总会"于1944年1月至2月初以"青救社"为核心,组织了"清毒运动寒假工作团",集中各高校骨干约50余人进行学习,借用大学生的宿舍,食宿一起。实际上这是一个骨干训练班,开展适合青年特点的各种活动,以达到团结、教育和发展爱国进步力量的目的。寒假期间,"寒假工作团"进行各种宣传活动,如到广播电台演说和唱清毒歌曲,还把南京其他地方(主要是城北)的烟馆也给打了。

此外,"寒假工作团"打听到丰富路有一个外号叫"白面大王"的曹玉成,专做海洛因的批发买卖,危害甚大,于是决定予以打击。当时,"寒假工作团"与模范女中的"干字实践会"主办的"寒假工作营"两支队伍联合两百多人,在厉恩虞、王嘉谟的带领下直接去了曹家搜查,翻箱倒柜,终于在其密室里发现了三四公斤重的精致包装的海洛因。大家直接把曹绑至新街口广场,要其跪在孙中山像前,宣布他的罪行,并当众焚烧了海洛因。此事轰动了南京城,事后学生把曹玉成交给了伪首都警察厅处理。在民愤以及清毒总会的建议下,汪伪政府迫于压力,把曹玉成给枪毙了,清毒总会还派了专人督刑。

图 4-23　参加清毒运动的学生正在搬运抄出的鸦片

寒假以后,清毒运动也进入了尾声。这时,全市烟馆、舞厅、赌场都关了门,或停业或公开转入地下。加之,许多学校不允许学生外出,因而也未再搞出什么大的行动。

三、清毒运动的影响

这场斗争实际上是针对日寇的,但是日寇迟迟没有动手,一方面是对人民的激奋情绪有所顾虑,另一方面也是因为学生打出林柏生的旗号。但是日特一直在做调查。1944年3、4月间,地下党员、中大农学院学生陈健从石井处探听到日特已经拟定了一个以厉恩虞为首的十多人的黑名单,准备借故逮捕。为了有理、有利、有节地打击敌人,清毒总会决定及时收兵,运动暂告结束。

清毒运动虽只进行了四五个月,但其声势之大、影响之广,在当时的南京,甚至整个沦陷区都是空前的,是有进步意义的。不论当时汪伪汉奸有何想法,运动的发展,其客观效应是揭露了日寇的罪行,打击了日寇的凶焰。在当时条件下,不可能公然提出抗日的口号,但是,人们都懂得,毒品的罪魁祸首是日寇,"打在烟馆身上,痛在日寇心里",符合广大人民抗日的要求。这次清毒运动影响深远,"一方面它实际成为抗日战争时期我国人民对日斗争的一部分,激励了沦陷区人民的抗日斗志,以另一种形式给日寇以沉重打击。另一方面,百年多来,中国人民深受烟毒之害,虽然在当时条件下不可能消灭毒害,但这次运动对毒害的沉重打击,也是对人民一次广泛的禁毒教育,是有深刻社会意义的。运动对广大青年学生是一个很好的锻炼,亲身体会到在日寇铁蹄统治下的南京也可开展进步的学生运动,相信了自己的力量,为以后开展进步学生运动提供了经验"①。

---

① 中共南京市委党史工作办公室编:《革命青年满腔热血——青年江泽民与南京》,第56页。

第五章 众志成城

第一节 投笔从戎 奔赴疆场

国家兴亡,匹夫有责。全面抗战爆发后,面对国家危难的现状,中央大学和金陵大学曾掀起过四次从军热潮。第一次在抗战初期,一些同学投笔从戎。第二次在1941年太平洋战争爆发前后,为协助美国志愿援华航空队,部分同学应征担任英文翻译。第三次是为配合1943年中国远征军第二次入缅作战,政府征调四年级体格检查合格的男同学,英语考核通过后充任美军译员。第四次是在1944年豫湘桂战役正面战场遭受严重挫折的形势下,广大同学响应知识青年从军运动,参加中国青年远征军。

虽然学校迁到了后方,但是全校师生抗战热情高涨。于是许多青年人选择重新回到战争前线。许多中大、金大的同学投笔从戎、奔赴疆场。他们的身影出现在"飞虎队"、远征军和青年远征军的队伍中,在国家硝烟弥漫的时代中展现了属于中大、金大学生的风貌气质。

一、"飞虎队"及空军中的中大、金大同学

"飞虎队"是"中国空军美国志愿援华航空队"的别称,1941年,陈纳德在罗斯福政府的暗中支持下,以私人机构名义,重金招募美军飞行员和机械师,以平民身份参战。7月和10月,200多人分两批来华,队员多半是勇敢的、有正义感的年轻人。

在跨国战争中,翻译、通讯等工作十分重要,彼时的中国大学生也正是这份工作的最佳人选。虽然面临危险,但中大、金大的师生表现出了极大的爱国热诚。中大校长顾毓琇亲自作词《青年从军歌》,来鼓励、赞扬学生参军的伟大

壮举。在许多中大、金大优秀学生的参与下,飞虎队如虎添翼,取得了令人瞩目的战绩。由于形式上并非正规军,飞虎队的战术研究和训练反而得以自由挥洒,他们在昆明初试身手,首战便对日本战机予以痛击,此后并连创击落日机的佳绩。在31次空战中,志愿飞虎队员以5至20架可用的P-40型战斗机共击毁敌机217架,自己仅损失了14架,5名飞行员牺牲,1名被俘。"中国空军美国志愿援华航空队"插翅飞虎队徽和鲨鱼头形战机机首名闻天下,其"飞虎队"的绰号也家喻户晓。

在这些作战过程中,中大、金大的同学虽然没有作为飞行员的身份出现,但有很多承担了翻译、通讯的工作。如金大学生黄衡一,1937年7月考入金大英文系,1941年响应抗日救国的号召,参加了飞虎队,任昆明总部机要秘书室英文翻译,负责空战报告和气象资料等情报的翻译工作。黄衡一晚年从南京大学外文语系退休后,经常和子女谈及在飞虎队的往事,他的儿子黄森回忆说:

  1941年7月至1942年8月,正在金陵大学英文专业学习的父亲,参加了飞虎队。当时,日本零式战斗机速度快、火力强、机动性好,对中国和太平洋战场的盟军飞机造成了巨大威胁,盟军一直设法破局而未果。一天,飞虎队接到国民党湖南驻军报告,称抓获到一名日军零式战斗机飞行员,飞机状况基本完好,请求飞虎队派员前去调查。一位美军空军上校率一名中国航空工程师和我父亲立即飞赴现场。审讯过程中,日军飞行员的口供先由国民党驻军译成中文,再由父亲译成英文;同时,从飞机上缴获的飞行手册(DataSheet)也被父亲翻译出来。整个审讯时间不长,但收获极大,美军上校直呼:"太好了,太好了!"原来,尽管零式战斗机是二战时期最佳战机之一,但限于当时日本材料工业的水平,其机翼强度不能超过飞机大角度俯冲后再猛向上拉起的负荷极限,否则机翼就会折断。这在那份飞行手册中特别做了说明。谁知那个忘乎所以的日军飞行员,就是在俯冲扫射地面目标后再急速拉起而折戟沉沙。所幸飞机坠落在沼泽地,飞行员只受了伤,从而才有机会发现零式战机其软肋。美军上校连夜赶回昆明向指挥官陈纳德将军汇报。陈纳德高度关注并确定了对策：当盟军飞机被零式战斗机追击时，立即大力俯冲，如日机尾随则急速爬升，这样就可以安全摆脱。事后父亲欣慰地说，这是他一辈子最值得骄傲的事：协助挽救了许多盟军飞行员的生命，为抗日战争出了力。

黄衡一的弟弟黄启宇，1936年9月考入中大体育科，1940年7月毕业，曾任飞虎队英文翻译。"爸爸当时的任务是跟随美国飞行员做口译。飞行员到哪，口译员就要到哪，很危险，很多人牺牲在战场上了。爸爸（黄启宇）弟兄俩幸运平安地活到了抗战胜利的那一天。"远在美国的黄启宇女儿黄炜感慨地说。在中大档案里，有一张黄启宇在飞虎队时身穿飞行服所拍摄的照片。兄弟俩同时参加飞虎队，这在当时的学生中很少见，他们在抗日战场上的英姿永远值得后人铭记。

图 5-1 金大学生黄衡一（哥哥）

图 5-2 中大学生黄启宇（弟弟）

像黄衡一、黄启宇一样为飞虎队、为抗战做出贡献的学生还有很多，现在仍旧保留详细资料的有：杨曾渥，1940年11月考入中大机械工程系，1944年从军，在湘西"飞虎队"芷江电台担任译员；陈咸章，1940年11月考入中大机械工程系，1944年从军，在湘西"飞虎队"芷江机场担任译员；朱宗文，1940年11月考入中大法律系，1944年从军，在湘西"飞虎队"芷江空军招待所担任译员;罗明叙,1940年11月考入中大气象系,1944年从军,在湘西"飞虎队"芷江机场负责接收天气预报。

图 5-3 杨曾浧

图 5-4 陈咸章

图 5-5 朱宗文

图 5-6 罗明叙

以上的中大、金大同学都在国难当头的时候放弃了安稳的书桌,毅然从军,为国家反抗侵略做出了贡献。不难推测,当时他们的工作环境艰苦、强度很大。1944年9月16日的《国立中央大学校刊》曾这样记载:"每当敌机来袭,警报发出,人们都分别向郊野疏散的时候,却正是他们顶忙碌之际,'两三洞洞''幺勾幺洞',时常弄得手忙脚乱,喘不过气来。"这是应征到湘西芷江"飞虎队"担任译员的中大同学在电台工作的情形。

金大还有一些同学报考了中央航校,最先考入航校的有孟广信、冷培基、靳怀智三位同学,随后陆续考入航校的有毛瀛初、罗英德、周竹君、佘勉初、林坚学、李崇道、陈镇和等,他们搏击长空、痛击倭寇。金大校刊上记载了部分人员的事迹:

> 金陵同学,其最先入航校者为孟广信、冷培基、靳怀智三同学,在航校飞行技术极为优良,名列前茅,皆被政府选派赴意深造,其后陆续入航校者有毛瀛初、罗英德、周竹君、余勉初、林坚学、李崇道、陈镇和诸同学……在此期间,先后失事为国捐躯的,有孟广信、周竹君二同学,而今现仍保持以往的战绩,继续为国奋斗的几位同学略述如下:
>
> 1. 毛瀛初。他虽是毛邦初将军的介弟,但毫无骄矜的气质,谦和态度,令人敬而生畏,兼之脑筋清爽,是位有统帅能力的飞行人才,每次空战,差不多都少不了他,曾造有击落敌机数架之光荣记录,身经百战,后直擢升至××大队长之职,担任保卫大武汉上空的重责,他曾经作战受伤一次,去岁已经结婚了,现更负起训练后期新同学的责任。
>
> 2. 靳怀智。自回国后,即在校任教官之职,抗战开始后,更负起积极训练新飞行员之重任,盖作战期中实具有同等之地位,在这个短短的抗战期中,靳同学经手不知已造就多少空中勤务人才了。
>
> 3. 罗英德。粤生,在母校时与周竹君是一对最好的朋友,那时两人同房间住在东楼的角上,后因有志航空,他两人乃联袂考入航空三期,学习飞行,苦心研究,不单技术高超,且兼有领导作战的能力,现在已是××队的队长了,先后共击落敌机五六架之光荣战功……
>
> 4. 陈镇和。小黑炭,干河沿的一枝生力军,为国内之足球健将,全国驰名,妇孺皆知,一·二八事变后,即立志习航空,以期报效国家,顷已学业完成,参加作战了。曾壮语对人云"我从小就喜欢踢足球,在地面上奔驰,现在我驾飞机,在空中打日本倭鬼,我希望将鬼子

的头颅打下来当足球踢,那才过瘾呢"。由上面的一段话看来,就可想象到不久的将来,小黑炭击落敌机的数目,一定惊人,我们静待着好的消息吧。①

空军作战十分危险,为国捐躯的学生不在少数,如上文提到的孟广信、周竹君、陈镇和同学便不幸牺牲。悲痛之余,金大同时也为纪念这些烈士们举办了许多活动,如为纪念为国捐躯的空军烈士陈镇和,金大举行"镇和杯"足球友谊比赛,1942年3月1日的《金陵大学校刊》中记载:"本校体育部为纪念校友陈君镇和,投效空军,为国捐躯,特约空军驱逐总队,于元月二十四日,下午三时在华大足球场,与本校球队,作'镇和杯'足球友谊比赛,并出售入场券,募集专款,在本校设'镇和奖学金'给予擅长运动,及有志航空工程之同学,以慰陈君英魂。"

尽管空军工作十分危险,但中大同学并未因之退缩,1942年4月27日,中大航空系四年级学生钟日起等18人投考航空委员会第十期高级机械班并被录取,"业派员前往该系检验,计及格者钟日起等十八名……该钟日起等十八名自应毕业后迅速入伍"②。

有的同学即将毕业前,参加空军招收,并被录取,希望教务处赐予毕业学分,拿到毕业证书,例如1944年3月,中大师范学院学生方英梁为参加空军的呈请报告:

乃近逢空军招收,生幸蒙录取,于此请缨得门,实报国之良机,生当慷慨从之。惟念生于本期修学即可毕业……恳准援□□译员办法准予学生……③

现存资料中,还有金大农学院学生王兴楚于1944年12月考入航空学校

---

① 《金陵大学校刊》,第267期,1939年11月25日。
② 《中央大学档案》,第4399卷,第1页。
③ 《中央大学档案》,第4481卷,第5—6页。

留美空军队,退伍后申请复学的批示:

  查学生王兴楚原在本校农学院国艺系肄业。曾以日寇深逼、国事危急之际,应国家知识青年从军之召,于三十三年十二月考入航空学校留美空军队入学受训,现已退伍返京……钧处准予复学。①

金大、中大的学生在国难当头时挺身而出,难能可贵的是在退伍之后很多人毅然回到校园,重新进行学业的学习,无疑当为彼时"青年"与"学生"之楷模。

二、远征军中的中大、金大同学

在远征军组建、远征的整个过程中,为配合这一计划,国民政府军事委员会多次到各大学招录从军翻译人员,奔赴战区工作。从军同学保留学籍。在中大和金大的校史资料记载中,很多同学参加了当时远征军的招募活动并且成为远征军一员,承担任务,进行相应的作战。

严伯奎,1935年考入中大机械工程系,1939年毕业从军,后在缅甸任中国远征军通译官;王禹九,1937年9月考入中大政治系,1941年毕业从军,随中国远征军赴印缅战区;张素,1938年11月考入中大哲学系,在校从军,加入远征军第71军;洪宝顺,1939年10月考入中大机械工程系,在校从军,加入远征军第71军;孙树初,1939年10月考入中大机械工程系,在校从军,加入远征军第71军;许祖岐,1940年11月考入中大法律系,在校从军,加入远征军第71军;景振华,1940年11月考入中大生物系,在校从军,加入远征军第71军;杜梅荪,1940年11月考入中大机械工程系,在校从军,加入远征军第53军;周贵基,1940年11月考入中大电机工程系,在校从军,到滇西第八军美军联络组任译员;吴大惠,1940年11月考入中央大学机械工程系,1944年初应征印缅远征军译员,奔赴缅北前线;唐义方,1940年11月考入中大机械工程系,1944年初应征到昆明美军司令部担任译员。

---

① 《金陵大学档案》,第619卷,第96页。

第五章 众志成城 215

 图 5-7 严伯奎
 图 5-8 王禹九
 图 5-9 张素

 图 5-10 洪宝顺
 图 5-11 孙树初
 图 5-12 许祖岐

 图 5-13 景振华
 图 5-14 杜梅荪
 图 5-15 周贵基

图 5-16　吴大惠　　　　　　图 5-17　唐义方

现存的资料中,有两份 1942 年西南干部训练班发给中大的公函,相隔不过三天,连发两电,可见前线对于翻译人员需求之大。从第二份函看,第一份函中计划所招的十五人名额已经在三天内招满,也可以看出中大学生应征积极。其中第二份公函写道:"查本班前因外人入班受训,需要翻译人员迫切,曾经呈请军事委员会,转请教育部,向各大学征用英文系学生……计列贵校三年级生七人,四年级生八人,嘱即派员前往,领率遄赴祁阳县报到。"①

1942 年 5 月 29 日,中央大学文书组通告(第 44 号)公布了招纳翻译员的相关记载和实行办法,对参军学生学籍的处理办法做了较为详细的说明:

军委会战地服务团征调大学生充任外籍军事译员及招待办法

一、凡各大学征调学生(男性为限)充任外籍军事译员,须身体健全,思想纯正,英语娴熟,仪态端方,而能代表中国现代青年者为合格。

二、应征学生除各校外国语文系学生外,其他学院三四年级学生英语程度优良,并符合上项各条件而自愿参加工作者亦可报名加入。

三、应征学生应先检查体格,由各该校填发给及格证明书。

四、应征学生须在昆明入训练班受训,八周训练日期,自七月十

---

① 《中央大学档案》,第 4430 卷,第 130—131 页。

三日开始,学院必须于开课前赶来昆明报到。

五、训练期满,成绩及格,准予毕业,后由战地服务团推荐至航空委员会或其他机关担任翻译或招待工作。

六、受训期间,除由本团供给膳宿外,每人每月发给生活津贴国币一百八十元,自到达昆明报到之日起支,若由其他各省市来昆者,除由本团供给旅费(按照现行票价计算)外,在预计能到达昆明时日内,途中每日发给膳宿费国币十五元。

七、学员毕业后之薪给,依受训时之成绩暂定为国币一百四十元至二百元,其他津贴则依照所属服务机关之津贴规定。

八、学员毕业后之任免办法依照所属机关之任免条例办理之。

九、受训期间每人发给黄色制服一套。

十、受训学员须填具志愿书并须□□□保证人二名担保,或由原校当局予以保证。

十一、受训期间如遭中途退学情事,除还交一切费用外,并函告学校当局开除学籍。

十二、服务期间倘有中途离职或犯其他过失者,除去学校当局开除学籍外,并按情事轻重按军法处分。

十三、受训后成绩过差不能毕业者予以留班处分,留班受训时生活费亦不再发给。

十四、服务期间规定一年,至三十二年秋季始,□时得返回原校肄业,但愿继续服务者其原校学籍仍得保留。①

1943年12月6日,成都市市长余中英莅临金大,对青年学生演讲参加远征军的重要意义:"此次参加远征军之意义,至为重大,概言之,有三:一为吾人报效国家之适当时期。国家虽对学生一再缓役,乃所以使学生安心读书,专一学业,为国家之中柱,社会之栋梁,此种苦心,早为吾人所洞悉。兹值胜利在望,吾人报效国家此正其时。二为未来建军之基础。现在之军事更趋机械化,

---

① 《中央大学档案》,第4430卷,第155—156页。

早为诸君所深悉,今得身临其境,参加远征,非惟个人之阅历,有所增进,即将来功成归国,从事建军,亦有相当实际经验,亦即完成吾人自助助人之使命。吾国抗战中,盟国不断供给军火,接济供应,今得前往参战,比肩作战,自助助人之深诣,亦庶几近焉。"①听了余市长报告,学生情绪至为热烈,闻者为之感动,后有十多人去报名参加远征军。

中大对参军一事极为重视,除动员学生外,还鼓励学徒参军。如1944年1月24日,学校出具了保送本校附设技工训练班艺徒张东山等6人参加远征军的公函,并由学校派员验收入营,具体名单如表5-1所示:

表5-1 中央大学附设技工训练班志愿参加远征军学生名单

姓名	年龄	籍贯
张东山	二〇	安徽太和
王之江	一九	安徽棠县
李品贞	一九	河南信阳
汪川汉	二〇	湖北□阳
高德成	一九	河南□山
雷梦云	二〇	河南开封

中大的一些学生党员、进步学生如黎连汉、符家钦、张士焜、陈季子等也积极报名参加远征军,他们计划参军后在与西方友人接触中树立中共的正面形象。国民政府教育部训育委员会的档案中称共产党"指示应征党羽,应尽量向友邦人士宣传奸伪(对共产党的诬称——引者注)在抗战中之功绩"。②事实上,1944年也是许多西方民众对待中国共产党态度转变的重要一年,每一个为之付出努力的早期共产党人都功不可没。

1944年,金大校区党部、青年团与学生自治会联合欢送教导团远征同学,并请教育电影部,于十四日晚前往西较场教导第二团放映电影,招待全国受训同学,"军政部成都教导第二团,三月训练期满,结业典礼已于本月九日在北较场中央军校举行。受训学院按照志愿分发印度及国内各战场工作,本校同学

---

① 《金陵大学校刊》,第330号,1943年12月15日。
② 《中央大学档案》,第4435卷,第65—66页。

田振邦、王传召、邵云亭、李锷等四人,参加远征,日内即将飞印……本校区党部、青年团与学生自治会三团体,联合举办欢送大会,商请教育电影部,于十四日晚前往西较场教导第二团,放映电影,招待全国受训同学,欢送会于大操场上举行,在营全团官兵,全体出场,集合台前,齐唱党歌,声震霄汉……"①同学们希望不久的将来,在母校金陵大学的校园里,举行一个更盛大的祝捷大会,敬备丰盛的美酒,欢迎诸位勇士的胜利归来。

三、十万"青年远征军"中的中大、金大同学

1944年4月至12月,日军发动了豫湘桂战役,以国民党军的惨败而告终。丧失国土20多万平方公里,6000万同胞陷于日军的铁蹄之下,中国人民的生命财产遭受了巨大的损失。为应对紧急局势,国民政府号召全国知识青年积极从军,这支军队是以知识青年为主体的现代化武装部队,后称"青年远征军",简称"青年军"。中大、金大和金陵女子文理学院数以千计的同学踊跃报名从军,奔赴抗敌前线。中大校长顾毓琇此间为鼓励莘莘学子投笔从戎写下了诗篇《请缨》:"弦歌风雨忆鸡鸣,谩卷诗书乐请缨。四海干戈崇武德,八荒蓝缕启文明。黄花碧血千秋事,宝剑寒光十万兵。三峡楼船东下日,会看香雪上台城。"

1944年12月,中大向"教育部"、全国知识青年志愿从军指导委员会呈报了本校志愿从军工作推动情况:10月30日成立了"知识青年志愿从军征集委员会",由"校长顾毓琇兼主任委员,推定教务长张士一、训导长王书林为副主任委员,欧阳翥、缪凤林、张庆桢、杨家瑜、许恪士、金善宝、黄正铭、戚寿南、周鸿经、何义均、刘宝善、郑大源、郭□以、周承鑰、杜长明、关士瑞、陈邦杰、江良规、袁宗泽、翟楚为委员,并推定何义均兼总干事"②。学校教师有两天在上课时间分出十数分钟向学生讲解从军问题,增多标语布告等以加强宣传,利用报名从军之同学以发动其余同学,利用同乡会等组织发动全体同学。经过学校的宣传、讲解,学生报名踊跃,其中刘文典、于世斌、马桓祥、杨步墀四名同学参

---

① 《金陵大学校刊》,第338期,1944年5月5日。
② 《中央大学档案》,第4432卷,第160—162页。

加赴印度远征军。

中大呈报教育部报名从军的学生、职员名单,共 84 人,应征志愿有远征军政治工作人员训练班,有赴印度远征军,有空军。如表 5-2 所示:

表 5-2 中央大学知识青年从军员生名单

姓名	性别	院系及年级	应征志愿
严伯庥	男	法学院政治系四年级	远征军政治工作人员训练班
王浚	男	图书馆职员	远征军政治工作人员训练班
刘祖慰	男	政治系三年级	远征军政治工作人员训练班
高西铭	男	国文二年级	远征军政治工作人员训练班
李焕	男	水利系二年级	远征军政治工作人员训练班
谭伯鲁	男	哲学系二年级	远征军政治工作人员训练班
王世泽	男	水利系二年级	远征军政治工作人员训练班
沈铎	男	水利系二年级	远征军政治工作人员训练班
王安玺	男	教育系二年级	远征军政治工作人员训练班
徐思诚	男	航空系四年级	远征军政治工作人员训练班
李哲浩	男	同上	远征军政治工作人员训练班
丁鸿江	男	同上	远征军政治工作人员训练班
廖先荣	男	司法组一年级	远征军政治工作人员训练班
管彦深	男	航空系四年级	远征军政治工作人员训练班
卞伯雄	男	机械性四年级	远征军政治工作人员训练班
杨桑德	男	政治系四年级	远征军政治工作人员训练班
张正中	男	经济系二年级	远征军政治工作人员训练班
黄卓明	男	政治系四年级	远征军政治工作人员训练班
朱天覆	男	机械性四年级	远征军政治工作人员训练班
孙肃道	男	政治系四年级	远征军政治工作人员训练班
王效熹	男	同上	远征军政治工作人员训练班
赵天福	男	农艺四年级	远征军政治工作人员训练班
张天骏	男	机械性四年级	远征军政治工作人员训练班
余名谦	男	数学系二年级	远征军政治工作人员训练班

续表

姓名	性别	院系及年级	应征志愿
万桂一	男	司法组二年级	远征军政治工作人员训练班
吕鸿辉	男	同上	远征军政治工作人员训练班
钱曾□	男	水利系二年级	远征军政治工作人员训练班
吴本林	男	外文系二年级	远征军政治工作人员训练班
张志凌	男	史地系二年级	远征军政治工作人员训练班
方靖	男	机械性二年级	远征军政治工作人员训练班
张棣网	男	重专科三年级	远征军政治工作人员训练班
张金碧	男	水利系四年级	远征军政治工作人员训练班
舒先福	男	外文系二年级	远征军政治工作人员训练班
傅业奎	男	外文系二年级	远征军政治工作人员训练班
张鸿仪	男	外文系三年级	远征军政治工作人员训练班
朱重浩	男	经济系三年级	远征军政治工作人员训练班
高士□	男	司法组三年级	远征军政治工作人员训练班
陈文涛	男	重专科二年级	远征军政治工作人员训练班
李家镒	男	重专科二年级	远征军政治工作人员训练班
王金山	男	重专科三年级	远征军政治工作人员训练班
陈孝贤	男	政治系二年级	远征军政治工作人员训练班
朱式	男	司法组二年级	远征军政治工作人员训练班
胡造邦	男	教育系四年级	远征军政治工作人员训练班
周敬人	男	中文系二年级	远征军政治工作人员训练班
程冠汉	男	中文系二年级	远征军政治工作人员训练班
郭俊民	男	教育系三年级	远征军政治工作人员训练班
郑文郁	男	体育系四年级	远征军政治工作人员训练班
周培德	男	外文系三年级	远征军政治工作人员训练班
罗曼作	男	农艺系一年级	远征军政治工作人员训练班
段盛余	男	数学系二年级	远征军政治工作人员训练班
唐士元	女	医学院一年级	志愿参加
郭协万	男	电机系三年级	远征军政治工作人员训练班

续表

姓名	性别	院系及年级	应征志愿
刘文典	男	司法组一年级	赴印
于世斌	男	经济系一年级	远征军政治工作人员训练班
马植祥	男	水利系二年级	远征军政治工作人员训练班
杨步墀	男	数学系二年级	远征军政治工作人员训练班
翁永健	男	分校军训教官	志愿参加
张材栋	男		参加空军
杨正典	男	司法组	参加空军
幸济卅	男	会计室职员	参加空军
孙希鲁	男	电机系	参加空军
梁朝□	男	政治系	参加空军
杨君尧	男	航空系	参加空军
廖□网	男	电机系	参加空军
林维敦	男	电机系	参加空军
唐俊□	男	体育系	参加空军
黄希真	男	体育系	参加空军
戴广□	男	森林系	参加空军
薛志培	男	水利系	参加空军
刘宗□	男	水利系	参加空军
□景□	男	航空系	参加空军
周森佑	男	重专科	参加空军
王照中	男	化工系	参加空军
张正中	男	经济系	参加空军
罗维中	男	建筑系	参加空军
□远游	男	建筑系	参加空军
郭亨嘉	男	航空系	参加空军
朱云鹤	男	建筑系	参加空军
陈乐水	男	建筑系	参加空军
夏起晋	男	教育系	参加空军

续表

姓名	性别	院系及年级	应征志愿
胡海涛	男	地质系	参加空军
周纭之	男	水利系	参加空军
万树礼	男	教育系	参加空军
廖振戚	男	事务组职员	参加海军
合计		八十四人	

1944年12月1日《国立中央大学校刊》对率先报名的严伯庥同学做了报道："政治系四年级同学严伯庥君，籍县绍兴，故乡沦陷，即投笔从戎，转战三载，极著勤劳。严君闻征委会成立，即首先报名，舍身报国，再度从军，洵足为青年之楷模云。"①同期校刊上，顾毓琇校长对赴印的刘文典等四名同学进行了表扬、奖励："法学院司法组同学刘文典君，经济系同学于世斌君，水利系同学马植祥君，教育系同学杨步墀君，皆先后在征委会报名，惟诸君热血沸腾，急欲杀敌，又在青年志愿赴印远征军招待所报名，经检查身体合格，已于十一月十一日首途赴印。顾校长以诸同学壮志可嘉，特准发给三个月贷金，以示奖励云。"②

1944年12月18日，中央大学给教育部及全国知识青年志愿从军指导委员会的报告中，对从军学生人数进行了统计：

本校报名从军员生共计1104人

一、报名参加远征军者555人

（Ⅰ）男生490人

1. 报名参加赴印远征军者330人

2. 报名参加青年志愿远征军军政工班者148人（内入营者79人，候第二期参加者69人）

3. 报名参加青年志愿远征军者12人

---

① 《中央大学档案》，第2592卷，第164页。

② 同上。

（Ⅱ）女生65人

（1）参加青年志愿远征军军政工班第一期受训者33人，候第二期受训者18人

（2）报名参加女青年志愿服务队者14人

二、报名参加海军者45人

三、空军初试及格者19人

四、报名译员者485人①

同学们的参军热情十分高涨，在这一过程中，还有两封十分珍贵的史料能够证明这份热情。这两份史料记载的是爱国青年朱士林参军"先斩后奏"，因担心家里人不同意自己参军，所以瞒天过海，直到自己被选中当译员，才到昆明写信给家人。朱士林的姐姐朱琪一头雾水，因此写信给中央大学询问相关事宜：

舍弟朱士林（原在贵校工院二年级生）自昆明来函，云："最近在渝参加赴印通译员，考试得录取，现已离中大赴昆转印。"琪阅读之余，不胜惊诧。窃思家父母远在安徽，士林之亲人，仅琪一人而已。而渠此举，琪事前毫无所闻，是以目前不得不冒昧上陈，请予指示下述各条，以释琪疑。一、此次赴印之工作性质为何，由何机关举办，工作之对象为何？工作时期何多，能否自愿请求退出？二、离校后，对学籍为何处置，个人私物为何处置？②

中大给朱琪的回函："令弟朱士林爱国心切，登记应试，既经录取，不能退出，至于学籍，本校自当予以保留。"③

在泛黄的中大档案里，有一封中大远征军同学寄给母校的集体报告信，由

---

① 《中央大学档案》，第4432卷，第85—86页。
② 《中央大学档案》，第4410卷，第1页。
③ 同上书，第6页。

美军驻中印缅总司令部作战参谋部担任翻译工作的康义方同学执笔。信中报告了他们在昆明的同学训练、工作的情况,以及遭遇的坎坷经历,向斌南同学屈辱被捕等。信中还特意提到了作为翻译,和美国军人的关系,他们相处融洽、相互欣赏,而且建立了友情,是十分生动真实的史料。同学们的凝聚力、对母校的感情也溢于言表,可见当时中大人对学校的认同感十分强烈,文中还洋溢着乐观的精神,期待为抗战胜利做出一份贡献的热情:

别离母校,倏忽岁月,但沙坪的景色,松林的弦诵,仍时时深印在我们的脑际……这次奉派来昆的同学,人最多,约百余人,我们在此受过严格的战术及武器训练。初夏的骄阳,照遍了原野,热风吹起了黄沙,满天飞扬,天气是异常的干燥,我们踏着整齐的步伐,背着沉重的武器,子弹紧压在肩膀,走入了靶场,俯卧在野花开放的山麓,操演射击犀利的武器,口令一发,大家都聚精会神的瞄准了靶的。真如英勇的战士在向敌人发射,这紧张严肃的军人生活,激起了内心兴奋愉快的情绪,磨炼得黝黑色的面孔,强韧的筋肉,谁能相信这是刚离开学校怀抱的书生!

训练结束,责任便开始担起每个人的身上,为了工作的需要,同学们几乎全部离开昆明,佩戴着钢盔枪弹,走向滇缅边境,奔驰于茫茫的原野,陪伴着盟军官佐,在参加各种兵种——步、骑、炮、工、辎、机械化、通讯、化学、军医——的部队,来执行这"用脑制胜"的译述任务。驻军对我们是武器战术的讲师,战场上是军令联络的人员,翻译固是我们首要的任务,但在那炮火连天,杀声震地的英勇情绪下,激起内心的共鸣,译员充当了战士,大家都在以班定远马伏波的精神相期勉着。

盟军的军官,大半是年青、纯挚、活泼的学生,他们充满了热情、幽默。远离着他们的祖国,无疑地会感到精神上的孤单,我们这一群也怀着同样的心情,萍水相逢,并肩抗敌,国际友人情感的交流。这是时代的新页,工作上互相协助,知识互相交换,彼此间充满着融洽,快慰……

这次滇西缅北的反攻，同学们配合着英勇的国军，一起渡过怒江，在孟拱河谷，在密芝那前线，始终协同着盟军，在丛林原野中"出生入死"，肉搏鏖战……不久的将来我们定会与赴印的同学，在密芝那城中欢聚。①

　　1944年11月13日，金陵大学"知识青年志愿从军征集委员会"成立，"章之汶为该会主任委员，袁伯樵、柯象峰为副主任委员，蔡乐生、林蔚人、陈纳逊、倪尚达、孙文郁、黄瑞采为委员，袁伯樵兼任总干事，徐绍武、汪浩、陈宗文为干事……(学生)从军类别：(1) 志愿青年军——限男性，在国内受训，为增强反攻力量，争取抗战最后胜利之用。(2) 志愿服务队——限女性，受训后任志愿青年军中服务"②。学生奋起应征，情绪热烈，截至12月中旬，参加远征军已被录取者34名，飞印度受训者36名，录取为空军者34人。另有从军报名者88名，总数为158名，约占全校学生人数七分之一，内有助教二人。③

　　附图中具体名单：

空军录取同学

安凤岐	王　斌	胡永威	□□□	殳家豪	魏国声	朱贤敦	曾德禄
宋亦祥	熊世远	陈盛纲	石尔砥	吴其才	余其濂	杜焜明	郭格滨
马世匀	刘赐波	周世敏	段　谈	邹德森	吴季超	张纯鑫	唐映柳
萧相镛	蔡承督	陶锦华	袁世铣	徐干青	漆宗焕	王嘉荫	吴安然
程剑萍	柳志祥						

参加远征同学

王恒立	管荣法	韦文玖	宣相权	倪根发	张士俊	胥海熊	谢咸卓
余和清	李　灵	吴可杰	陶禄镇	王　朴	胡　靖	张玉馨	许维德
刘庶凝	范厚勤	陈炳雄	程礼松	王中和	梁绍信	萧奠宇	李孝达
纪峰波	傅秋馨	刘　俊	孙家欣	杨恩荣	刘以炯	章汝旦	仲肇培

---

①《国立中央大学校刊》，1944年4月5日。
②《金陵大学校刊》，第344期，1944年12月16日。
③ 同上。

吴寒光　李景坡　谢富恒　□厚□

青年军报名同学

祝源远	王世朴	林圣和	张大钧	赵荣琅	唐檠书	郁保罗	杨德林
沈永典	沈　栋	张太原	马树棠	王宜靖	蔡炳坤	罗丹俗	庄　瀛
程守源	赛长佑	冯佩瑛	李又郇	高申伯	蒋先明	奚　和	方　甫
吴赓娱	祝遐龄	汪洪元	章台华	刘洪开	孙怀祖	冯艺保	姚凤德
潘培馨	石恩赐	钱　敏	龚春霖	王　骏	陈舜祖	陈仪生	王　馨
聂开溟	朱荣光	戴明裕	刘开熹	潘永龄	高世雄	李祖德	张文诚
李应奎	戴涤欧	贝龙海	顾　涛	潘绪桢	廖时渊	刘凌曦	王芝棠
陶乃杰	渠川城	毛天锡	陈际浓	朱棣华	侯健存	陈启庚	佘斯盛
李宗泌	郭兆集	李民悠	易甲寰	杜大年	杨汉生	陈家麟	李景雄
许庆云	马本源	王才宏	唐天培	饶柏生	靳　亮	关致远	张文畅
马涤凡	刘选帖	黄承斌	王汝桢	邱文祁	王寿梅	程绪珂	阎永文

为了伸张正义、抵抗侵略,为了保卫国家、拯救民族,为了自由与和平,金大学生一车一车、一批一批地被输送到前线。金大在蓉的师生多次欢送同学奔赴疆场,场面热烈。如1944年11月20日下午,师生整队往教二团,发动热烈的欢送,"我们到了皇城坝……广场上聚集了戎装整齐的同志,各大学来欢送的同学将他们紧紧的包围在核心,金陵的健儿走出了队伍,感谢致意,相互交谈……大家的心紧紧的团结在一起,金陵的精神将由他们带向遥远的地方,在战场上,在最前线,继续永远的发扬光大"。12月8日清晨,欢送空军健儿出征,"坝上弥蒙着朝雾,同学们又在学生公社门前聚集,徐绍武先生特别忙碌,空军的勇士也都是球场的英雄,第一批出发的队伍中,一半是金陵的健儿,这是金陵的光荣,我们的情绪也就更要兴奋"。当天下午,同学们聚集在学校,"等候着远征军同学的光临,在激烈的炮声和狂热的人声交响中,远征的卡车开进了校门,在弥漫的烟雾里,戎装的勇士,雄壮的歌声,胜利的笑容,兴奋的表情,显现着他们内心的愉快,带来了对胜利的保证"。[①]

---

① 《金陵大学校刊》,第344期,1944年12月16日。

12月15日晚上,金陵大学21个团体在华西坝青年馆欢送远征军出征,陈裕光校长亲临现场,"为欢送本校远征军邵云亭等十余人行将踏上征程……晚六时半,假华西坝青年馆,由二十一团体同学发起举行欢送大会,到陈校长、蔡院长、章院长,及远征军同学邵云亭、应新绥、张才礼、王传召等二百余人……"陈裕光亲自赠给每位同学金大纪念册一本,作为留念。

金大的同学们参军后,也经常写信回母校,报告近期状况。金大学生参加印度远征军的有40多人,于1944年11月先后抵达印度。校刊上刊登了范厚勤同学从印度军中的来函:"金大同学同批来此者有三十一人,到(印度)汀江后,先批派入十四师者有陈炳、章汝旦、张士俊、王朴、胥海熊、李孝达、谢咸卓、胡靖、陶禄镇、吴可杰、陈礼松、倪根发……派入驻印宪兵队者有萧奠宇、刘庶凝、王中和、纪峰波、奚和、杨恩荣、孙子欣、刘俊、傅秋馨、仲肇培、吴汉光(应为吴寒光——引者注)及厚勤等十二人……此外尚有母校同学十五六人在此军区服务,大多做翻译官,或其他职务。被派入宪兵教育大队之十二位同学,将在雷多队本部受完十周军事训练后,再受两周驾驶训练期满,派入军区服务。"①

图 5-18 张廷鹏

图 5-19 张练斋

图 5-20 夏良哲

张廷鹏,1941年考入金陵大学电机工程系;张练斋,1944年9月考入中央大学化学工程系;夏良哲,1943年秋考入中央大学水利工程系。以上3人同

---

① 《金陵大学校刊》,第346期,1945年3月16日。

于 1944 年 11 月参加"中国青年远征军",编入驻印远征军战车二营,成为同一辆坦克上的战友,分别担任正驾驶、副驾驶和炮手。

金大学生纪峰波在抗战胜利后,给学校去函,信中报告了同学们在印度军队中的工作、生活,他们的工作受到盟友的好评,并表达了企盼回校继续学习的心愿:

> 在印度,我们这一批被编入当时的驻印宪兵队,受了两个月的宪兵训练,才开始在刚打过的史迪威公路上服务,后来我们编成了一独立营,我们的地区是从印北的阿龙密省的丁苏加、雷多、新平洋、南地,直到缅北的密支那,除了丁苏加比较不荒凉之外,其他全是蔽天的丛林里白昼听见的只有各式各样车辆的声音,晚上则只有凄凉猿鸣。
>
> 我们的责任是管理在印国军的军纪和史迪威路上国军车辆的秩序,我们这项工作在国军中却奠下了相当的信誉!
>
> 在军中我们仍然保持着金大活跃的传统……一般来说金大同学在军中的表现是优良的,可以告慰母校及一切校友的,尤其是与美军相处,一谈起我们是来自美国式教育的学府,更得到盟友的好评。
>
> 现在抗战胜利了,在举国欢欣之余,我们不能不想到我们是为抗战而从军的,但是今天胜利了,我们都迫切的希望,能重返金大,继续我们未完成的学程,尤其是想到金大快迁回南京旧址,重温旧梦,这是一件多么愉快的事。①

金大校刊为抗战应征的同学特意开辟的专栏,刊登军中来鸿,报平安,同时向在校同学介绍他们的情况。专栏内容多为转载从军同学的亲笔书信,感情真挚,记载的内容也很翔实,可以了解当时远征军的伙食、行军、住宿条件和参军同学的亲身感受,是十分重要的史料。以下为众同学签名的报平安信正文:

---

① 《金陵大学校刊》,第 354 期,1945 年 12 月 16 日。

我们已先后于昨前二日全体安抵印度汀江新营,数日后将再迁移,每日二餐自理,菜有红苕及罐头牛肉,生活尚佳,勿念,祝好!陶禄镇、倪根发、李孝达、王中和、管荣法、张士俊、范厚勤、章汝旦、谢咸卓、王朴、吴可杰、陈炳雄、程礼松、许维德、余和清、刘庶凝、李灵、胥海熊、胡靖、宣相权、刘以炯、梁绍信。十一月二十七日。通讯处:印度军邮五〇一局会字九六七号附四五号。①

还有一封是成都来鸿,这是应征为译员的金大学生王河林写给老师的信函,其中介绍了远征军翻译的大致情况,并且抒发了自己对未来世界局势的看法以及远大抱负,十分有见地。作为一名金大学生,作者对自己的专业功底也十分自信,可见对母校的认同之情和自豪之情:

五月六日奉派至新津第五招待所任翻译工作,该所成立伊始,故倍形忙碌,致久未握笔修函致候,请恕谅……五所(新津第五招待所——引者注)工作除受业外,尚有农经系李允真,地质系严济南二同学,皆与生同处。初来时唯恐力有不逮,但及开始工作会话后,尚未发生问题,且工作愉快胜任。于今思之,不得不感谢在校之诸师长……生等做事认真,且行动谨慎,远过于其他未受训之译员,于才学于风度,任何方面其他译员实难与生等相较,尤其重庆译训班之同学,团结异常,但希我师赐正为感!②

此外,金大应征译员同学在训练营的生活实录亦是宝贵的资料,十分详尽,十分有生活气息。一周的新生活,让当时还是大学生的他们充满新鲜感,对未来为国效力也充满了期待。此外,由这份实录可见当时训练营的待遇、课程具体安排,乃至学员具体人数,这些都是研究抗战史的珍贵资料。应征同学周文楷从桂林来函:

---

① 《金陵大学校刊》,第344期,1944年12月16日。
② 《金陵大学校刊》,1944年7月9日。

我们首批赴桂林一行十八人,在三月廿五日上午十时由渝乘机飞桂,我们浮过了云海,穿过了云山,在下午一时许,安抵桂林,由美国陆军派车接我们去东南干部训练团,这就是我们现在所在的地方,廿六日是星期日,我们进城尽情的玩了一天……

我们现在步兵训练营受训,有三星期武器,三星期战术的训练,现在开始步枪训练,三天□□,三天打靶,每天实足八小时的训练,假使打靶,那么午饭就在靶场上吃,昨天为第六天,我们射击的成绩,都还不差,比他们营连排长,并无逊色,下星期我们要到机枪组去,相信会使我们感到更大的兴趣的。

我们每天晚上还上夜课,由团本部选出几位大学毕业生来当讲师,他们受过好的教育,自然彬彬有礼,我们的夜课分成几个小组,每组五人,每天谈一个题目,相信不出二周,我们的英语,会有长足的进步。会话方面,并无多大闲杂,美国人也学习中文,大多数美国教官,已能用中文发简单口令了,但较复杂一点的中国话就常闹笑话,不过其中也不乏精通翻译的……

再谈一点衣食住行,(1) 衣服:是由公家供给,桂林现在是雨季,所以我们每人发了一件雨衣,下雨时披在身上,打靶做卧姿时,便垫在墙上,可说极尽"物尽其用"的能事了,星期日外出可以穿便装。(2) 吃饭:每日三餐,菜饭均佳,吃得饱,够营养,口味虽比较单调,但星期日可到桂林去调剂一下,水果也很多,广柑、香蕉、荸荠、甘蔗等应有尽有。(3) 住:我们的宿舍便在相思江旁,床铺与学校里一样,是双人床,下铺棕垫非常舒适,因为电力不足,晚上只好用柴油灯,光线还可以,洗脸洗澡都很方便。(4) 行:因为是雨季,地上常是很溜,同时因为池□,鞋子很容易损坏,桂林城并不大,所以没有公共汽车,人力车费很贵,平日很少空闲,不便去桂林,星期日若是下雨,却又懒得走泥路。

以上是我们在干部训练团一星期的生活,我们是派在作战参谋部,受训完毕便要赴各战区随军通译,那时将会有更新的资料报告给诸位师长与同学们的。①

在现存资料中,还有一封金大同学从印度写给校长陈裕光的信:

本年四月四日,奉外事局命以译述工作人员之职,服役祖国驻印远征军,七月以还,并肩于盟军行伍之中。恭逢中华六十年来历史战事,晨夕兢兢,赴事冀得厥尽微力,为国家效犬马之劳,为母校争荧荧之光。亙日偬偬,既有伏案执笔,摇鼓唇舌之职责,且兼铁马金戈,沐雨栉风之艰辛,睽之向日华西坝上生活,自不可同日而语,而中西人士,风尚迥殊,习性亦异,恒以细故隔膜不通,是以于此间除室内教堂、室外操场、野外作业场外,尚得奔走于中西将士间之交际场。生于此间穷力相应,颇得好评,此殊是无愧于鼓楼金陵,足堪告慰于吾师及母校诸同学者也。

前应外局试前,曾由校方布示,服务期为一年,厥后离渝来印,局长商面谕译员,由大学征取者,一年后得向机申送外出求学。周前承孟买及加尔各达总事示,译员出国手续事,理宜由本校寄出成绩单及服务军队证明书,欲赴美何校何期,经由原校寄来各项证件,由此间美方知名之士作函介绍,再由美方学校回电许可,则领馆发给护照,立可成行。因我校向与康奈尔为姊妹学校,生意欲经转该校改习政治,重读新生课程,谨是函信吾师,乞将生三年来成绩单及转美康奈尔大学公函一件,径寄驻印军五〇一局王局长收,转(航快挂)外,生自打身份证明书一件(为郑总领事所告知如是进行较顺利,因美方向来较重军人之习尚故也。)至乞。②

---

① 《金陵大学校刊》,1944年6月16日。
② 《金陵大学档案》,第1518卷,第9—11页。

第二节 捐款捐物 支援抗战

战争年代总是物资匮乏,尤其是对于前线士兵,物资供给也是决定战争成败的重要因素之一。而对于当时的中大、金大同学来说,报国热情虽然人人满腹,但如果全员投入革命、参军,无疑又是不现实的。因此,捐款捐物来支援抗战是当时中大、金大同学最主要的爱国活动形式。全校上至校长老师、著名教授,下至普通同学,都以极高的热情在后方组织捐款捐物的活动,活动形式的多种多样也赢得了令人瞩目的活动效果。在现在可以寻找到的史实资料中,工资捐助、寒衣运动、话剧宣传、名师艺术品拍卖是主要的集中募捐形式。事实上,在那个贫瘠的年代,覆巢之下,安有完卵。中大、金大老师和学生们本身的条件环境已是十分艰苦,但他们仍旧节衣缩食,为保卫国家的战争竭尽心力,而这正是中大、金大作为南大前身,所体现出的诚朴雄伟的精神在那个时代的缩影。此心不灭,弦歌永续。

抗战全面爆发后,中大和金大虽迁至后方,但全校师生抗战热情高涨,多次举行募捐、义卖活动以支援东北义勇军和华北抗日将士。

1938年10月,成都各界念及"前方将士浴血奋斗,顶踵捐糜,捍卫邦家,精诚所至可裂金石,当兹天气渐寒,后方民众咸营冬衣而前线将士犹衣衾单薄,无以御寒"①,遂征募寒衣十万袭,学校师生积极响应。金大校长陈裕光、中国文化研究所所长李小缘等人组织金陵大学寒衣捐募会,发起征募寒衣运动。

1939年6月27日,金大于校长室召开行政委员会,出席者有:陈裕光、毕律斯、章之汶、陈长松、王绶、刘乃敬、徐绍武、倪青原、李方训、柯象峰、李小缘、刘国钧。会议决定,从前援绥款中拨650元捐助国际救济委员会,并以金大、中大、金女大、华大和齐大五所大学的名义制作锦旗一面,以慰劳空军将士。另外,在援绥款中拨150元捐助基督教负伤将士服务协会组织的学生暑期服务团。刘国钧先生还提议,下学期开始时,教职员一次在薪金内扣除若干专门用作爱国捐款。

---

① 《金陵大学档案》,第227卷,第201页。

1940年重庆"九一三"空战以来,中国将全部空军主力集中于成都附近,以捍卫大后方领空。面对敌机的狂轰滥炸,后方民众意识到加强中国空军力量的紧迫性。于是四川民众发起了轰轰烈烈的"献机运动"。1941年1月,教育部通令各地中等以上学校,捐献"青年号"飞机,金大学生踊跃捐款。至1月10日,就已募得近500元。

国难当头,人人有责。爱国艺术家们也以各自的方式表达爱国之心和民族气节。为募集抗战捐款,中大艺术系教授徐悲鸿于1938年10月开始,在东南亚举行了三年多的筹赈画展。他痛感国难深重,希望"能凭借画笔,为国家抗战尽责任"。1941年4月,他将出国讲学和举办画展所得40万元全部捐献国家,支援抗战。

在那个苦难的岁月里,兵燹战祸尚未消,天灾饥荒又袭来。1942年夏到1943年春,河南发生大旱灾,成千上万的灾民被饿死,流离失所流离他乡。金大同学忧心同胞,特由三民主义青年团金大分团发起募捐,同学们无不慷慨输将,不数日便募集法币一千七百五十三元七角捐给灾民。

1941年,中大农学院教授梁希、金善宝在《新华日报》上看到为八路军捐衣的消息。平时生活十分节俭的两位教授立即拿出100元,由金善宝从沙坪坝带到六七里之外的新华日报社。次日,新华日报便刊登一则新闻:"梁、金先生各捐赠抗日战士寒服款一百元。"①

1944年,中大师生心系国家安危,发起百万献金运动,并于7月9日校庆纪念会上呈献政府,支援抗战。② 同年9月,中大体育考察团捐献前方将士12 067元。截至1945年5月,金陵大学的师生在劳军献金运动中,共计募捐31 800元。

面对艰难的战时环境,中大和金大的师生们毫不气馁,节衣缩食,多次为抗战捐款捐物,表现出极高的爱国热忱。以下是留存下来的当年各种报刊对他们爱国活动的一些记载。

---

① 金善宝:《我和梁希教授同住一室的日子》,《梁希纪念集》编辑组编:《梁希纪念集》,中国林业出版社,1983年,第17页。

② 《国立中央大学校刊》,1944年7月9日。

1. 1937年6月至1938年1月,中央大学及牙医专科学校为购买飞机进行了捐款,"本校暨国立牙医专科学校教职员飞机捐业经解至二十六年五月份在案,兹将二十六年六月份至二十七年一月份飞机捐款共计国币一万四千四百十八元一角四分连同名册八份备函上……银行支票一纸计国币一万四千四百十八元一角四分,名册八份"①。如表5-3所示:

表5-3 捐款明细表

解付飞机捐数目表　会计室抄			
年	月	本部/元	牙校/元
1937	6	2548.41	89.65
1937	7	2504.91	86.90
1937	8	2593.59	87.50
1937	9	1288.14	26.72
1937	10	1288.40	26.52
1937	11	1264.24	26.62
1937	12	1282.16	26.52
1938	1	1287.44	26.52
		14057.29	360.85
			(＋)14 057.29
			(＝)14 418.14

2. 1938年5月,中大全体学生节衣缩食,共募得200元,捐至中国红十字会驻汉口办事处用作前方伤病将士医药费之用。红十字会总会驻汉办事处回函:"贵校来函,附全体学生节食捐款贰百元并承指定用途作为救护前方伤病官兵之医药费用等由,自当遵嘱,妥为分配,以副厚望。查贵校全体学生热心国事,嘉惠受伤官兵,节食捐款,尤为难能可贵,无任钦佩。"②

3. 1940年2月29日,中大为响应全国春礼劳军运动,募集了2147.74元及生活用品。

给全国慰劳抗战将士委员会总会的函称:"事关慰劳抗战将士,当即遵嘱

---

① 《中央大学档案》,第4766卷,第374页。
② 《中央大学档案》,第4767卷,第64页。

组织本校春礼劳军运动筹备委员会积极进行,现已征募完毕,计征得礼金贰仟壹佰肆拾柒元柒角肆分,礼物计毛巾壹佰壹拾条、羊毛衫壹件、长裤壹条、短裤贰条、牙刷贰把、药皂壹块、牙粉拾贰包、邮缄壹个,相应一并函送上。"①

4. 1941年3月,中央大学为前线青年号飞机捐款国币5511.11元,表5-4是中大训导处制作的统计表和中国航空建设协会总会的收据的汇总。

表5-4 国立中央大学青年号飞机捐款统计　　　（单位:元）

分部\金额	共捐金额	开支金额	结存金额	附注
校本部	4069.99	354.78	3715.21	演剧先后用去大洋354.78
柏溪分校	1858.35	154.95	1703.40	捐册一本计洋850.35,又游艺会售票(除付开支154.95)853.05合计如左数
成都医学院畜牧专科	92.50		92.50	
总计	6020.84	509.73	5511.11	

5. 社会福利行政当时在欧美各国已基本普及,中国尚付阙如。社会福利作为中国新兴事业,当时政府社会部会同各方积极推进此项工作。1941年《申报》上刊登了金陵大学创办社会福利行政组的新闻:"金陵大学为应用目前需要,经与教育部、社会部商妥,特于今年秋季创办社会福利行政组。社会部并予协助聘请留美社会福利行政专家陈文仙博士为主任,现已招足学生。上月二十二日正式开课,目前为实验性质,定明年扩充为系,专进而扩充为社会福利行政学院,大量培植社会行政人才,以应国家之需要。"②

6. 1942年,教育部为高校颁发捐献"青年号"飞机奖励证书及匾额,其中有国立中央大学。教育部电:"查前发各该校奖品除上海国立交通大学外,早经令发并分别函复电知在案准函前由,除分别转发并系电外,合亟检同匾额一件,随电附发,仰即祗领,敬谨保存在校公布,并将受到日期呈复备查为要。"③

---

① 《中央大学档案》,第4769卷,第57页。
② 《申报》,1941年10月17日。
③ 《中央大学档案》,第4771卷,第64页。

7. 1944年7月,桂林同学会为老师捐款12.8865万元,"桂林毕业同学会六月三十日电朱教育长略谓:'由大同银行电汇敬师献金十二万八千八百六十五元'等语。朱教育长除电谢外,即将该项献金送请本校教授会处理云"①。

8. 1944年9月13日,中大捐资2000元,响应"全国慰劳抗战将士委员会总会"代办手帕、毛巾等物资,慰劳前方将士,"贵会大函嘱发动捐献手帕、毛巾以慰劳前方将士等由,准此,兹特由本校同仁捐款国币二千元随便函送上,敬希贵会代办,汇运前方,以资慰劳"②。

9. 1944年10月,由冯玉祥任主任,吴铁城、张治中任副主任的"新生活运动促进总会伤兵之友社总社"发函中大,希望发起征募运动帮助伤兵。10月31日,中大回函并捐助五千元:"贵会本年十月十七日友渝字第二一〇七号公函,为发起征募伤兵之友捐款,嘱发动所属广为捐助等由,准此,兹特由本大学捐助五千元。"③

10. 1944年12月25日,中央大学致"中国妇女慰劳自卫抗战将士总会"函,回复征募慰劳过境出征部队相关事宜,表示大力支持:"贵会卅三年十二月八日大函,为发动征募慰劳过境出征部队十万件物品运动,嘱踊跃输将,以励士气……查本校函由学生自治会、女同学会、中国国民党中大区党部、三民主义青年团中大支团部合组过境国军慰劳委员会,现正积极进行筹备中。"④

11. 1944年12月9日,中大向由陈诚担任会长、谷正纲担任代会长的"全国慰劳抗战将士委员会总会"捐款2000元,慰劳总会回复:"贵校交由中国银行汇来七七劳军捐款国币贰仟元,当经如数解交国库以备统筹解汇前线。贵校同仁爱护将士,慷慨输捐,至深感佩。"1945年2月8日,中大再次向慰劳总会捐款411 704元,慰劳总会回复:"贵校三十四年二月八日来函,略以响应劳军运动计募集捐款肆拾壹万壹仟柒佰零肆元及实物等件嘱查照。等由。□会贵校热心劳军,慷慨输捐,爱国热忱至深感佩。"⑤

---

① 《国立中央大学校刊》,1944年7月9日。
② 《中央大学档案》,第4771卷,第53页。
③ 《中央大学档案》,第4471卷,第184页。
④ 《中央大学档案》,第5819卷,第106页。
⑤ 《中央大学档案》,第4778卷,第38—45页。

12. 中大体育考察团在考察结束后,将"余款壹万贰仟另陆拾柒元捐献前方将士",其他全部舞蹈服装及室内体育器具则捐赠学校体育系使用,留作永久纪念。

13. 中大为开赴黔桂前线部队过境募集现金及物品约三十余万元,此为"全国慰劳抗战将士委员会总会"的复函:"(中大)募得现金及物品约共三十余万元,嘱本会指定日期及部队驻地以便前往慰劳。等由准此。查迩来南岸过境国军,皆系接防部队。"①

第三节　科教救国之"九三学社"

1939年春,中央大学教授梁希、潘菽、金善宝、干铎、李士豪、涂长望等人,自发组织起"自然科学座谈会",讨论自然科学与抗战的关系。1944年11月,许德珩与梁希、潘菽、涂长望等响应中共"成立民主联合政府"的主张,联合重庆文教、科技界的部分人士,以民主、科学为宗旨,发起了"民主科学座谈会"。1945年9月3日,民主科学座谈会更名为"九三座谈会",以纪念中国人民抗日战争的胜利和世界反法西斯战争的伟大胜利。1946年5月4日,源于自然科学座谈会的"九三学社"在重庆举行成立大会。中央大学教授潘菽、涂长望、李士豪当选为理事,梁希当选为监事。

图5-21　中大森林系教授梁希

图5-22　中大心理系教授潘菽

图5-23　中大农艺系教授金善宝

① 《中央大学档案》,第5819卷,第99页。

图 5-24 中大气象系教授涂长望　　图 5-25 中大水利系教授李士豪

一、中大教授自发组织的"自然科学座谈会"

《新华日报》成了中央大学的教授们了解局势的重要途径,农学院的梁希教授更是"饭可一日不吃,《新华日报》不可一日不读"。心理学系潘菽教授的长兄潘梓年时任新华社社长,潘菽、梁希他们经常去新华社听取形势报告,借阅进步书刊,与新华社建立了经常性联系,了解到全国的抗日形势和共产党的路线、政策与主张。潘菽在回忆录中说:"我从这方面的关系得到了处在国家、民族的大灾难时期所需要的光明和鼓舞,也使我增加了对党的认识和向往。我的老兄负责《新华日报》的工作。我常去看他,因而也比较常去新华日报馆,结识那里的一些同志,如章汉夫、吴克坚、石西民、熊瑾玎、乔冠华、于刚等。我以和老兄的兄弟关系去那里并和他们联系比较方便,他们也不把我看作外人。他们有什么过节联欢会或纪念会或庆祝会都邀我去参加,当然也邀别的人。因此,延安方面的一些重要消息或言论或文件,我也比较容易听到或看到。也由于这种关系,常驻在重庆的党内领导同志,如周总理、董老、邓大姐,我也较有机会能看到。因而我逐渐靠拢了党。"

不久,金善宝、干铎、李士豪、涂长望等教授先后加入进来,甚至邻校重庆大学的谢立惠、税西恒教授,以及附近工厂的钱保功也加入进来,大家聚在一起举办座谈会,交换意见,每次结束时都约定下一次再谈,这样就形成一个经常性的座谈会——"自然科学座谈会"。虽然座谈会名称不保密,但参加的成员是不公开的。

当时,周恩来领导的中共南方局非常关注争取科技文教界的高层人士,要求潘梓年开展这方面的统战工作。于是,"自然科学座谈会"得到中共南方局负责人周恩来、董必武、章汉夫、潘梓年的亲临指导,"自然科学座谈会"的成员开始学习唯物辩证法和自然辩证法,树立了全新的人生观和抗战必胜的信念。

1941年1月,发生了震惊中外的"皖南事变",之后的形势急转直下,国统区充斥着白色恐怖,"自然科学座谈会"由高潮走向低谷。大家认识到,仅仅停留在局部和少数人中的活动,难以维持和发展,要实现救国救民,必须将爱国活动和组织推上社会,团结大多数,打开新局面。

二、从"民主科学座谈会"到"九三座谈会"

1944年下半年,日本侵略者对我国西南地区发动新的进攻,国民党军队又刚经历了豫湘桂大溃败,而当时国统区经济、军事、政治危机全面加剧,中华民族再一次面临生死存亡关头。重庆科技、文教界的民主人士在抗日民族统一战线的感召下,纷纷组织社团,联合分散的力量,"施压"国民政府进行民主政治改革,凝聚力量抵抗日本侵略者,民主运动高涨。年底,中共提出的"成立民主联合政府"的主张得到全国人民广泛响应,抗战胜利的局势也日渐明朗,以会餐的形式聚会交换看法已经不能满足需要,成立固定的永久性组织的时机日渐成熟。

11月,重庆一部分文教和科技界人士许德珩、潘菽、梁希、张西曼、黎锦熙、涂长望、黄国璋等,发起了组织"民主科学座谈会",主张"团结民主,抗战到底",发扬"五四"反帝反封建的精神,为实现人民民主与发展人民科学而奋斗。

经周恩来、潘梓年授意,"自然科学座谈会"的部分成员,由潘菽介绍,先后以个人身份参加"民主科学座谈会",构成了该会的主体。该会的成员包括自然科学和社会科学两方面的学者。

这一时期,座谈会主要有以下三个特征。其一,座谈依托的形式主要是聚餐,因为在当时"特务横行的情况下","聚餐比聚会风险小一些",一旦遇到特务闯入,"一桌饭菜可作掩护"。此外,当时因重庆交通不便,参加座谈的人员往往居住分散,活动一次耗时甚长,在这个过程中就涉及要解决人员吃饭的问题。利用聚餐作为开展活动的形式在民主人士中比较流行。在座谈会存续期间，聚餐座谈的地点也是不固定的。其二，每次聚餐座谈的主旨都与民主和抗战有关。比如，许德珩回忆座谈会主要"讨论民主与抗战问题"，潘菽说座谈会的口号是"民主团结，抗战到底"等。这是当时知识分子阶层忧国忧民、寻求抗战救国道路绕不开的话题。其三，座谈会相当松散，没有固定的召集人和组织机构。这种"不定期的聚集座谈属于自发的组织结合"，成员有进有出。座谈会对成员并没有约束机制。

1945年9月3日，国际反法西斯战争宣告胜利结束，中国人民经过十四年艰苦卓绝的斗争取得了胜利，"民主科学座谈会"在这一天借重庆青年会会址举行庆祝。鉴于战后中国面临着"两个中国之命运"的决战，座谈会的同志感到斗争的道路方长，而战后各自都要回到自己原来的地方去，有必要建立永久性的组织以加强联系，团结奋斗，决定扩大成员，建立组织，以"九三"这个日子给组织命名，称"九三座谈会"。于是"民主科学座谈会"正式更名为"九三座谈会"。

随着抗战的结束，内迁的机关和学校即将复员，座谈会的成员将各奔东西，"九三座谈会"能否继续维系和存在？"九三座谈会"陷入了进退维谷的境地。

三、永久性组织"九三学社"

1945年重庆谈判期间，毛泽东会见中央大学进步教授代表，应邀出席的梁希、潘菽、金善宝、熊子容、涂长望等向毛泽东介绍了"九三座谈会"的情况及其面临的困境。毛泽东高屋建瓴地阐述了国内外形势以及发展趋势，让在座的几位教授信心倍增。针对座谈会的成员想建立永久性的组织，而又有人数少的顾虑，毛泽东勉励说："人数不少，即使人数少也不要紧，你们都是有影响的代表性人物，经常在报上发表文章，不是也起很大的作用吗？"毛主席的启发和鼓励，对"九三学社"的正式建立有决定性的影响。毛泽东后来还安排会见了"九三座谈会"的负责人许德珩、劳君展夫妇，明确建议"九三学社应办成永久性的政治组织"。

在周恩来的指导和协助下，1946年1月9日，成立了"九三学社筹备会"。"九三"是9月3日，抗战胜利的日子，具有政治性；"学社"有明显的学术性，以利于团结广大知识分子。1946年5月4日,"九三学社"在重庆青年大厦正式召开成立大会。大会发表宣言,提出八项基本主张、三点时局意见,阐明建国的理想与途径,以及对政治、经济、学术文化的见解,决心为争取国内和平民主做出不懈的努力。大会选举产生"九三学社"首届中央理事和中央监事,中央大学的潘菽、梁希分别担任两个最高职务,即中央理事和中央常务监事。

潘菽、梁希再次介绍"自然科学座谈会"的大批成员以个人身份加入"九三学社"。之后"九三学社"总社迁往北京,社员亦大部分离开四川,许德珩负责上海"九三分社",梁希、潘菽负责南京"九三分社",谢立惠主要负责重庆"九三分社"。

1944年春天,潘菽和涂长望等教授发起组织"中国科学工作者协会",并通过"国际科学工作者协会"的重要成员、英国学者李约瑟与"国际科学工作者协会"取得联系,得到全国近百位科教界知名人士的赞同和参与。1945年8月"中国科学工作者协会"正式成立,主要负责人是时任中央大学气象系主任的涂长望,科技界人士聚会、议事、活动的主要阵地就是中央大学。中国科协的工作得到了中共南方局和周恩来等人的肯定和支持。科协成为"九三学社"借以联络、团结、发展科技界人士的重要机构。后来潘菽等又将协会成员推荐为"九三学社"成员。

四、"九三学社"成员的抗战事迹

在侵略者猖狂、国民党独裁、民众科学精神匮乏的旧中国,继承了"五四"精神传统的"九三学社"自源头起就举起了爱国、民主与科学的大旗,竭力发出自己的时代呼声。中央大学的这些教授们积极参与到抗日救亡的运动中,为抗战的胜利做出了卓越贡献。

尽管身处后方,中大的这些教授仍然不遗余力地加入抗战的工作中。有一次,延安革命根据地急需西北地区气象资料,涂长望不仅提供了所需的资料,还赠送了大批气象书籍;金善宝为延安提供了农业技术资料和良种。1941年皖南事变爆发,"自然科学座谈会"的成员毅然前往新华社公开表示他们的慰问、哀悼、愤慨和谴责,梁希和金善宝更是为抗日战士置办寒服各捐赠一百元。

皖南事变的发生,让梁希看清反动派的狰狞面目,他不畏形势险恶,以读书笔记的形式发表了《用辩证法观察森林》一文,指出"依照自然规律,正在腐朽的旧枝叶,早晚要消灭的。它不过是苟延残喘,做最后之挣扎罢了……林学家要认识树木本身的内在矛盾,把它揭露出来,应该留的留,应该剪的剪,此中没有调和妥协的可能"。他以敏锐的目光洞察到革命必将胜利、反动势力必然为历史所淘汰的唯物历史观。周恩来高度赞扬这篇文章,赞扬作者善于联系实际,充满时代战斗气息。

潘菽在九一八事变后走出了象牙塔,投身于火热的抗日救亡运动。1933年5月,长兄潘梓年——上海"左翼文化总同盟"书记兼中共江苏省委机关报《真话报》的总编,被叛徒出卖而被捕,同样被捕的还有丁玲女士。潘菽奔走呼号,极力营救,敦促当局释放,又以家属身份前往探望,送医送药,传递外界消息,鼓励他们保存体力,坚持斗争,直到最后营救出狱。季种朴因组织发起"学生抗日救国会"被国民党以"危害民国"罪逮捕,潘菽出于正义感和抗日救国的爱国热情,不顾个人安危挺身而出,以知名教授的身份、个人生命及家庭财产保释他出狱。潘菽在"九三学社"的发展和成立的过程中更是发挥着举足轻重的作用。他依靠其兄潘梓年和中共建立了密切的联系,促进了"自然科学座谈会"的形成;加入郭沫若、钱俊瑞发起的"中国学术研究会",将得到的延安方面的信息和有关共产党的方针、政策及主张向座谈会成员传达;1944年,潘菽又和涂长望等教授发起组织"中国科学工作者协会",后来又将协会成员推荐为"九三学社"成员;1944年,潘菽同许德珩、税西恒共同发起成立"民主与科学座谈会";1945年,正是在潘菽的倡议下,"民主与科学座谈会"更名为"九三学社";在筹备"九三学社"过程中,潘菽根据周恩来建议,先后介绍"自然科学座谈会"成员及其他一些科技界高级知识分子参加"九三学社",对形成"九三学社"组织特色起到决定性作用。

第四节 欢庆抗战胜利

1945年2月,苏、美、英三国首脑斯大林、罗斯福、丘吉尔及其外长在苏联克里米亚半岛的雅尔塔举行会议,讨论欧洲战后处理和对日战争问题。4月25日,苏军和美军在易北河畔胜利会师。4月30日,德国法西斯头子希特勒自杀身亡。5月2日,苏军占领柏林。5月8日,德国代表在向苏、美、英、法四国无条件投降的投降书上签字。至此,欧洲战争结束。在东方,日本法西斯的失败,已为期不远了。

一、联合国制宪会议

为加快取得反法西斯战争的最后胜利,解决战后的重大问题,维护国际和平及安全,1945年4月25至6月26日,50个国家的代表在旧金山举行联合国制宪会议,标志着联合国这一国际组织的诞生。中国作为联合国的创始成员国,中文从一开始就被确定为联合国工作语言之一,杨兆龙受命承担了《联合国宪章》中文本翻译工作。他翻译的《联合国宪章》至今仍是中文规范译本。

6月26日,联合国宪章签字仪式在旧金山退伍军人礼堂举行,由于中国的英文名"CHINA"头一个字母排在各发起国之首,中国代表团第一个在《联合国宪章》上签字,当时使用的是毛笔以中文签署。金陵女子文理学院(1951年并入金陵大学)校长吴贻芳作为中国代表团成员,在《联合国宪章》上签字,她成为在《联合国宪章》上签字的第一位女性。

二、欢庆胜利

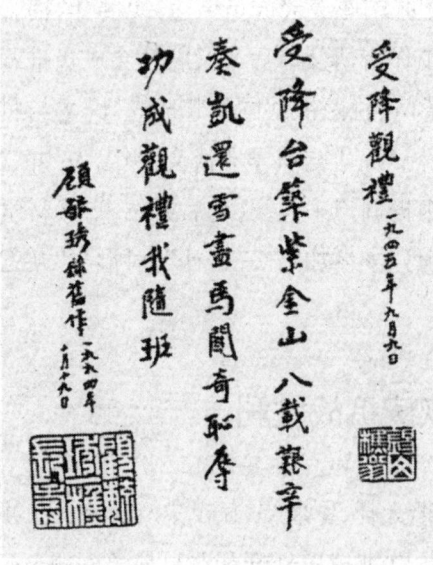

图5-26 顾毓琇手迹:受降观礼

1945年8月15日,日本宣告无条件投降,同日晨7时,中、美、英、苏四国同时在各自首都官方各大报纸上宣布此消息。《大公报》以"日本投降矣!"向全国民众宣布了这个喜讯。9月2日,举行向同盟国投降的签降仪式,日本对盟国投降的签字仪式在东京湾的美国战舰"密苏里"号举行。

9月3日,重庆隆重举行"陪都各界庆祝盟国胜利大会"。后来,这一天被确定为中国人民抗日战争胜利纪念日。同日,毛泽东在《新华日报》上为抗战胜利题词。9 月 9 日上午,中国战区受降仪式在南京原中央军校大礼堂举行,受降仪式只有短短的 15 分钟,中国人民却为此奋战了整整 14 年。刚刚卸任中央大学校长职务的顾毓琇,作为中国知识界的代表,以中将参议的身份参加了中国战区受降仪式。

  中大、金大师生与全国人民一起迎来了民族解放的伟大胜利,师生们沉浸在久违的喜悦之中,举行各种形式的庆祝活动。8 月 10 日夜 10 时,获悉抗战胜利的消息后,中央大学学生二三百余人手持火把上街游行,燃放鞭炮,庆祝日本无条件投降。8 月 15 日,成都华西坝的同学们,在校园里开展庆祝活动。8 月 17 日,"五大学"的同学们经过准备,打着旗子,举着火把,涌进市区繁华街区,与百姓一同庆祝抗战胜利。

第六章　中央大学的东还复校

经过八年的离乱，中央大学师生归心似箭，急切盼望返京复员①，重建校园。

1945年8月，教育部任命吴有训为中央大学校长，他到任不久，便积极推进学校的复员东还工作。经教育部核准，中央大学的复员经费为法币81亿元。10月，学校成立中大驻京办事处，负责接收南京校产。在教学方面，教务处将学年缩短，课程加紧完成，至1946年4月，整个学年结束。自5月起师生及图书仪器分批东下，至7月底，最后一批师生也回到了南京。当时，交通运输情况极其复杂，而中大复员工作之所以开展得如此迅速，一方面是因为中大内部各方人员同心同德的努力，另一方面得益于地方各部门的大力协助。在成都的医学院和畜牧兽医系的复员工作是单独进行的。

抗战结束时的中大，办学规模接近战前4倍，教职员及眷属暂时也无法在校外租屋，所以原四牌楼校舍已不敷使用，在成贤街东农场旧址修建了学生宿舍7座，可容纳三千余人。文、理、法、师、工五院及农学院的一部分与医学院的牙症医院设于四牌楼，称为本校第一部。随后整理扩建了丁家桥原农学院农场，作为一年级新生、先修班以及医学院和农学院部分系科的校舍，称为本校第二部。附属中学设于三牌楼前农学院旧址。附属小学分设两处，一处设在大石桥前实验学校旧址，一处设在丁家桥本校第二部内。

经过半年多的努力，所有部署完成，1946年11月1日，中央大学开学上课。

---

① 复员：抗战胜利后，原先在战时迁往后方的高等院校迁回原地。

第一节　东还准备

　　成立"复员计划研究委员会"。中央大学在抗战胜利前夕,就已经未雨绸缪,提前筹划复员计划。1945 年 6 月 29 日,中央大学成立了"复员计划研究委员会",推举教务长唐培经、理学院院长孙光远、农学院院长冯泽芳、建筑系李惠伯、建筑系刘士能等五位教授为委员,其中教务长唐培经任召集人。根据教育部的文件,中央大学将分期分批还都,计划在暑假期间分两批复员,第一批七月初出发,第二批九月初出发,先后相差不超过两个月。①

　　成立"复员计划委员会"。1945 年 8 月 17 日,中央大学成立了"复员计划委员会",由吴有训校长任主任委员,专门成立了各工作小组,并设立小组主任。建筑系教授李惠伯和刘士能、心理系教授王书林、体育系主任江良规、体育系教授袁宗泽、经济学系吴世瑞六位教授,分别任注册组主任、学生生活管理组主任、人事组主任、事务组主任、文书组主任。成都校区由医学院及畜牧兽医系另组分会,附中及附小由师范学院另组分会。

　　教育部门的复员工作统一由全国教育善后复员会安排,原计划中央大学是最先迁出的学校,希望能在本学年第二学期结束后开始迁回。校复员计划委员会一方面设法让政府供给交通工具,免费安排全体员生及教职员眷属返京;另一方面在交通可能时先派人员回京接收校产,修缮校舍。为方便迁校运输,总务处利用原防空洞木料改制运输用的木箱及半成品课桌。②

　　为尽早东还复校,中央大学取消寒假,缩短学期。9 月 22 日,中央大学修改了学期,并对课程做了调整,学期分配暂定如下:三年级以上第一学期自十月一日至一月十二日,第二学期自一月十三日至四月廿七日;一、二年级第一学期自十月廿二日至一月廿六日,第二学期自一月廿七日至四月廿七日。尽量减少选修课程,在不影响学生必修的最低限度学分及毕业年限的情况下,必

---

①　《中央大学档案》,第 929 卷,第 272 页。
②　同上书,第 283—287 页。

修课程能移至一学年者可酌量调整。①

就在全校师生积极准备东归复校时,9月22日,教育部发来文件,文件规定,在中央没有正式下达还都的命令之前,各单位照常办公,"中央未正式决定还都以前行政院各部会不得擅自行动,且不得做任何还都之准备,应严令所属照常办公,勿得妄自纷扰"②。东还复校计划临时受阻。

尽管复员工作暂时停滞,但中大师生依然保持着高涨的热情准备东还。10月17日,"复员计划委员会"召开会议,决定成立常务委员会,校长秘书室主任郑衍芬为召集人,常务委员有:唐培经、何义均、胡家健、戈定邦、郑衍芬、沈刚伯、张江树、张庆桢、吕斯百、毛宗良、杜长明、洪范五等教授。校长办公室被设定为"复员计划委员会"办事处,由主任秘书负责,方便接洽。

为了准确知道学校的家底,委员会决定测量校舍面积,清点校产,具体工作由总务处与工学院共同商洽。测量校本部及柏溪分校成都各部分校舍面积,以供复员参考;清点校产,调查统计复员人数。为调查学校公物重量,拟订了调查表,送请各单位查填,并要求10月31日前统计送交,如逾限不报,学校不负运输之责。同时"复员计划委员会"对东还的人员进行了调查统计,"为调查教职员眷属,拟订调查表,切实调查其直系亲属人数,其直系亲属有在其他还都机关任事,可以随其机关还都,或现为学生,可以随其所在学校还都者,均须分别注明,并请各部分主管人严格审查,如发现有虚报不实情事,则取消其应得旅费"③。

"复员计划委员会"常委们提出,在还都决定的正式通知到达之前,学校应尽可能选择必须携带而目前又不需用的物品,提前陆续运输,建议学校组织交通运输机构,研究木船运输方法,并立即试行。为了安定全校师生的情绪,并迅速开展复员工作,中大拟出了复员工作方案和一系列复员准备措施。同时,为了让设计与执行工作能取得切实联系,拟将"复员计划委员会"更名为"复员委员会",在一定期限内将各种资料整理完毕,尽快拟定具体的人员及设备的

---

① 《中央大学档案》,第929卷,第290页。
② 《中央大学档案》,第5721卷,第52页。
③ 《中央大学档案》,第962卷,第181页。

迁运办法。在全校范围内,尽快选出接收人员。委员会设立办公室并指派专员进行分组工作,并随时将工作进度公告全校。同时,校园建筑工作也应该提前计划进行。①

抗战结束时的中央大学,远非西迁时的格局,师生人数、图书仪器都较战前扩大数倍,复员工作千头万绪,任务非常艰巨。因此,学校在 12 月 21 日,召开了 1945 年度第一次校务会议,通过决议正式成立了"复员委员会",委员会下设调查、交通、卫生、事务、留守、工程、文书、会计等八个组。1946 年 1 月 3 日,"复员委员会"增设了服务组,并分配了各组具体工作内容。推选地质系张更教授为调查组主任,体育系江良规教授为交通组主任,教育系洪范五教授为财务组主任,柏溪分校主任胡家健为庶务组主任,农学院濮成德教授为服务组主任。

1946 年 2 月 25 日,"复员委员会"推选了张演参、江良规、程仰之、胡家健四位教授参加了教育部迁校会议。在出席教育部迁校会议前,胡家健在学校主持召开一个预备会议,讨论了中大的东还方案。② 在教育部的会议上,教育部决定中央大学作为首个复员返京的学校。会后,中大决定 4 月 10 日开始期末考试,15 日结束。凡愿意随校东还者,不发路费,学校提供沿途食宿。如果不愿意随校一起返京独自东下的人员,可以从学校领到路费 70 000 元,及三个月伙食费 30 000 元。③ 同时,学校负责联络车辆,每一位同学可以带行李 40 公斤,并通过以四、三、二、一的年级顺序,依次搬运。路线为自重庆出发至宜昌换船,再至汉口乘轮船直达南京。如果按教育部预定的每个月运输量为 10 000 人,那么中大在 5 月底一定可以全部复员返京。④ 由于复员过程中情况多变,最终,中大最后一批师生 7 月底抵达南京。

教育部迁校会议后,复员事务日益繁重。3 月 21 日,"复员委员会"聘请胡家健、江良规两教授为本会副主任委员,南京会务请胡家健教授主持,重庆会务请江良规教授主持。为了尽早东还复校,中央大学取消寒假,缩短学期,

---

① 《中央大学档案》,第 929 卷,第 439 页。
② 《中央大学档案》,第 962 卷,第 199—200 页。
③ 《国立中央大学校刊》,1946 年 4 月 19 日。
④ 《教育复员程序——中大列居首位》,《申报》,1946 年 3 月 15 日。

教育復員程序
中大列居首位

（大華社重慶訊）教育部前召開教育復員會議，將中央大學列爲復員序列之第一位。該校復員委員會得訊後，即召開緊急會議，議決本學期原定四月底結束，現決於四月十日開始學期考試，十五日結束。凡願隨校東遷者，不發路費，沿途食住均由校方供給。若不願隨校而單獨東下者，可領得路費七萬元，及三個月伙食費三萬元。校方並可代籌京子，每一同學許帶行李四十公斤，並通過以四、三、二、一年級之次序，依次搬運。自重慶出發至宜昌換船，再至漢口乘輪直達南京。若教育復員每月運輸量爲一萬人，則中大於五月底定可全部遷京。

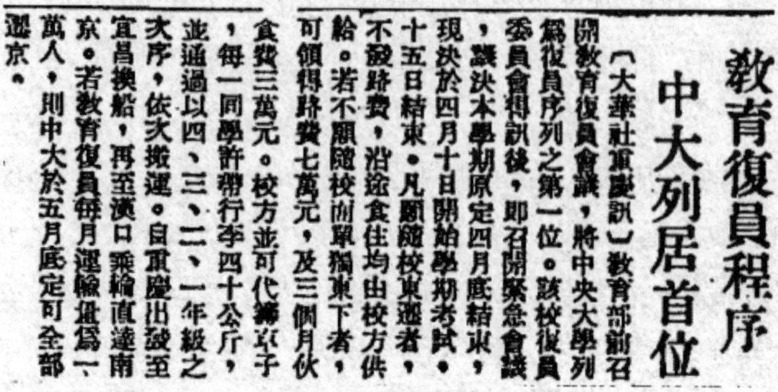

图 6－1 《申报》刊登《教育复员程序——中大列居首位》(1946 年 3 月 15 日)

于 4 月 15 日提前结束学年教学，紧锣密鼓推进迁校工作。4 月 17 日，各院、处抽调人员乘专车直达洛阳赴京，协助学校复员工作。

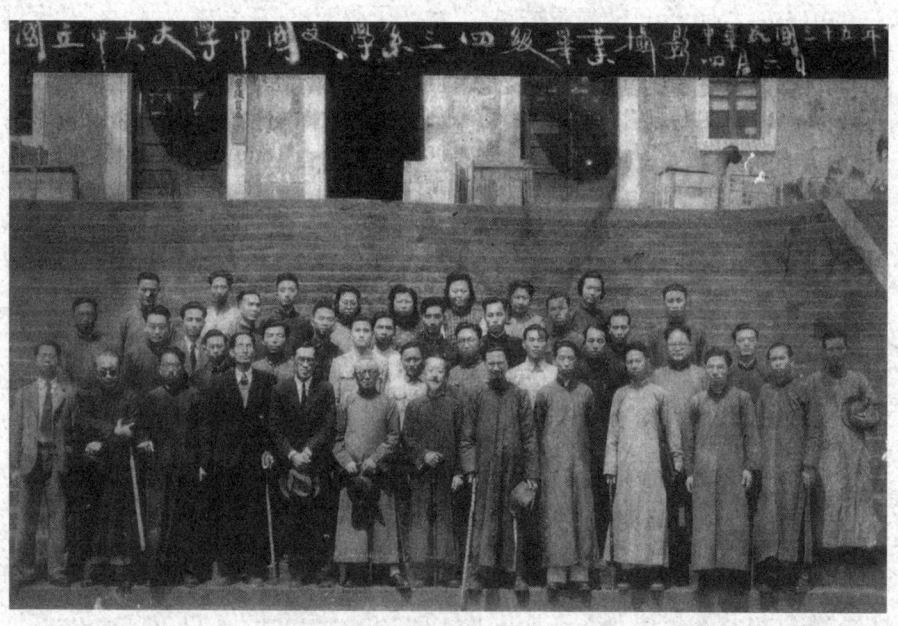

图 6－2 中大中文系毕业合影(1946 年 4 月 6 日，以往毕业典礼均在 7 月举行)

第二节　师生分八批东还南京

教育部门的复员,统由"全国教育善后委员会"安排。原定1945年底,中大第一批复员,后因水道堵塞、运输工具缺乏、沿途不安全,以及战时各大学校校舍绝大部分被征用,不能顺利接收等实际问题,整个教育系统的复员工作延迟到1946年5月进行。但是,中大仍被列为首批复员的学校。

中央大学针对交通运输问题,一方面积极寻求教育部门和地方政府的帮助;另一方面学校自己也在积极地进行着准备预案。1945年12月14日,中大复员计划委员会常委会制定了用木船还都运输方案。此方案由校总务处试办,并立即派人员前往江西订购木料。同时请驻京办事处立即快速设计建筑工程。[①] 1946年1月22日,中大呈报教育部及船舶调配委员会汇报了复员的具体时间。中大为了准备复员已将全年功课加紧教授,于4月结束。统计了学校教职员及其家属,以及学生、校工的人数,约在万人以上,图书仪器约二千吨,中大希望近期能分到一部分舱位,给先行赴京整理校舍人员,4月底能够确定分配中大的轮船或舱位。[②]

为了确保一路运输通畅,复员委员会在几个重要的水路港口设立了运输分站。1946年4月初,在宜昌、汉口成立中大运输分站,后成立中大宜昌办事处,为复员师生办理在宜昌期间的膳宿及换轮船事宜。4月25日,派徐仲年教授赴汉口筹设服务站,办理员生转船招待等事宜,后徐仲年任武汉办事处主任。

为了尽快东还复员,学校要求4月20日以前公物全部装箱,5月1日以前集中到大礼堂,4月1日开始接收箱件,拆除楼板制作木箱,后大礼堂接收箱件的日期改为3月20日开始。同时决定先运图书再运各处组室的文卷档案,最后运仪器及机械样本等。4月27日,复员委员会通知各部门将首批急需运京之公物到庶务组登记统筹办理。

---

① 《中央大学档案》,第929卷,第437页。
② 《中央大学档案》,第5721卷,第135页。

为了保证复员交通运输工作的顺利进行,中央大学致函沿途军督监察机关,告之学校复员工作已经开始,"本校业已开始复员,兹有公物五吨搭'民协'运京,用备函证明"①。

中大还自购了三艘大木船参与运输工作。5月10日,民协轮装着学校10吨公物扬帆东还,同时民协轮拖着中大第一艘装有150吨公物的木驳船一起出发。6月11日,第二艘木船载着公物图书计289箱及本校师生55人由重庆启航。工学院风洞②价值2000余万元,这个设备体积庞大,无法用轮船运输,为此学校又购置了第三艘木船。第三艘木船后于1947年3月16日离开重庆,4月12日顺利抵达下关。

中央大学公物交民生公司运输至南京计16批次、4349箱,计1 427 355吨。截至1946年10月20日,经核查上项公物收到了3963箱。详情如表6-1所示:

表6-1 中央大学复员公物交运清单

(已收民生公司运交本大学公物前后共计3963箱)

1946年9月24日至10月20日

次数	1	2	3	4	5	6	7	8
箱数	1135	201	288	141	298	220	194	200
次数	9	10	11	12	13	14	15	16
箱数	320	206	207	340	100	196	222	81

资料来源:《中央大学档案》,第5721卷,第472页。

复员委员会决定医学院师生由川陕及陇海路返回南京,仪器公物箱等仍运重庆转南京。医学院师生由川陕公路及陇海路返京人员的路费,除了上述路程外再加上从成都到重庆交通经费每人一共为32 138元。由于当时交通困难而繁忙,广大师生员工是经过多种路径东还返校的,动用了水、陆、空各类

---

① 《中央大学档案》,第5578卷,第426—427页。
② 风洞是空气动力学研究和试验中最广泛使用的工具。它的产生和发展是同航空航天科学的发展紧密相关的。风洞广泛用于研究空气动力学的基本规律,以验证和发展有关理论,并直接为各种飞行器的研制服务,通过风洞实验来确定飞行器的气动布局和评估其气动性能。现代飞行器的设计对风洞的依赖性很大。

交通工具。水路是师生返校的主要途径，5月，教育部善后复员会一次分给中央大学一千余张舱位，第一批师生扬帆东下返京；6月，又配给舱位近三千张。从陆路来看，部分师生取道川陕公路赴南京，1946年4月6日，中大函请交通部公路总局派车送师生400人。

整个东还返校旅程波折不断。中大第五、六批返南京师生分乘"永康""华源"轮，6月6日从重庆启航，先后抵达宜昌。由于无船接运，只得令两船继续下驶。6月14日，"永康"轮到达汉口，请求准予继续东下。

其间，蒋介石一度电令中央大学停止复员两个月，中大留渝办事处与复员委员会决定迅速将详情用航快报告吴有训校长，请其向教育部及其他有关方面交涉，设法早日恢复复员。滞留在重庆的一千余名师生，听闻此消息，也十分惶恐，归校心切的师生给吴有训校长发电，希望校长通过协调准留渝全体师生能够在六月间返回南京。后经学校向重庆党政军联合办事处交涉，陈述理由，协商结果比较圆满，政府同意"稍缓时日或可继续复员"。

尽管善后复员会已经给予中大很大的支持，但绝大部分的师生还滞留在重庆沙坪坝，若静候安排，则不能保证原定时间开学。校复员委员会也通过各种途径，争取多方校友的相助，临时编成大大小小组合小分队，使一万二千多名师生分八批返回南京。就这样，最后一批师生回到南京，已是7月底了。

表6-2 1946年7月15日中央大学水运复员人数统计表　　（单位：人）

批数	船名	开船日期	复员人数				合计人数	备改
			教职员及家属（研究生在内）	学生	工友及家属	警总队人员		
1	民协	5月3日	77.5	126	2	10	215.5	
2	民协	5月11日	94.5	112	4	5	215.5	
3	民协	5月18日	55	206	4	5	270	
A	民熙	5月19日	2	28	0	0	30	
B	民生水驳	5月20日	23	3	10.5	5	41.5	
C	民本	5月21日	70	0	0	0	70	
4	民武民宪	5月31日 6月1日	40 55	0 160	0 0	0 5	40 220	

续表

批数	船名	开船日期	教职员及家属（研究生在内）	学生	工友及家属	警总队人员	合计人数	备改
5	永康	6月7日	150.5	181	2	5	338.5	
6	华源	6月6日	168	201	0	0	369	
7Ⅰ	民弈	6月25日	59	20	0	0	79	
7Ⅱ	民万	6月25日	202	4	7	0	213	
7Ⅲ	华同	6月29日	56.5	188	5.5	0	250	原来国庆轮员生改来该轮
7Ⅳ	江庆	6月29日	3	60	1	0	64	
7Ⅴ	民权	7月7日	133.5	200	11.5	6	351	
7Ⅵ	协兴	7月10日	50	30	10	0	90	
8Ⅰ	民联	7月14日	29	68	1	0	98	
8Ⅱ	华源	7月15日	67	30	3	0	100	
8Ⅲ	民权	7月16日	2.5	20	17	15.5	55	
		合计	1342	1637	78.5	56.5	3114	

资料来源：《中央大学档案》，第5721卷，第357—358页。

第三节 南京方面的复校工作

一、校产接收

南京方面在校产、校舍接收工作上也遇到了很大的困难，除三牌楼、文昌桥、大石桥等零星小块附属建筑可以直接接收外，其他各处都有不同程度的延误和阻隔，很是艰巨。1945年9月17日，中大就南京校产保护及校址扩充事宜致函何应钦，恳请在中大等候教育部复员通知期间，中大位于南京成贤街及三牌楼两处校产，请军队保护好；另外，中大学生已经由西迁时的1200人增至近5000人，原有校舍已不敷使用，学校附近如果有适当的房产及基地，请协助拨给学校使用,以便复员后学校的发展。为此,学校特派何兆清教授前去商谈。① 9月28日,中大派前工学院院长、土木工程系教授卢思绪和农学院院长冯泽芳返京接收成贤街、三牌楼、中华门外的新校址,以及大胜关、太平门、江浦等地的农场。此行得到了行政院的大力支持,特准予搭乘飞机返回南京。11月,吴有训校长亲赴南京办理接收手续。为了更方便快速地完成校产清理工作,1946年1月3日,中大成立了校产清理委员会,负责清理南京、重庆两校区的房地产事宜。②

抗战期间,南京四牌楼校址被日军改造为伤兵医院,战后作为第一临时医院,收容日俘伤兵。后被军政部接管改作陆军医院,当时仍有伤病官兵及侨民2600多人借住在此。由于当时交通工具缺乏,一时很难将所有日军伤兵遣送回国,出于人道主义精神,该处仍收治日军伤兵,四牌楼校址让军政部继续借用6个月。为了尽快复员开学,后经多次交涉,接收工作需延至次年2月。由于对医院设备的接收,拟由戚寿南院长赴京接洽,后转请蔡卓夫教授代理办理。

抗战期间,日方占用了中大农学院三牌楼院址作为木工厂,战后,被军政部接收。1946年3月19日,接教育部命令同意军政部军医署延借在南京三牌楼农学院校址六个月。③ 原丁家桥校产被军政部改作仓库,一时难以接收,后经军政部任职的校友协调,才同意中大接收,还意外地将原南洋劝业会旧址及房屋一并拨交中大,总面积约有800亩,房屋100余间。这一批房屋,为第一批复员的师生提供了暂时的居住地,解了燃眉之急。

此外,在南京沦陷期间,汪伪政府利用金陵大学原址开办了南京中央大学。日本投降后,随着汪伪政府的垮台,该校停办。中大复员时,按照教育部指令,对该校校产的接收工作由中大、金大与南京中央大学协商进行。商定南京中央大学的土木工程系、艺术系(绘画、音乐组)、医学院等院系的仪器归中央大学接收,其余概归金陵大学。至此,中央大学的接收工作暂告结束。

---

① 《中央大学档案》,第5910卷,第156—160页。
② 《中央大学档案》,第962卷,第196—200页。
③ 同上书,第212—217页。

二、收购土地、房屋及校舍修建

战前的四牌楼原址,校舍已不敷使用,因此,学校先后购买了附近的兰园、成贤街、九华山、高楼门等处地约 83 亩,楼房 7 幢,作为扩充之用。

战乱后的校舍,被破坏得非常严重,加上战后中大的教职员、学生人数激增,除了要尽快修缮原有校舍,还需新建补充。所以复校委员会特设了一个工程组,聘工学院院长刘敦桢[①]为主任。由于修建工程项目繁多,地点分散,时间紧迫,工程组函请各地中大建筑土木系毕业同学为母校服务,先后应聘者有 80 人。即便如此,人员还是不够,又借调土木建筑系的助教及该系学生 10 人。整个复校修建工程采用招标承包办法,既节省了修建经费,又加快了工程进度,总计 51 项,耗资 1.66 亿。最先破土动工的大工程是文昌桥 7 幢两层学生宿舍,可以容纳 3232 人。接着是九华山的教授住宅,丁家桥、三牌楼两地兴建教学楼、图书馆、餐厅、运动场、学生宿舍及教授公寓。后中大又多次和政府交涉,由善后救济总署拨关岛式活动房屋 152 幢,用于宿舍及其他用途,这也为中大节省了不少经费。

战前,中大曾在南京中华门外石子岗征购 8000 余亩土地,拟重建中大,因西迁而中止。复员后,百废待兴,限于经费,重建已不可能,校产接收委员会决定在此建立"中华农村福利试验区",由农学院农经系主办。

中央大学复员修建的各项工程统计表见本章附表一。

第四节　重庆校产的处理

东还复员期间学校对重庆的校产陆续进行移交、处理。1946 年 4 月 15 日,学校校务会议经讨论决定,对于中大几所附中进行了处理:附中青木关分校交还教育部,师范学院附中沙坪坝分校与教育心理学部实验中学班合并归

[①] 刘敦桢(1897—1968):字士能,号大壮室主人,湖南新宁人。现代建筑学、建筑史学家,中国建筑教育及中国古建筑研究的开拓者之一,中科院院士。1921 年毕业于日本东京高等工业学校(今东京工业大学)建筑科。1943—1949 年在中央大学创立中国最早的建筑系,任建筑系教授、系主任,工学院院长。后任南京工学院(今东南大学)教授。

师范学院,师范学院附中在沙坪坝的校舍是租用的民房,7月份全部交还原房主。

5月30日,吴有训校长在重庆主持召开留渝人员座谈会,他表示自己近期即将赴南京,学校行政重心不久将移至南京,学校决定6月1日成立留渝办事处,负责处理重庆方面非常繁重的善后工作,郑衍芬、袁宗泽担任正副主任。

沙坪坝本部校舍由重庆大学和中央工业职业专科学校接管。7月1日,复员委员会与留渝办事处负责人联席会议形成决议:"(甲)中工部份除工学院校具储藏室及肺病疗养室及教职员第八、十一宿舍外,其余先行移交……定于本月五日办理交接手续;(乙)重大部份除图书馆、阅览室及参考室、生化室、集会所、女生宿舍两座、农师法各学院校舍、图艺系十三、十七、十八教室与九、十五教职员宿舍、农场悉行移交外,其余保留备用……定于本月八日办理交接手续。"①

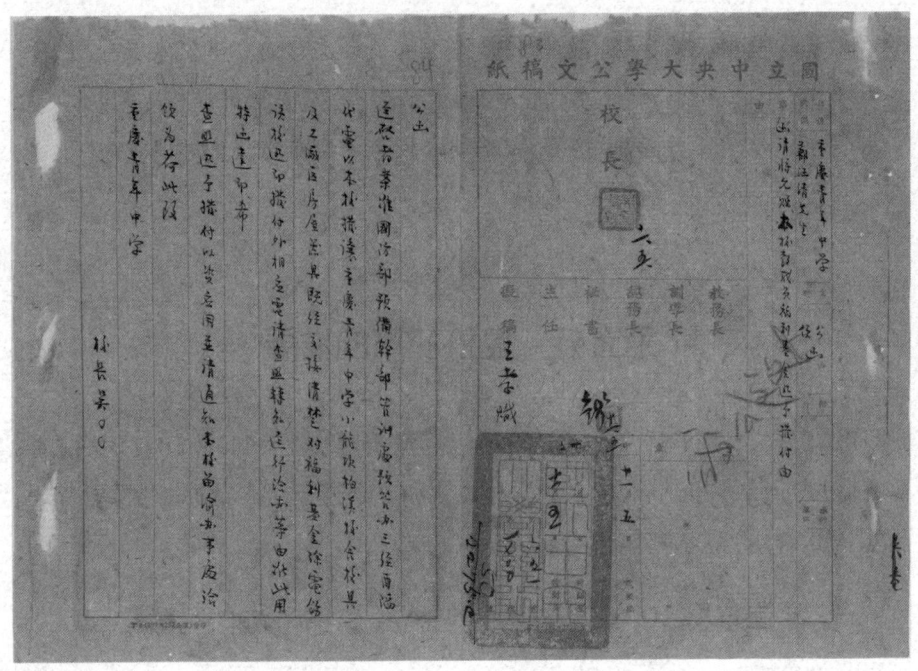

图6-3　1946年11月5日,中大就小龙坎、柏溪校舍移交情况致青年中学的函

---

①　《中央大学档案》,第976卷,第29页。

柏溪分校和小龙坎校舍移交给重庆青年中学。9月11日,教育部致函中大:"沙坪坝校舍校具着拨赠国立重庆大学应用,又柏溪分校校产校具着暂借青年复员管理处应用。"①

11月5日,中大致函青年中学:"本校拨让重庆青年中学小龙坎、柏溪校舍校具及工厂区房屋器具既经交接清楚。"②后青年中学赠款7000万元给中大,12月21日,留渝办事处主任郑衍芬特回函表示感谢。

医学院在成都开办的公立医院由四川省政府卫生实验处接收,改名为四川省立医院,并留用医学院教授黄克雄担任院长。

复员结束后,学校对复员工作进行了总结,形成的《校务会议报告》全文登在1947年5月3日《国立中央大学校刊》上,其中总务处的报告事项中对重庆校舍的移交情况进行了概述:

> 本校重庆校舍经本处同校产清理委员会及留渝办事处人员分别移交,计柏溪分校和小龙坎校舍(地产保留)移交重庆青民中学(应为青年中学——引者注)接管,松林坡之校舍分交与重庆大学及中央工校接管。③

第五节 复校初期的发展

1946年11月1日,东还复员的中央大学开学,学生11月13、14日注册,20日正式上课。东还后,中大的学科设置和办学规模全国首屈一指,享有"民国最高学府"的美誉。

一、学校布局

中大于1946年夏复员,自重庆、成都迁回南京四牌楼及三牌楼,同时并接

---

① 《中央大学档案》,第5720卷,第53页。
② 同上书,第83—84页。
③ 《中央大学档案》,第2595卷,第34页。

收丁家桥前南洋劝业会原址之房舍场地,一并整理。现四牌楼为第一部校址,丁家桥为第二部校址,三牌楼为附属中学校址。具体校址情况如下:

1. 第一部由前两江师范及宁属师范旧址扩充。东至成贤街,西至大石桥,南至四牌楼,北至钦天山,总面积约400亩,同时成贤街文昌桥的东边与小营接壤处有地百亩为宿舍区域。中大前门设在四牌楼,这个区域有文、理、法、师、工五院及农学院的一部分与医学院的牙症医院,其重要建筑物如下:

(1) 大礼堂:正对校门,位居中央,礼堂内可容3000人,两翼为本校行政部分办公室。

(2) 图书馆:在大礼堂的西南,原有书库已于沦陷时被日军改造,藏书钢架,荡然无存。它前面有平房两排,农学院的一部分在此。

(3) 体育馆:分上下两层,上层为健身房,下层为办公室、教室、淋浴室、更衣室、储藏室等,游泳池在它的北面,运动场在它的东面。

(4) 科学馆:在大礼堂的东南方向,理学院的数学系、物理系、地质系、地理系及化学系、心理系的一部分设在此处。

(5) 生物馆:在科学馆的南面,理学院生物系的实验室、标本室、教室、研究室等在此。

(6) 中山院:在校门的东面,文学院各系的教室、研究室、图书室等在此。

(7) 东南院:在中山院的东面,法学院各系的研究室、教室、图书室等在此。

(8) 新教室:在东南院的北面,科学馆的南面,工学院各系教室、实验室、图书室在此。

(9) 工学院工场:金工厂、木工厂、电力实验室、电信实验室、水利试验室、材料试验室、风洞室、引擎室等,均在大礼堂及运动场的北面。

(10) 南高院:在运动场的南面,师范学院各系除体育系设在体育馆,艺术系的音乐教室设在六朝松下梅庵外,其余各研究室、教室、绘画室等在此。理学院地理系及心理系的一部分也设在此处。

(11) 牙科大楼:在科学馆的北面,牙症医院设在此处,校医室在牙症医院的后面。

(12) 旧医学院:医学院院址复员后设在丁家桥,原来的旧址给理学院的气象系、化学系做教室用。

(13) 学生宿舍:在成贤街的东面,与小营接壤,共有宿舍 7 座,可容学生 3232 人,配有膳堂、浴室、理发室等。

(14) 教职员宿舍:① 在成贤街文昌桥的东面,学生宿舍的南面;② 在校门的西边新建活动平房,名曰自治新村;③ 旧教习房,在体育馆的西面,六朝松的南面。

2. 第二部在丁家桥的北面,为前南洋劝业会原址,由华侨张煜南教授捐赠。抗战以前北部空地辟为农场,南部房舍为交辎学校所借用,沦陷期间成为敌军仓库,受降后先由国防部接收。本校复员后,逐步向国防部收回,加以整理。1946 年 11 月,医学院全部及农学院的一部分与一年级、先修班先后迁入,为中大第二部校址。南自丁家桥,北至筹市口,东自芦席营,西至模范马路,全部成长方形,面积约 1000 余亩。医学院位于西南,有校舍 30 余幢,较为完整。农学院位于东南,也有校舍 30 余幢。靠东一部分,划为药专校址。一年级及先修班居于中,校舍全部是没有改造的木房仓库。教职员宿舍建在木房的后面。北部空地为农学院的苗圃及农场,这片区域面积宽广,位置适宜,将来可建成理想的校舍。

图 6-4 中央大学丁家桥二部校门(亦称"新生院")

第六章　中央大学的东还复校　261

图 6-5　中大校本部大门

图 6-6　东还后的中大理学院(科学馆)

图6-7 东还后的中大文学院(中山院)

图6-8 东还后的中大师范学院(南高院)

3. 附属中学地址在三牌楼校门口,原为清朝的将弁学堂,旋改称陆师学堂,光绪末改设江南实业学堂,鼎革以后,改为江苏省立第一农业学校,1927年建都南京,该处划归中央大学,指定为农学院院址。复员以后,拨作附中校舍,总面积约300余亩,福建路亘其中,将校址划为二区,南部占地百余亩,有西式楼房4幢,西式平房8幢,旧式平房5幢,多数系清朝时建造,复员后加以修葺,已焕然一新。1946年夏,新建学生宿舍1座,厨房、浴室各1所,厕所3所,活动房屋6幢,平房30余间,全部划作附中校舍。即便如此,还是拥挤,不敷分配。北部占地200余亩,计有西式楼房4幢,平房16幢,东还时为国防部后勤部军医署第一卫生材料库及国防部联勤部经理署马政司兽医材料库所借住。

4. 附属小学

(1) 大石桥附小复员后仍设在大石桥前实验学校旧址,现有西式楼房2幢,计大小28间,排为第一院第二院;西式平房2幢,计大小14间,排为第三院;及东平房,共有办公室一间,幼儿园2间,教室11间,教职员宿舍2间,有门房及杂屋共4间。

(2) 丁家桥附小校址在丁家桥大学第二部内,现有西式平房3排,计有教室8间,幼儿园1间,办公室1间,教职员宿舍3间,杂屋1间。

二、行政组织

行政组织依据教育部的规定,设校长办公室,襄助校长处理例行公文,执行经常行政。下辖人事室,专办本校教职员聘派事宜。校长办公室设主任秘书一人,秘书二人,主任秘书是彭百川,秘书是谢毓章、钱震夏。教学与行政工作分别由教务处、训导处、总务处分管。三处具体分管内容如下:

1. 教务处负责办理招生注册、学业考核、课程编排等事宜。设注册组、讲义室、图书馆三部分,分别处理各项教务事项。高济宇任教务长。

2. 总务处设事务、管理、保管、工务、出纳、文书六组,综合管理全校一切事务。贺壮予任总务长。

3. 训导处设课外活动、生活管理两组,襄助训导长办理训导工作。刘庆云任训导长。

另设会计室由教育部会计处指派人员在校长督导下办理账目审核呈报等工作。除上述三处两室专负处理经常行政工作外，另设各种会议，襄助行政：(1) 校务会议由校长、各处长、各院长、各系主任暨教授代表组织，专门决定校务的推行改善等最高原则，每学年开会两次；(2) 行政会议由校长、各处长、主任秘书、各院长、各院教授代表组织，每周开会一次，以讨论经日常行政工作的推行及改善；(3) 聘任委员会由校长、教务长、各院长及教授代表组织，专门负责聘请教员的工作；(4) 职员聘用委员会由校长、三处长、人事室主任、教授代表组织，专门负责对职员的甄选考核等工作；(5) 训育委员会由校长、三处长、主任秘书、各院院长及教授代表组织。此外尚有财务稽核委员会、友邦或民房地产处理委员会、校舍分配委员会、教职员宿舍管理委员会、教职员福利基金委员会等各种会议，协助校长及各处处理各项事宜。

三、师资力量

复校初期，教师队伍较前略有缩减。部分滇、川籍教师没有随校东还；在重庆延聘的教师大多是战时流亡到内地的，抗战胜利后都回原籍地去了，实际上迁回南京的教师不足700人。到南京后，学校积极延聘名师，网罗人才，充实师资队伍，延聘了著名教育学家陈鹤琴和徐养秋、史学家罗尔纲、哲学家陈康、翻译家罗大纲、皮肤科专家于光元等，不到半年增加近百名。据1947年4月统计，全校教师779人，其中教授312人，副教授62人，讲师71人，助教334人。课目开设齐全，1947年度校本部上学期开设课目658门，下学期开设课目774门。丁家桥分部开设基础课170门。复员后在师资力量、开设课程等方面均有大幅的提升。

本校教职员共有1251人，兹分教员、职员、专任、兼任及各部分列详表如表6-3所示：

表 6-3　教职员人数（1947 年 3 月份）　　　　　　　（单位：人）

部份	教员											合计	专任职员								专任教职员
	专任						兼任						校长	秘书	主任	副主任	教务训导事务员	助理	雇员	其他职员	小计	
	教授	副教授	讲师	助教	助理研究员	研究助理	教员	小计	教授	副教授	讲师	小计										
文学院	57	8	13	15				93	6	1		7	100			2	2				4	97
理学院	57	10	16	65.5				148.5	6	1	2	9	157.5			5	2			10	17	165.5
法学院	35	2	3	16				56	23		1	24	80			1				4	60
师范学院	32	12	14	23				81	4			4	85			4	5				9	90
农学院	36	5	6	44.5				91.5	2			2	93.5		1					20	22	113.5
工学院	51	5	8	67				131	7	2		9	140		1		6			11	22	153
医学院	25	13	27	48				113			2	2	115		1	1	2			30	37	150
研究院					4	11		15					15							5	5	20
校长室														1	1		1				3	3
教务处															1	2	26	15	3	4	51	51
训导处															1	2	2	15	4	1	13	38	38
总务处																5	2	30	12	3	17	69	69
会计室																1		11		1	6	19	19
人事室																1		3			2	6	6
复员会																1					15	16	16
第二部及先修班																2	2	17	9		3	33	33
师院附小				27				27					27									27
附设大学医院																	53	19	18	41	131	131
接收委员会														1						1	2	2
留渝办事处															1				2	1	6	6
中华门校产管理处																		1			1	1
合计	293	55	87	279	4	11	27	756	50	4	3	57	815	1	8	66	7	146	80	7	180	495	1251

注：
1. 内部聘教授在校领津贴者 11 人。
2. 休假教授薪津照支者 16 人。
3. 文学院教授内有一人系与师范学院合聘，二院并列。
4. 理学院助教内有二人系与法学院合聘，二院并列。

四、学生规模

除随校迁回的在校生、复员后招收的第一届新生外，还有教育部分配的青年军复读生,沦陷区中央大学插班生,以及侨民、留学生共计4719人。其中文学院571人,理学院386人,法学院1114人,师范学院377人,农学院495人,工学院1230人,医学院383人,先修班95人,研究生68人,中央大学成为全国人数最多的大学。

表6-4 中央大学1946学年度第一学期大学部学生统计表(包括先修班专修科)

(单位:人)

院别	系科组别	学生数																			
		合计			一年级			二年级			三年级			四年级			五年级			六年级		
		计	男	女	计	男	女	计	男	女	计	男	女	计	男	女	计	男	女	计	男	女
文学院	共计	571	429	142	132	105	27	122	93	29	169	122	47	123	92	31	25	17	8			
	中国文学系	141	114	27	25	22	3	24	18	6	42	35	7	35	27	8	15	12	3			
	外国语文学系	207	139	68	81	59	22	31	21	10	51	28	23	41	30	11	3	1	2			
	历史学系	153	112	41	9	7	2	38	28	10	65	49	16	34	24	10	7	4	3			
	哲学系	49	46	3	17	17		8	8		11	10	1	13	11	2						
	俄文专修科	21	18	3				21	18	3												
理学院	共计	386	290	96	93	75	18	81	52	29	109	86	23	95	73	22	8	4	4			
	数学系	51	44	7	6	6		8	6	2	16	13	3	19	17	2	2	2				
	物理学系	75	60	15	21	20	1	14	10	4	23	18	5	15	11	4	2	1	1			
	化学系	78	51	27	23	15	8	8	6	2	16	11	5	23	17	6						
	生物学系	35	17	18	10	7	3	9	2	7	8	4	4	6	4	2	2		2			
	地质学系	46	43	3	15	13	2	1	1		12	12		10	10							
	地理学系	55	43	12	8	4	4	12	10	2	18	15	3	11	8	3	2	1	1			
	心理学系	26	15	11	2	2		6	3	3	10	7	3	8	3	5						
	气象学系	20	17	3				7	5	2	6	6										
法学院	共计	1114	1062	52	246	237	9	343	330	13	297	283	14	221	205	16	7	7				
	法律学系	149	141	8	43	39	4	68	67	1	15	15		23	20	3						
	政治学系	244	239	5	43	42	1	80	78	2	72	70	2	43	43		6	6				
	经济学系	282	263	19	70	67	3	68	64	4	72	67	5	72	65	7						
	社会学系	121	112	9	21	20	1	32	29	3	29	27	2	38	35	3	1	1				
	司法组	250	241	9	47	47		76	74	2	82	78	4	45	42	3						
	边政学系	68	66	2	22	22		19	19		27	26	1									
师范学院	共计	377	252	125	43	36	7	112	69	43	89	58	31	82	58	24	51	31	20			
	教育学系	217	135	82	24	18	6	60	33	27	46	29	17	49	34	15	38	21	17			
	体育学系	44	34	10	2	2		15	10	5	12	7	5	12	9	3	3	3				
	艺术学系	107	75	32	14	9	5	31	23	8	24	13	11	28	19	9	10	7	3			
	体育专修科	9	8	1	3	3		6	5	1												

续表

院别	系科组别	学生数 合计			一年级			二年级			三年级			四年级			五年级			六年级		
		计	男	女	计	男	女	计	男	女	计	男	女	计	男	女	计	男	女	计	男	女
农学院	共计	495	353	142	95	69	26	156	109	47	126	90	36	118	85	33						
	农艺学系	138	95	43	33	22	11	46	32	14	28	20	8	31	21	10						
	农业经济学系	94	71	23	17	14	3	27	19	8	19	15	4	31	23	8						
	森林学系	49	45	4	6	5	1	13	12	1	20	18	2	10	10							
	园艺学系	81	34	47	11	5	6	25	10	15	26	10	16	19	9	10						
	农业化学系	64	40	24	17	13	4	22	13	9	12	6	6	13	8	5						
	畜牧兽医学系	69	68	1	11	10	1	23	23		21	21		14	14							
	畜牧兽医专修科																					
工学院	共计	1230	1193	37	243	235	8	369	357	12	318	307	11	300	294	6						
	土木工程学系	200	199	1	39	39		55	55		57	56	1	44	44							
	电机工程学系	281	267	14	60	58	2	84	80	4	65	60	5	72	69	3						
	机械工程学系	243	243		46	46		67	67		73	73		57	57							
	建筑工程学系	61	55	6	9	8	1	14	12	2	18	17	1	20	18	2						
	化学工程学系	150	134	16	33	28	5	46	40	6	35	31	4	36	35	1						
	航空工程学系	194	194		41	41		56	56		51	51		46	46							
	水利工程学系	101	101		15	15		43	43		18	18		25	25							
医学院	共计	383	212	171	107	68	39	73	25	48	58	32	26	49	30	19	61	36	25	35	21	14
	医本科	331	182	149	79	49	30	65	20	45	49	30	19	45	27	18	59	35	24	34	21	13
	牙本科	19	10	9	8	5	3	1	1		5	1	4	2	2		2	1	1	1		1
	牙医专修科	30	18	12	20	14	6	5	3	2	3		3	2	1	1						
	护士师资专修科																						
	高级医师检验职业科	3	2	1				2	1	1	1	1										
先修班		95	88	7																		
总计		4651	3879	772	959	824	134	1256	1035	221	1166	978	188	988	837	151	152	95	57	35	21	14

表 6-5　中央大学 1946 学年度第一学期研究院学生统计表　　（单位：人）

所名	研究生数											
	共计			第一年			第二年			第三年		
	计	男	女	计	男	女	计	男	女	计	男	女
总计	68	66	2	10	10		39	37	2	19	19	
中国文学研究所	5	5		1	1		3	3		1	1	
外国语文学研究所												
历史研究所	8	8		1	1		4	4		3	3	
哲学研究所	3	3					2	2		1	1	
数学研究所	2	2								2	2	
物理研究所												
生物研究所	2	2								2	2	
化学研究所	1	1					1	1				
地理研究所	4	4					2	2		2	2	
心理研究所	1		1				1		1			
法律研究所	6	6		1	1		3	3		2	2	
政治经济研究所	11	10	1	1	1		8	7	1	2	2	
教育研究所	3	3		1	1		1	1		1	1	
农艺研究所	3	3					2	2		1	1	
森林研究所	5	5		3	3		2	2				
农业经济研究所	7	7		1	1		5	5		1	1	
畜牧兽医研究所	3	3					2	2		1	1	
土木工程研究所												
电机工程研究所	1	1		1	1							
机械工程研究所												
生理研究所												
公共卫生研究所												
生物化学研究所	3	3					3	3				

五、经费

1946年度中央大学教育经费如下,4月27日奉教育部拨经费94 427 000元,后添设班级经费1 500 000元,11月16日追加377 700 000元,总计全年经费共473 627 000元。自复员东还以来,学生增多,校舍较前增加数倍,分散于四牌楼、三牌楼、丁家桥,以及文昌桥数部分。加之物价随时波动,以致办公购置各费每月超支很大,为了学校工作顺利开展,遂呈请教育部拨款资助。

六、图书馆及各学院概况

1. 图书馆

中大图书馆设立于1915年,南京高等师范学校成立时,起初仅图书室三楹,中西图书数千册,经陆续增加,到1921年已颇可观。后改办东南大学,师生共同努力,募集资金兴建图书馆,1924年春落成。在新馆建筑期间,不幸口子房遭遇火灾,该处的图书也随之付之一炬。后经采购征募,加大建设。1933年再加扩充,馆舍面积占地2328.17平方米,各阅览室可容500余人,书库藏书40余万册。1937年,抗战军兴,随校西迁,另在重庆沙坪坝暂建馆舍二所。1938年秋又在柏溪分校建分馆二所。1945年秋复员后,接收了原馆。

南京沦陷期间,中大成了日军医院,图书馆也被改为医院病房,原从美国购置的钢铁书架及桌椅已荡然无存。仅美国钢制书架一项就需9万美元,所以想要恢复原貌,维修经费就是一个庞大的数字,那样就很难尽快开馆。而当时,学生上自习都跑到紧邻的成贤街中央图书馆去,中央图书馆的签到簿上99%都是中大学生,加重了社会图书馆的压力。为此,学校赶制桌椅,没有钢铁架,改用木质双面架,经过简单修葺,因陋就简,于1946年12月开馆。

(1) 组织

图书馆设主任一人,综合管理图书馆事务,并配副主任一人辅助管理。图书馆设置三个部门:中文编目部,负责中文图书采购、资料搜集及登录编目;西文编目部,负责西文图书采购、资料搜集及登录编目;阅览部,负责图书典藏借阅及参考。每个部门有一个主任。

(2) 藏书

图书馆在"八·一三"以后,遭敌机轰炸,损失部分图书,其中主要是当时借出图书没有及时收回。大部分都抢装运出了,但是在西迁路途中,不慎沉没十余箱;抵渝以后,经费困难,添购不多;又遭敌机轰炸,损失不少,馆藏中文图书12万余册,西文图书6万余册。

(3) 分类编目

中文图书用自编分类法,西文图书用杜威十进分类法。目录以卡片式为主,计分著者目、书名目、分类目、或标题目、参见目及分析目等。中文目录片除分类目按书号排列外,剩余的按字的笔画多少排序。西文目录片则为字典式混合,按字母次序排列,并印书本目录为辅。先后刊行者有:《国立东南大学孟芳图书馆中西文图书目录》《国立中央大学图书馆中西文图书目录》《国立中央大学图书馆中文图书名称备检初稿》《国立中央大学图书馆西文图书著者索引》《二十四年度中西文图书新书目录》《国立中央大学图书馆西文期刊目》。

(4) 阅览

图书馆根据馆藏书的性质用途分为五个阅览室:

参考阅览室,陈列普通参考书及教授指定的学科参考书;杂志阅览室,陈列新刊行的各种定期刊物,并出借汇订的期刊及日报等;日报阅览室,陈列当日发行的日报;教职员研究室,陈列普通参考书及专门参考书,以供教职员研究学术之用;特别阅览室,以备阅览善本书及特种不外借的图书。

复员后,又在各院设立图书室,图书基本上由图书馆供应,也可以自行采购,图书馆登记后,统一编目。各院图书室的管理人员则由图书馆派员担任。各院图书室中,师范学院和工学院办得比较有特色,前者侧重搜集国内外教育研究图书资料,藏教育类图书3000余册(不包括期刊),称教育研究室;后者增购了最新出版的工程类图书,配备了教育部规定的大学图书及大学丛书中之工程类图书,共有中西文图书6000余册(不包括期刊),称工程图书室。

由于复校修建与扩建工程耗资很大,学校用于购置图书的经费比较少。1947年,教育部拨专款为理、工、农、医四院添购图书设备,联合国教科文组织赠送一批外文书籍,包括最新版的《大英百科全书》等。美国图书馆远东委员会主席白朗博士与美国国会图书馆副馆长克莱普来华考察时,赠送中大一套外国年鉴、期刊等。至此,中大图书馆在逐年地充实、改善和发展中得到不断扩大。

2. 各学院概况

复校后,中大院系科设置基本维持原状,全校设 7 个学院 43 个系科、组,26 个研究所,各院基本情况如下:

(1) 文学院

该院设中国文学、历史学、哲学、外国语文学 4 系及俄文专修科,院长楼光来。全院教师 100 人,其中教授 63 人(兼任 6 人),并设有中国文学、外国语文、历史学及哲学 4 个研究所。

表 6-6　系科研究所及主任一览表(截至日期 1947 年 4 月)

系科及研究所	系主任
中国文学系	伍俶
外国语文学系	范存忠
历史学系	贺昌群
哲学系	刘国钧
俄文专修科	姜寿春
中国文学研究所	伍俶
外国语文学研究所	范存忠
历史学研究所	贺昌群
哲学研究所	刘国钧

(2) 理学院

该院设数学、物理学、化学、地理学、地质学、生物学、心理学、气象学 8 系,并设有数学、物理学、化学、生物学、地理学、心理学 6 个研究所,是 7 院中系、所设置最齐全的。院长是孙光远。全院教授 158 人,其中教授 63 人(兼任 6 人)。由于得到教育部所拨的修建专款,院中实验室、图书仪器得到添置,日趋完善。

表 6-7　系科研究所及主任一览表(截至日期 1947 年 4 月)

系科及研究所	系主任
数学系	唐培经
物理学系	赵忠尧在假,施士元代理
化学系	李景晟
地理学系	任美锷
地质学系	张更
生物学系	欧阳翥
心理学系	萧孝嵘
气象学系	黄厦千
数学研究所	唐培经
物理学研究所	赵忠尧在假,施士元代理
化学研究所(化学组、化工组、农化组)	李景晟
生物学研究所(动物学组、植物学组)	欧阳翥
地理学研究所(地理组、气象组)	任美锷
心理学研究所	萧孝嵘

(3) 法学院

该院设法律、政治、经济、社会、边政 5 系,另设司法组,隶属国家司法部,学制均为四年。并设有法律、政治、经济、社会 4 个研究所。院长是何联奎。全院教师 80 人,教授 58 人(兼任 23 人),是一支精悍的教师队伍。

表 6-8　系科研究所及主任一览表(截至日期 1947 年 4 月)

系科及研究所	系主任
法律学系	何义均
政治学系	黄正铭
经济学系	程绍德
社会学系	孙本文
边政学系	韩儒林
法律系司法组	刘克
法律学研究所(行政法组)	何义均
政治、经济研究所(行政组、经济组、国际政治组)	黄正铭

(4) 师范学院

该院设教育、艺术(绘画、音乐两组)、体育 3 系和体育专修科,学制 5 年,专修科 3 年,最后一年为教学实习。设有教育心理研究所。院长是罗廷光。全院教师 85 人,教授 36 人(兼任 4 人)。

表 6-9　系科研究所及主任一览表(截至日期 1947 年 4 月)

系科及研究所	系主任
教育学系	徐养秋
体育学系	江良规
艺术学系(绘画组、音乐组)	吕斯百
体育专修科	江良规
教育心理研究所	徐养秋

(5) 农学院

该院设农艺学、农业经济学、森林学、园艺学、农业化学、畜牧、兽医 7 系和畜牧兽医专修科。并设农艺学、农业经济、森林学、畜牧兽医 4 个研究所,院长是罗清生。

表 6-10　系科研究所及主任一览表(截至日期 1947 年 4 月)

系科及研究所	系主任
农艺学系(植物病虫害组、农业机械组、作物组)	金善宝
农业经济学系	吴文晖
森林学系(造林组、利用组)	郑万钧
园艺学系	章守玉
农业化学系	刘伊农
畜牧系	汪德章
兽医系	罗清生
畜牧兽医专修科	罗清生
农艺学研究所(作物组、植物病理组、经济昆虫组)	金善宝
农业经济研究所	吴文晖
森林学研究所(造林保护组、森林利用组、森林经理组)	郑万钧
畜牧兽医研究所(畜牧组、兽医组)	罗清生

(6) 工学院

该院设土木工程、电机工程、机械工程、建筑工程、航空工程、化学工程、水利工程7系,并设有土木工程、电机工程、机械工程3个研究所。院长是杨家瑜。全院教师142人,教授58人(兼任7人)。

表6-11 系科研究所及主任一览表(截至日期1947年4月)

系科及研究所	系主任
土木工程学系	沙玉清
电机工程学系	陈章
机械工程学系	胡乾善
建筑工程学系	刘敦桢
航空工程学系	罗荣安
化学工程学系	时钧
水利工程学系	须恺
土木工程研究所(水利组、道路工程组、结构组、卫生工程组)	沙玉清
电机工程研究所	陈章
机械工程研究所(机械组、航空组)	胡乾善

(7) 医学院

该院设解剖学科、生物化学科、生理学科、药理学科、病理学科、细菌学科、寄生虫学科、公共卫生学科、法医学科(附司法检验员训练班)、内科、皮肤花柳病科、小儿科、神经精神病科、放射科及物理治疗科、外科、耳鼻喉科、眼科、产妇科、检验科、牙本科及牙医专修科、护士师资专修科、高级医师检验职业科二十几个学科,并设生理学、公共卫生、生物化学3个研究所及附设大学医院。院长是戚寿南。全院教师115人,其中教授27人(兼任2人)。医学院学制六年,最后一年为医院实习。

表6-12 系科研究所及主任一览表(截至日期1947年4月)

系科及研究所	系主任
解剖学科	潘铭紫
生物化学科	郑集
生理学科	蔡翘

续表

系科及研究所	系主任
药理学科	周金黄
病理学科	康锡荣
细菌学科	白施恩
寄生虫学科	郭绍周在假，戚寿南代理
公共卫生学科	俞焕文
法医学科(附司法检验员训练班)	林几
内科	戚寿南
皮肤花柳病科	于光元
小儿科	项全申
神经精神病科	高白勒
放射科及物理治疗科	邱焕扬
外科(附骨科、泌尿科)	董秉奇
耳鼻喉科	胡懋廉
眼科	齐续哲
产妇科	阴毓璋
检验科	康锡荣
牙本科及牙医专修科	陈华在假，欧阳官代理
护士师资专修科	林斯馨
高级医师检验职业科	康锡荣
生理学研究所	蔡翘
公共卫生研究所	俞焕文
生物化学研究所	郑集
附设大学医院	院　长　康锡荣 副院长　阴毓璋

3. 附属中学及附属小学

附属中学：复员后指定三牌楼校门口前农学院校舍为附中校址，校长由师范学院彭百川教授兼任，设初中14班，高中13班，高初中补习班3班，合共30班，学生数男生834人，女生470人，合计1304人。教职员125人。

附属小学：

（1）大石桥附小——校址仍在战前大石桥实验学校旧址，校长由师范学院雷震清副教授兼任。设幼儿园 3 班，低级部 5 班，中级部 3 班，高级部 4 班，合计 15 班，学生数男生 398 人，女生 338 人，合计 736 人。教职员 38 人。

（2）丁家桥附小——校址在丁家桥大学第二部内，校长周抑堂教授。设幼儿园 2 班，小学单式 6 班，复式 2 班，合计 10 班。学生数男生 174 人，女生 154 人，合计 328 人。教职员 24 人。

附注：附中教职员人数不列入大学教职员人数内。

附小教职员名额列入大学者 27 人。

附表一：中央大学复员修建各项工程统计表（截至 1947 年 2 月）

A 房屋工程

（1）已完成修建工程

工程名称	地点	承包厂商	营造总价/元	备考
火门	四牌楼	大华营造厂	2 847 000	
东南院	四牌楼	大地建筑公司	4 625 380	
工学院	四牌楼	东亚建筑公司	6 061 600	
平房（四间）	四牌楼	黄生记营造厂	782 200	
宿舍	蓝家庄十一号	黄生记营造厂	4 915 102	
教习房（装纱窗）	四牌楼	大康营造厂	3 394 500	
中山院	四牌楼	裕信建筑公司	6 006 600	
木屋（四栋）	四牌楼	裕信建筑公司	12 395 680	
体育馆屋顶	四牌楼	新林记营造厂	6 435 280	
体育系零星装修	四牌楼	恒泰记蔡崇记等	8 150 050	
体育馆内部	四牌楼	裕信建筑公司	25 198 000	
平房改建为开水房	文昌桥	黄生记营造厂	14 621 100	
南高院	四牌楼	大华营造厂	9 668 228	
生物馆	四牌楼	茂泰营造厂	48 145 000	

(2) 已完成新建工程

工程名称	地点	承包厂商	营造总价/元	备考
学生宿舍(七栋)	文昌桥	泰来、茂泰、新林记、大华	1 432 144 450	
学生食堂(二栋)	文昌桥	泰来、新林记	238 728 950	
活动平房(二十栋)	丁家桥(十) 四牌楼(十)	立兴营造厂	126 481 200	
活动平房(十五栋)	九华山	大夏建筑公司	102 730 350	
学生宿舍盥洗台(七栋)	文昌桥	泰来等四厂	55 160 000	
竹篱墙	九华山	郭源兴搭篷厂	4 864 000	
学生宿舍全部沟渠	文昌桥	泰来营造厂	84 813 640	

(3) 未完成修建工程

工程名称	地点	承包厂商	营造总价/元	备考/元
大礼堂	四牌楼	新林记厂	23 054 000	已付 18 440 000 未付 4 614 000
医学院门诊部	丁家桥	渤海营造厂	182 773 190	已付 134 943 733 未付 47 829 457
牙科大楼	四牌楼	大同营造厂	26 055 500	已付 24 973 500 未付 1 082 000
医学院生理生化	丁家桥	泰来营造厂	144 285 740	已付 140 970 000 未付 3 315 740
科学馆	四牌楼	新林记营造厂	41 907 300	已付 29 330 000 未付 12 577 300
图书馆	四牌楼	新林记营造厂	23 494 800	已付 16 440 000 未付 7 054 800
农化系办公室	四牌楼	立兴营造厂	32 338 300	已付 30 710 000 未付 1 628 300
农学院森林系	丁家桥	崔兴记营造厂	17 685 600	已付 15 890 000 未付 1 795 600

续表

工程名称	地点	承包厂商	营造总价/元	备考/元
病虫害组,农经系,森林系	丁家桥	何盛记营造厂	57 495 000	已付 45 740 000 未付 11 755 000
酱油厂,机械组	丁家桥	周明记营造厂	38 932 000	已付 27 760 000 未付 11 172 000
图书馆大门、玻璃、天棚	四牌楼	伟达营造厂	9 400 000	已付 6 500 000 未付 2 900 000

(4) 未完新建工程

工程名称	地点	承包厂商	营造总价/元	备考/元
活动平房双层教职宿舍四栋	丁家桥	新亨营造厂	202 416 950	已付 192 827 670 未付 9 589 280
活动平房双层教职宿舍四栋	丁家桥	六合贸易公司	198 219 280	已付 188 630 000 未付 9 589 280
活动平房双层教职宿舍四栋	丁家桥	大夏建筑公司	195 167 020	已付 174 840 000 未付 20 327 020
活动平房双层教职宿舍四栋	丁家桥	茂泰营造厂	201 015 040	已付 191 541 040 未付 9 474 000
活动平房双层教职宿舍四栋	丁家桥	大地建筑工程公司	191 034 660	已付 133 720 000 未付 57 314 660
农院办公室及花房(二幢)	丁家桥	新金记营造厂	61 165 500	已付 53 916 000 未付 7 249 500
活动平房十五	丁家桥	黄生记营造厂	103 976 350	已付 88 017 600 未付 15 958 750
厕所浴室共八栋	文昌桥	黄生记营造厂	143 401 000	已付 139 544 000 未付 3 857 000
牙科活动平房三栋	四牌楼	泰来营造厂	19 431 300	已付 17 860 000 未付 1 571 300
农学院活动平房十三栋	丁家桥	大业建筑公司	200 000 000	已付 140 000 000 未付 60 000 000

B 家具工程

名称	数量	承包厂商	制造总价/元	备考
方凳、自修桌椅（样品）	共二套	童顺记、大康	119 400	已完工
双层铁床	一千张	万和钢床厂	89 500 000	已完工
双层铁床	六百五十张	兴昌钢床厂	58 500 000	已完工
双层铁床	六百五十张	泰丰钢床厂	58 500 000	已完工
双层铁床	五百张	美艺钢床厂	44 000 000	已完工
方凳、自修桌椅	一组（五百支、二百五十支、五百支）	沈金泰号	21 725 000	已完工
方凳、自修桌椅	一组	文元号	21 725 000	已完工
方凳、自修桌椅	二组	张泰记号	43 450 000	已完工
方凳、自修桌椅	三组	中美号	65 175 000	已付 64 578 160 未付 596 840
方凳、自修桌椅	二组	申艺号	43 450 000	已付 41 260 000 未付 2 190 000
方凳、自修桌椅	二组	生泰号	43 450 000	已付 41 260 000 未付 2 190 000

C 水电卫生工程

工程范围	装置处所	承包厂商	承包总价/元	备考
电灯	工学院、南高院	兴记水电行	670 160	已完工
电灯	木房四栋、平房四栋	韦庆复行	220 575	已完工
农场水管拆除	文昌桥	正大水电行	178 700	已完工
卫生设备修理	牙科大楼	正大水电行	425 500	已完工
卫生设备修理	大礼堂	英惠工程行	5 700 300	已完工
卫生设备修理	盛家庄十一号	英惠工程行	3 583 000	已完工
电灯、盥洗室地板落水	学生宿舍七栋	金城行、英惠行	16 140 320	已完工
电灯	学生食堂	兴记行	1 369 700	已完工
盥洗室水管、小便斗及隔板	学生宿舍六栋	光华等四商	21 717 300	已完工

综合上列修理及新建房屋 134 座、铁床木器等家具 16 560 件以及水电卫生设备沟渠零星装修等工程,共计营造承装等总价为国币 4 851 016 745 元(内已付 4 545 384 918 元,未付 305 631 827 元)。

第七章 金陵大学的东还复校

抗战胜利后,随着国民政府从重庆迁回南京,金陵大学从四川返回南京的计划也被提上了议事日程。经历8年艰难困苦的中大、金陵大学师生,也迎来了"青春做伴好还乡"的喜悦。但在四川的8年,金大在蓉也形成了一定的规模及积累了一些校产。同时,由于沦陷时期被日伪占据的南京校产多有损毁,有的还被作为军事用途,接收和修整尚须时日,迁校东还延迟到1946年4月中旬。

第一节 东还准备

日本投降后,中国人民沉浸在胜利的喜悦之中。金陵大学师生也都"漫卷诗书喜欲狂",积极筹备复员工作。在华西坝的8年,处境虽然困难,但金大科系仍有发展,学生人数年年增加;而且日本投降时,金大已经放暑假,临时通知学生回宁非常困难;再加上交通拥堵,南京校园校产有待接收和整修,一时不能迁返。于是,1945年9月,仍在华西坝开学上课。11月,金大遵照教育部的命令,成立金陵大学复校委员会,着手筹备复校事宜。12月,五大学校长联席会议做出决定,1945—1946学年第一学期于1月4日结束,寒假缩短,第二学期1月14日提前开学,并于1946年4月中旬结束,然后利用放假期间,分批开始迁返。

1945年8月21日,校长陈裕光第一时间给留守在南京护校的陈嵘和齐兆昌写信表达了胜利的喜悦之情并稍谈了复校事宜:"和平消息传来举国欢欣若狂,此间同仁均以东归有期,兴奋逾常。惟诸端仍待规划,交通工具一时亦尚无把握矣。稍有具体办法后,当先遣少数人员来京,协助筹措复员。兄等不避艰险维护学校多载,辛劳实堪钦佩。晤面有期谈。"①

8月23日,金大在成都华大教育学院召开了一次行政会议,陈裕光首先向与会教职员宣布了战争结束的好消息,鉴于各种现实问题短期内无法迁校东还,讨论了迁校的初步计划,并统计了学校的总人数,其中金大教职员1944年有275人,连家属共计831人,学生人数1945年度估计约1100人,工人人数80人。会议暂定1946年一二月之间开始迁校东还,如环境不允许,则改为五六月之间。学校下学期开学时通知学生,如果不愿意随校赴京可作转学准备。推举贝德士、理农两院代表各一人,行政方面一人同在京陈嵘、齐兆昌组织筹备委员会负责筹备一切工作,指定贝德士为主席。金大未全部迁京期间,如有政府机关商租学校在京财产权均须向成都校区商洽。成立"迁校委员会"负责筹划一切由成都迁回南京事宜,人数暂定7人计每院代表二人,行政方面一人,迁校委员会下设:"1. 运输委员会,负责办理一切有关运输事宜;2. 装箱委员会,负责办理一切有关学校仪器、图书、设备装置事宜;3. 防护委员会,负责筹划有关沿途照料及例行安全事宜。"②

1945年9月10日,赴美讲学归来的陈裕光校长为全校师生做了报告,对战后复校建校工作提出了三点要求:1. 加强研究精神。认为中国的大学教育在"大"之上已有成就,但对高等学府的"高",尚逊一筹,即战后的中国教育,应从质上着眼;2. 提高学术地位。学术无国界,应加强学术交流,使中国在国际上的学术地位有所提高;3. 促进事业发展的内力与外力结合,发扬战争中形成的和衷共济的精神,共同完成复校建校的工作。

9月14日,陈裕光赴重庆参加了全国教育善后复员会议,返校后出席基督教大学高等教育会议,会后各大学对复校事宜,有所商讨建议。10月12日,学校召开全体教职员大会,陈报告了赴渝接洽校务的经过,并阐述今后复校的新使命,历时两小时,与会的教职员工万分欣喜。陈校长的讲话主要有三点:1. 接洽经过;2. 复校准备;3. 建校计划。着重讲了复校的准备情况并通报了校行政会议的决议。此外,提到因为交通困难,迁校具体日期,一时很难

---

① 《金陵大学档案》,第366卷,第129页。
② 《金陵大学档案》,第224卷,第49—54页。

确定。同时政府方面也希望各校在明年暑假期间迁移。南京方面来信汇报已顺利接收伪中央大学。鼓楼医院也接收完毕,目前暂由史德蔚教授代理院长,并于9月28日开始门诊。学校已派贝德士教授赴京,筹备复校事宜,并招收一年级及补习班学生,以备即日开学上课,事务组顾俊人随即前去协助。同时陈裕光回顾了学校西迁八年以来的艰辛历程,同时也肯定了广大师生不忘初心,坚持研究学术的精神,使得学校的教学质量和科研水平达到了一个很高的水平,并享誉国内外。并告知全体教职员工东归之后建校困难重重、治学责任重大,勉励大家要群策群力共同努力建设具有国际水平的大学。①

11月,金陵大学遵照教育部命令由校务会议组成"迁校委员会",负责筹划迁返南京事宜。迁校委员会由朱庸章、谢岳仲、陈长松、王绳祖、倪青原、戴安邦、孙明经、魏景超、李景均等人组成,召集人为总务长朱庸章,后委员增加林蔚人。12月底陈裕光赴南京,接洽复员事项。

1946年2月25日,事务主任陈长松参加了教育部召开的迁校会议,在会上汇报了在成都的教职员、教职员眷属、学生、校工人数及公物吨数,如表7-1所示:

表7-1 私立金陵大学在蓉员生眷属校工暨公物统计表

项目	数量
教职员	229人
教职员眷属	715人
学生	939人
校工	80人
公物	100吨
附注: 重庆未计在内 上列系大约估计数字 校工栏未计农场工人等	

资料来源:《金陵大学档案》,第298卷,第48—50页。

① 《金陵大学校刊》,第352期,1945年10月10日。

1945年8月,在学校的行政会议中,华律士报告了迁校预算约需1亿元,而当时本校仅有数百万元,迁校经费相差甚多,亟待筹措。在准备期间,金大有条不紊地进行教学、科研工作,并利用抗战胜利后物价一度下跌的机会,改善职工的生活。1946年1月23日,金大校常会决定发放教职工日用物品津贴:本人1万元,妻子6000元,子女每人2000元,工友5000元。为解决师生预计长达1个月左右的回宁交通费,在重庆时,金大曾会同金陵女子文理学院院长吴贻芳及教育部部长朱家骅对金陵大学复员经费与南京先修班借用本校校舍问题进行了讨论。朱家骅答复一定会设法援助,但是仍希望学校能延至六月底前开始全部迁出。虽然学校尽力争取提前复员时间,但是困难重重。值得高兴的是,在复员经费上,总务司和高等教育司同意继续垫付。在4月7日的金大校务委员会常务会上决定:随学校返宁的师生享有川资津贴;学生津贴每人7.5万元;教职员及其直系眷属每人15万元,子女未满6岁的津贴7.5万元,父母需要教职员赡养的可享受直系家属同等待遇,凡教职员的子女在本校或在其他学校已领得返宁川资津贴的不予核发。另教职员本人可另向学校临时借款5万元。①

　　在抗战期间金陵大学55周年校庆时,为了重建金陵,筹募经费,校友会发动了"金陵大学经济复兴运动"。这一活动推行以来,校友们纷纷响应,进展非常顺利。抗战胜利后,各地校友都想为母校返宁尽一份微薄之力,"抗战八年,母校仍□□难中雄峙川中,且不断滋长,人才辈出,是皆钧长坚苦卓绝之领导精神有以致之也,兹此胜利到临,光明重见,还校首都指日可待,东望云天欢欣……,惟现时物价仍甚高涨,交通亦未平复,今之还校工作较昔日迁校工作当倍觉艰难,势须我全体校友群起赞助,或可收众志成城之效,谨汇□国币1万元以为补助,虽属杯水车薪,望补实际,但冀能抛砖引玉□为运动,合千百同学爱校之合力当必有所成也……"②

　　上海校友会组织了经济委员会,并推举黄振东校友为主任委员,丁佐成、孔令侃、吴志卫、吴东初、李卓敏、沈兹辉、李道南、竺培农、徐正铿、奚东曙、徐

---

① 《金陵大学档案》,第229卷,第67—70页。
② 《金陵大学档案》,第278卷,第86—88页。

国懋、陈行、郭子勋、许晓初、赵隶华、卢志学等为委员,到各地募捐,广大校友慷慨解囊。南京也组成了经济委员会,鲁佩章为召集人,吴咏怀、李润生、周一夔、杭立武、林栋、姚文采、计舜廷、洪焕卿、马绍邦、张川瑞、陈裕华、汤文耀、乔启明、劳远培、雍海楼等为委员。他们不仅各自认捐,还分头去劝募,成绩非常可观。在重庆,该地校友与金大学生家长卢作孚、张笃伦、鲜特生、魏学仁、杨典章、吴梦茵、陈海秋、李德毅、唐隶之、何叔文、田嘉谷等热心募捐,爱护母校,令大家兴奋不已。①

第二节　图书仪器的运输

1946年1月,迁校委员会进行内部分工:由陈长松、李景均、孙明经3人组织装箱委员会,主持装箱工作;朱庸章、陈长松、谢湘3人负责接洽运输工具。预计该学期暂不使用的图书文件、仪器设备,可先行装箱者约332箱,至该学期结束再行装箱者有586箱,留待日后再行装运者有242箱,总数约1160箱。

2月3日,金陵大学首批图书仪器从成都启运,在3月中旬抵达南京。首批图书仪器共装371箱,分装木船8艘,并有随船护运人员暨教职员眷属十余人。5月下旬,学校复员图书仪器及文件共1600余箱由成都陆续运到重庆,分存美丰、聚兴诚、和成、川康4个银行仓库,原定立即启运东下,但无奈当时复员交通运输困难万分,无法启行,只能等待轮船转运。而经过多年的战争破坏,交通运输实难以承受众多机关院校同时迁返原地的压力,而学校又急需使用,后只得改用木船分4批转运,其中两批由"嘉陵江""恒德"两轮,直运南京。另外两批用裕亨及民生公司丙级轮拖行,经过巫峡时,遇到狂风暴雨及登陆艇,木船前底横杆被冲脱,情况非常危急。经过紧急抢修,才转危为安,抵达汉口,改用"大中华"及"鲁兴"大轮运送南京,于10月22日前后陆续抵达。

---

① 《金陵大学校刊》,第357期,1946年12月5日。

第三节　师生漫漫归乡路

经过紧张的准备,最后由迁校委员会决定1946年4月15日提前放假,月底开始复员。学校人员除应届毕业生外,其他各年级学生和教职工,有少数转其他院校或留成都工作,大多数则分批返回南京。与此同时,附属中学亦由万县迁回南京。从西北回东南的数以百计的普通旅客,加上大量的军车,使火车拥挤不堪,沿途设施又不全,师生往往携带大量干粮果腹。但回宁的心情迥异于当年仓皇迁往四川,沿途的风情在师生心目中留下了终生难忘的印象。

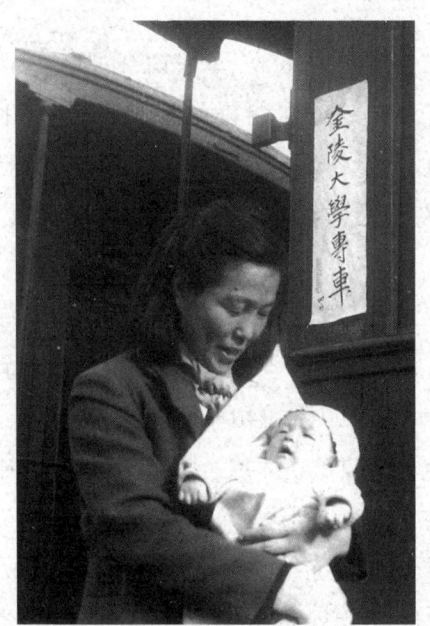

图7-1　金大师生乘坐火车返宁

根据当时实际情况,复员路线分为水陆两路:一是以陆路为主,根据交通部的信息,陇海铁路可于4月底前全部通车,学校复员人员先由川陕公路乘卡车到宝鸡,再经陇海铁路东行,转津浦铁路南下;二是以水路为主,先经成渝公路到重庆,再乘船沿长江顺流而下。教育部分配给金陵大学理学院285个座位,后经陈裕光向民生公司卢作孚接洽,又增加了100座位,这100个座位仅供教职员工乘坐。① 5 月份,大部分教职员工及学生已陆续回返南京,在成都的校务活动于 5 月 15 日结束,所有公文请教育部汇寄往南京办理。截至 7 月 19 日,已返宁的教职员 138 人,眷属 294 人,学生 181 人,共计 613 人。其余留渝员生、眷属返宁车辆在接洽中,船也在陆续返宁途中。②

8 月 1 日从成都开出复员学生专车二辆,途中多经波折,16 日抵达郑州。后因陇海路发生战事,交通暂时阻断。其中一部分学生取道小汉路,在 21 日抵达汉口,候船东下。其他剩余的复员学生仍滞留在郑州。12 月,学校全部复员人员到达南京。

第四节　南京做好复校准备

抗战期间,在金大留守南京人员的坚决斗争和不懈努力下,南京校产幸得基本保全,并顺利接收。日寇投降后,金大留守的史德蔚③教授第一时间发来信函,对南京校产情况做了一个初步的汇报。金陵大学与南京中央大学的交接过程非常顺利。学校校舍大部分外表看上去比较完整,稍加修葺即可使用。农学院的植物标本与之前相比有增无减,但昆虫标本就没那么幸运了,由于霉气太重,标本有所损坏;理学院的仪器设备,尚称完整;各处农场大部分仍有金大人员继续经营,损失不大,只是桑树林已被夷为平地;果园园艺也有损失,令人心痛的是黑马营一带的树木已经被全部砍伐。④

1945 年 10 月,金大派贝德士教授和事务组顾俊人离成都前往南京,会同其他留京人员接收校舍;请史德蔚接收鼓楼医院,并暂任该院院长(复员后由谭和敦任院长),从日军手里收回的鼓楼医院再次插上了中国的国旗。贝德士抵达南京后,立即与各机关接洽。11 月中旬,他先后与重庆中央大学和南京

---

① 《金陵大学档案》,第 15 卷,第 255—256 页。
② 《金陵大学档案》,第 298 卷,第 45 页。
③ 史德蔚:金陵大学植物学美籍教授。1938 年 11 月,在学校西迁时受命赴南京接替林查理,留守南京维护校产。太平洋战争爆发后,被日伪关押在上海集中营,至 1945 年 9 月,获释返回南京,寄居齐兆昌家。
④ 《金陵大学校刊》,第 352 期,1945 年 10 月 16 日。

中央大学商量各自接收范围。结果,商定南京中央大学所设立的土木工程系、音乐系、美术系及医学院等院系的仪器设备由重庆中央大学接收,"其他图书杂志以及各院系之设备,仍归本校接管,以其中尚有部分系本校所原有者贝德士等人不但1个多月就办妥接收事宜,而且经过实地考察,发现全部校舍外部尚完整,三院依然嵯峨,门窗齐全。然而内部凌乱破烂,夹板、物品、用品均有移动、散失,仪器药品更是损失惨重,多处被盗卖。尤其数十年来所搜集之县志与古本,丧失殆尽。西文书籍亦不少遗失,尤其杂志方面,一时无法补充,教职员住宅一部分被占用。另外,抗战后教育部为处置收复区的专科以上学校失学的学生,在平、津、京、沪四地举办了临时大学补习班。南京临时大学补习班借用北大楼、新科学馆、甲乙丙丁学生宿舍、体育馆、大礼堂、小陶园、农业经济系等房屋,预计到1946年5月前归还,保证金大按期开学"。

为了查明南京校产接收情形,积极筹备复校,1945年11月,陈裕光从重庆抵达南京,于12月专车去上海,接洽校务、访问校友。这次赴宁转沪,陈裕光一方面视察了金大在南京的校产接收情况,同时和在南京的教职员探讨了接收工作中所遇到的棘手问题;另一方面接洽了迁校事宜,其中包括修葺校舍、补充设备及京蓉两地的联络工作,并规划金大复员后的发展计划。此外,陈裕光为了迁校后学校的发展,分赴各地答谢校友及热心教育的人士对金大经济复兴运动的支持和捐献。至此,金大在南京的大部分校产已收回,校舍虽然被破坏得不是很严重,但也需要整修后才能使用,这就需要时间和经费。金大的图书损失,非常惨重,几十年来搜集整理的县志和古本,消失殆尽。外文书籍也丢失不少,尤其是杂志方面,一时很难补充。理学院的仪器设备、化学药品,也有很多被盗卖了。此外农场因战事无人打理,苗木全部被砍伐一空,满目荒芜,非常的可惜。

第五节 复校初期的发展

在学校全体师生员工的努力下,金陵大学不仅圆满完成了艰巨的迁返任务,还维持了教学的正常进行,使得东还后的金大于1946年9月30日如期在南京原址开学。金大能够顺利恢复教学工作的基础有二:一是主要因教职员队伍比较稳定,大部分均随学校复员,仍坚守岗位;二是因留守人员的坚决斗争和不懈努力,南京校产在抗战期间幸得基本保全,并已顺利接收。

一、基本情况

金陵大学复员后,回到了原有校址南京鼓楼,占地 156 公顷,有 1 个行政楼、1 个科学馆、1 个应用科学馆、1 个农学馆、3 个附中教室、2 个大礼堂、2 个体育馆、2 个蚕桑馆、农业专修科及实习室各 1 个、1 个乳牛所、冷藏作物储藏煤气房、水塔各 1 个、3 个煤器池、浴室、实习工场各 4 个、膳堂、厨房各 2 个、8 个学生宿舍、56 个教职员住宅、3 个大运动场、网球场及排球场等 20 余个、3 个附属医院主要建筑、1 个护士宿舍、10 个医生及职员住宅,另有多处农场。

二、行政组织

本校行政组织基本仍沿用 1939 年的规定,设教务、训导、总务 3 处,教务处设注册、学籍、成绩、招生 4 组,训导处设体育卫生、生活管理、奖贷金、女生指导 4 组,总务处设文书、人事、事务 3 组。图书馆和会计室自成单位。

三、教职员及学生人数

在艰苦的全面抗战 8 年中,处境虽然困难,金大全体师生在陈裕光校长领导下,团结一致,度过了重重难关,学校的事业仍然蒸蒸日上。1945 年秋,教职员增至 277 人,研究生 31 人,本科生 981 人,专科生 102 人,毕业生 225 人,科系亦有增加,这是全校师生员工共同创立的业绩。从四川回宁后的一段时间,金大人心思定,大家都埋首于做好本职工作。复员后的头一年,金大各学院所属科系都有很大的进展。1946 年春,金大有教职工 289 人,学生 1022 人,其中研究生 30 人;1946 年秋,教职工 247 人,学生 1116 人,其中研究生 18 人;1947 年春,金大教职员 253 人,学生 1170 人,其中研究生 18 人。[①]

[①] 张宪文主编:《金陵大学史》,第 543 页。

表 7-2　金陵大学东还后教职员、学生人数一览(1947年春季)　（单位:人）

教职员	在校生				毕业生			
	研究生	本科生	专修科	合计	硕士	学士	专修科	合计
253	18	1048	104	1170	7	183	42	232

四、经费

复校后,金大教职工的经济状况略有改善,其中主要还是来自美国援华会的赞助。1946年7月9日,该会给予了金大教职工补助,具体如表7-3所示:

表 7-3　1946年金大教职工补助金　　　　　　　　（单位:法币元）

服务年限	教授副教授	讲师助教	助教与练习生	校工
1至4年	300 000	250 000	2 000 000	100 000
5至8年	350 000	300 000	250 000	120 000
9年以上	400 000	350 000	300 000	150 000

当时的档案显示,上述补助只是总额的一半,教职工直系亲属每人另有4万元补助。

1946年11月,陈裕光校长通知大家,由于援华会的支援,自11月起,专任教职员各项津贴一律增加50%,兼任教职员每小时增加交通费2000元。1946年度的金大预算:年收入总和16.925亿元,其中学费4.1亿元,教育部津贴6200万元,援华会津贴8.1亿元,基金利息2.067亿元,其他捐款2.038亿元;支出与收入部分基本持平。从1946年度的金大预算中可以看出金大的财政主要来源于美国援华会。为了学校的发展,在陈裕光、吴贻芳两人的呼吁下,教育部在1947年8月补助全国13所基督教会大学共60亿元,金大财政再获支持。获得这笔款项后,校舍修复及设备添置工作得以顺利完成,学校迅速恢复昔日"花木扶疏绿荫深,楼宇环抱碧草坪"的景象。

五、图书馆、各学院及研究所概况

1. 图书馆

金陵大学图书馆创设于1910年,最初设于金大中学部学生青年会楼上,占屋2间,藏书3000余本,首任馆长为刘靖夫。1915年,图书馆扩大到旁边的两间房子,刘靖夫开始编西文书目录,中文书仍无编目录。1916年,刘靖夫辞职,洪范五继任,编中西图书目录,改进管理方法,添设儿童图书部,并开辟一个房间,专放中文书籍。同时,在大学部科学室3层楼上,用两个房间作阅览室、办事室和书库。1919年刘衡如任馆长,李小缘负责西文书的编目。随后,北大楼落成,图书馆搬入其中,占屋3间,而原设于中学的部分改为支部。从1921年开始,金大图书馆与美国农业部合作,成立合作部,志在汇编中国古代以来农书索引。此后,金大图书馆得赈后余款百万元之巨,将该合作部改为研究部。1922年,金大图书馆成为学校的一个独立的行政单位。1924年秋,金大图书馆中国志书等搬到北大楼4楼之上,另辟一课室为阅览室,书库也扩大了一间。到1925年,金大图书馆分购书、编目、借书、参考、典藏、装订、研究7部,藏有中文书37 231册、西文书12 904册、小册23 952册、杂志报章200余种。在随校西迁途中,图书馆库藏的图书,因运输困难,未能全部装运,大约只运了总数的1/10,共100多只箱子。

自抗战以来,我国文物在战事中损失惨重,被敌人掠夺甚多。为了追偿起见,教育部成立了清理战时文物委员会,并于1945年11月6日在重庆大公报刊登文物损失登记通告。金陵大学南京本部沦陷8年,图书、文物也没有幸免于难。1946年12月16日,陈裕光校长向教育部清理战时文物损失委员会呈报了图书馆战时文物损失情况并附调查表,如表7-4所示:

表7-4 私立金陵大学战时文物损失调查表(1946年12月呈报)

数列	损失数字	每册平均估价	总共价格
中文书	21 353册	5000元	106 765 000元
西文书	4373册	4美元	17 492美元
中文杂志	10 492册	1000元	10 492 000元

续表

数列	损失数字	每册平均估价	总共价格
西文杂志	10 733 册	2000 元	21 466 000 元
中文小册	10 508 册	1000 元	10 508 000 元
西文小册	16 439 册	2000 元	32 938 000 元

回宁以后,金大图书馆也得到了长足的发展。在承受了抗战时期共73 928册图书损失的基础上,中文书增加到165 230册、西文书38 635册、中文杂志58 751册、西文杂志50 356册、中文小册6686册、西文小册88 743册,共计达408 401册,创历史高峰。

2. 各学院概况

(1) 文学院

文学院是由金陵大学成立最早的文科发展而来,一直实行教学、科研、推广三结合的方针,积极发展新兴系科,不断吸纳国内外学术人才,加强师资力量,努力培养优秀人才。截至1946年,文学院设有7个系、3个组、2个专修科、1个研究所及2个研究部。院长蔡乐生辞职,陈裕光校长代理一阵,后由倪青原继任。金陵大学复校后,隶属于社会学系的社会福利行政组继续从事社会福利事业的推广工作。这一推广工作不仅在社会上获得了较大反响,还获得了政府的认可。尤其对于金陵大学成效卓著的社会教育事业,国民政府"教育部"社会教育司曾发专函给予褒奖,并颁发奖金1000元,作为补助金大发展社会教育之用。政府对金大社会服务部的工作亦予以肯定,当时国民政府社会部长亲自致函社会学系主任陈文仙,评价金大"创设社会服务部以教育立场为社会谋福利,远瞩高瞻"。可见,金陵大学文学院的推广事业已获得社会的赞誉。"教学、科研、推广三结合"这一独具特色的办学模式,不仅使金陵大学教学与科研蜚声海内外,还使其对中国社会发展做出了积极贡献,奠定了金陵大学在中国高等教育史上不可或缺的重要地位。

(2) 理学院

在金陵大学的3个学院中,理学院发展较晚,但在课程开设方面尤为重视。理学院旨在培养专门的科学技术人才、研究高深的科技学术问题、培养科学教育师资,以适应社会需要。理学院早期的教学行政组织以系、科、所3种类型为主体。凡研究自然科学的单位,称为"系";凡研究应用科学的单位,则称为"科",二者行政上完全相同,都属于本科层次。而"所"则是从事高深学术研究,培养高级专业人才的研究单位。根据教育部和金陵大学的有关规定,研究所应按学科分为若干个学部,属于研究生层次。复员后的理学院,教学行政体系为5系1部1专修科、1研究所及1研究部。1946年4月魏学仁院长代表中国赴美国参加世界原子能会议及联合国会议,由李方训任理学院代理院长。

(3) 农学院

金陵大学农学院的创办,肇端于美国学者裴义理(Joseph Bailie)的义农会。金陵大学于1914年开设农科,翌年增设林科,1916年两科合并为农林科,1930年改组为农学院,成为中国历史最悠久的四年制大学农业教育机构。抗战胜利后,农学院在配合学校接收南京校产的同时,派遣单寿父、周述才、周本瑾3人先行返回南京,筹备农场种植事宜,以免有失农时。因农学院范围较大,教学单位多,校舍设施比较分散,在战争期间遭受的损失也比较严重,所以恢复工作相当的艰难。抗战胜利复员南京后,农学院的组织机构略有调整,共有9系2专科1部,院长是章之汶。

农学院的复员整顿工作从以下方面进行:

① 整理农场。农学院有农场126.6公顷余(城内13.3公顷,城外113.3公顷余),林场133.3公顷余。战时土地被占用,农场植物被砍伐,房舍多遭焚毁。逐渐收回后,积极整理利用,加强集中管理,注意土地利用的科学化。

② 充实图书。除自行购置外,承洛氏基金会、中英文化学会、美国大使馆及美国康奈尔大学已故教授马雅思夫人及劳门教授等公私单位及个人捐赠图书,使农学院图书逐渐充实。

③ 增购仪器。因由四川运回的仪器设备及时运到,解了开学的燃眉之急,但仍不能保证正常的教学,故陆续从美国运回订购的仪器设备、化学药品等数十箱。

④ 加强教学。重视师资队伍建设,复员后一年之内即有数十位教师由美国返校任职,又新聘教师13人,并聘请外教到校任教,继选送骨干教师出国进

修,使教学事业日趋增进。

⑤ 恢复乌江实验区。乌江实验区是农学院推广工作示范区,因为战事工作停顿并遭到了破坏。复员以后,该区工作一一恢复。

总之,农学院复员以后,充分利用本院交流合作基础雄厚的优势,积极争取国内外政府机构、企业单位和社会各界人士的支持,或赞助经费,或参与合作研究事业,通过全院团结奋斗,教学、科研、推广三项事业逐步正常发展。

(4) 中国文化研究所

金陵大学中国文化研究所成立于1930年春。金陵大学得到霍尔基金资助60万美元,以30万美元指定为研究中国文化之用,金大的中国文化研究所就应运而生了。中国文化研究所的根本使命是学术研究,也是金大的第一个专门化研究机构。其宗旨为:

① 研究并阐明本国文化之意义;

② 培养研究本国文化之专门人才;

③ 协助本校文学院发展关于本国文化之学程;

④ 供给本校师生研究文化之便利。

中国文化研究所成立后,成立了执行委员会规划所务,徐养秋为主任委员,并设图书委员会,研究员李小缘、贝德士、刘国钧等为委员,办理图书选购等事宜。研究所一直由徐养秋担任所长,1939年改由李小缘任所长,直至1951年。陆续聘请专任、兼任研究员工10余人。金陵大学中国文化研究所自1930年成立至1951年停办为止,虽然仅仅存在了20余年,而且中间经过全面抗战8年,学术研究受到一定影响,但还是陆续出版了17种27册学术著作,其中有许多有较高学术价值的作品。此外,该所还是金大最早招收研究生的单位之一。

表 7-5　金陵大学东还后院系科及研究机构设置（1946 学年度）

学院(所)	系(组)科	研究机构	
		研究所	研究部
文学院	中国文学系 外国文学系 历史系 政治经济系政治学组 政治经济系经济学组 社会学系 社会福利行政学组 哲学心理教育学系 国文专修科 图书馆学专修科	文科研究所	史学部 社会福利特别研究部
理学院	数学系 物理系 化学系 生物系 电机工程系 化学工程系 电化教育专修科	理科研究所	化学研究部
农学院	农艺学系 森林学系 植物学系 蚕桑学系 农业经济学系 园艺学系 植物病虫害学系 农业教育学系 农业专修科	农科研究所	农业经济学部 农艺学部 园艺学部
中国文化研究所		中国文化研究所	

第八章　参与战后国际审判

世界反法西斯战争和中国抗日战争胜利后，为惩处日本侵略者反人类的战争罪行，中、苏、美、英、法、荷、加拿大、澳大利亚、新西兰、印度、菲律宾等11个国家，在东京组成"远东国际军事法庭"，对28名甲级战犯进行审判。同时，在中国南京也组织了"国防部审判战犯军事法庭"。两个法庭均对南京大屠杀进行专案审理，以无可辩驳的事实，确认日军制造了南京大屠杀惨案。作为大屠杀的目击者，金陵大学附属鼓楼医院美籍医生罗伯特·威尔逊，金大教授贝德士、史迈士，金大校友许传音博士等先后出庭，向法官提交铁证，使制造惨案的元凶依罪伏法。

第一节　东京审判

远东国际军事法庭成立于1946年3月，由美、苏、英、中、澳等多国审判人员参加，审判过程历时两年半之久。中国参与对日本战犯审判的是首席大法官梅汝璈。作为南京大屠杀期间的亲历者，威尔逊、贝德士、许传音出庭作证。以下为他们的证言节选：

（一）威尔逊的证词与回答质证

庭长传证人。

（罗伯特·威尔逊，作为起诉方证人首先庄严宣誓，然后作证如下。）

〔由萨顿（Sutton）先生提问。〕

问："你是加利福尼亚阿卡迪亚加（Arcadia）的罗伯特·威尔逊吗？"

答:"是的。"

问:"给你一份国际检察处(IPS)编号为2246的文件,是你在上面签名并为此写下宣誓证词的吗?"

答:"这是我的宣誓证词,是我在上面签的名。"

萨顿先生:"我们要求将其作为证据提交。"

法庭书记员:"起诉方文件2246号作为法庭证据被编为204号。"

(然后,上面提到的文件被编上了起诉方证据第204号。)

莱文(Levin)先生:"法官先生,我们反对在本案中把宣誓陈述作为证据,或者作为该证人的证词。我们认为,法庭所规定的允许将经陈述者宣誓的书面陈述作为法庭证据理由不适用于该证人。该证人是普林斯顿和哈佛的毕业生,他受过良好的教育,英语说得和在座的一样好。当本法庭宣布——庭长宣布法庭决定允许将宣誓证词作为证据时,法庭强调在做出这个决定时法庭也是疑虑重重。其他的证人只会说中文或是日文,所以可以将宣誓证词作为法庭证据,而这种情况完全不适用于本证人。"

庭长:"你没有必要再说了。萨顿先生,我们将听听你的看法。我们看不出有什么理由此人的证词不按常规采纳。除了你准备了一份宣誓证词这一事实外,我们想不出什么来证明这样做是有道理的。你可以把它当作证据,并就此对他进行提问。反对无效。"

萨顿先生:"如果法庭允许,我们原来理解为了缩短审理的时间,在每一个案例中都提供证人的宣誓证词,然后对证人质证。"

庭长:"它作为证据提交,是没有异议的,法庭不能拒绝它。但是证人现在应该被询问,且把他的书面证词权当作一种需要甄别的证据。"

莱文先生:"阁下,我对宣誓证词的反对——我把它作为对宣誓证词的反对提出。当它作为证据提出时,我认为我提出反对的时间是恰当的。"

庭长:"你提出反对时,它已经是证据了,并登记过。但是我们也许准备裁定反对有效,拒绝使用宣誓证词。我们是可以这样做的。"

莱文先生:"如果法庭允许,我的反对是基于我所熟悉的惯例。我们通常的做法是宣誓证词提出时,它是不作为证据加以考虑的。在它被提出时,我认为我的反对是适当的。我现在仍反对。我认为我过去已经提出过反对了。我请求法庭裁定我对使用宣誓证词的反对有效。"

庭长:"我们把你的反对意见作为事后补证来处理。支持你的观点。我们将拒绝使用宣誓证词。请收走法官那里的宣誓证词。"

萨顿先生:"如果法庭允许,我们可以开始提问了吗?"

庭长:"可以。"

(由萨顿先生提问。)

问:"威尔逊(Wilson)医生,你出生在何时何地?"

答:"我1906年10月5日出生在中国南京。"

问:"你的职业是什么?在哪里接受教育的?"

答:"我是名外科医生,曾在普林斯顿和哈佛大学医学院就读。"

问:"医学院毕业后,你就回到了中国?如果是,什么时候你开始在中国行医的?"

答:"1936年1月我回到中国,从那时到1940年8月一直在南京的(金陵)大学医院行医。"

问:"你和大学医院有密切联系吗?如果是的,是以什么身份?"

答:"当时我是南京的大学医院的外科医生。"

问:"1937年南京陷落后,医院的中国医生和护士都离开医院了吗?"

麦克马纳斯(McManus)先生:"如果阁下允许,我反对这样问话的形式。因为这种问话导向性太强。我请求庭长指示律师不要问一些具有导向性的问题,而应该用恰当的方式来进行提问。"

庭长:"这只是介绍性(introductory)的问题,他有权在此基础上引导问题。"

答:"1937年11月末,上海陷落后,日军向南京挺进。医院的医护人员到我们这里,要求在日军占领南京时,他们离开南京。他们这样做的理由是他们听说了很多在上海和南京之间的城市里所发生的事情。这些城市有苏州、无锡、镇江、丹阳等。我们的工作人员担心生命受到威胁,纷纷希望离开南京。我们努力安慰他们,告诉他们在某种法律的保护下,陷落后的南京也没什么危险。然而我们无法说服他们,很多人离开,去了长江上游地区,医院里只剩下特里默(Trimmer)医生——另一个美国医生、我和5名护士,以及一些选择留下来陪伴我们的清扫工。在此之前,我们医院总共有20名中国医生,大约40到50个护士和实习护士。他们是在12月1日离开南京的。"

问:"南京陷落前,医院里病人的数目减到了多少呢?"

答:"在我们的工作人员离开时,我们不得不把病人的数目减到不能再减的地步,把所有可能回家的都送回家了,医院里只留下大约50个无处可去,或虚弱无法走动的病人。"

问:"1937年12月13日之后情况有没有什么变化?如果有,以何种形式?"

答:"日军于12月13日清晨进了城,12日晚上所有的抵抗就停止了。就在几天之内,医院里挤满了各个年龄段的男女老少,伤势不一。"

布鲁克斯(Brooks)先生:"如果法庭允许,我反对这种提问。我认为法庭……"

庭长:"我听不见你说的话,用扩音器再说一遍。"

布鲁克斯先生:"如果法庭允许,我认为这种提问不可取。这样会影响法庭法官的判断力,我认为法庭会公正地注意到,辩方也会同意战争中必然会有平民的伤亡,妇女、儿童和其他人的伤亡。如果这一点没有表明的话,我提议不要把这些问题记录下来。"

庭长:"反对无效,继续进行。"

布鲁克斯先生:"我再次提出反对,理由是这与我们想显示的问题毫无关系——谁引起的战争?假如这个问题与此有关的话,我看不出体现在何处。"

庭长:"反对无效。"

问:"医生,你能不能讲一下你医院病人的伤情呢?"

答:"我只能讲一下南京刚陷落后我救治的一些病人伤情,但除了在座的一两个证人外,我记不起其他人的名字了。我记忆犹新的一件事是一位40多岁的妇女,送到医院来的时候,她脖子后有个巨大的伤口,切断了脖子周围所有的肌肉。从病人的叙述中,从送她到医院来的人的讲述中,没有……"

马蒂斯(Mattice)先生:"我想打断证人的陈述。首先,证人讲的是道听途说;其次,这和被问及的内容没有关系。他被要求描述所见的伤情,而他现在说的是那位妇女告诉他的话。"

庭长:"反对无效。关于你所说的'道听途说'再次宣布无效。"

答(继续):"通过对病人的询问,以及对送她到医院来的人询问,毫无疑问我们知道这是日本兵的所作所为。"

庭长:"他应该讲述那位妇女告诉他的内容。"

答(继续):"一个8岁的小男孩被带到了医院,肚子上有一条深深的伤口使肚皮外翻。"

沃伦(Warren)先生:"如果允许的话,我要提出反对,应该提请证人注意:他应该陈述病人告诉他的内容,而不是他的结论,结论该由法庭作出。我们恳请法庭要求证人陈述,尽可能准确地陈述他同病人的谈话的回忆。"

庭长:"反对有效。"

(对萨顿说):"我认为你没听到我所说的,戴上耳机。我也说过证人必须陈述他和伤员的谈话。"

答(继续):"医院收容了一个病人,右肩有伤,显然是子弹造成的伤害,而且——证人假如许可,我将把他告诉我的内容讲给大家听。"

答(继续):"他是一群人中的唯一的幸存者——这些人被带到长江边被日本兵一个个开枪打死,尸体被投入江里,因此实际伤亡的人数不能确定。他假装已死,趁着夜色逃到医院。他姓梁(Liang)。另一人是中国警察,送到医院时背部中间有一道深深的伤口。他也是一群被带出城的中国人中的唯一幸存者。首先,他被机枪扫射受了伤,又被刺刀刺伤——这是日军确保不留活口的又一种方法。这人的名字是(伍)长德(Chang-teh)。有一天中午,我正在房间里吃饭,突然邻居们跑来说几名日本士兵正在他们房间的桌子上强奸妇女。"

沃伦先生:"假如法庭允许,我想提醒,很明显证人在答非所问。我们要求法庭向他指出。毫无疑问,起诉方在进一步的提问中,会提出这些问题的。"

庭长:"证人应该回答所提的问题,但我认为他跑题不是太远,这些都是相关的问题,反对无效。"

答(继续):"我们立刻冲出去,在这些人的带领下我们来到他们家。院子里的人指着紧闭着的房门。此时,三个日本士兵持枪站在院子里。我们冲进了房间,发现两名日本士兵正在强奸两名妇女。我们立即救下她们,并把她们送到了金陵大学的难民营——校园里挤满了大批的难民,这些难民在这儿受到国际安全委员会的保护。又有一个人被送进医院,他的下巴被子弹击穿,几乎说不出话,而他三分之二的身体都被严重烧伤。他讲述了他的遭遇——我费了很大力气才明白他的意思——他被日本兵抓住,并被浇上汽油放火点着。两天后,他就死了。还有一个人被送入医院,整个头上、肩上都是严重烧伤。所幸他还能讲话,告诉我们他是一大批人中的唯一的幸存者,这些人被捆在一起,浇上汽油,然后被放火烧死。上述提到的案例我们还有照片。医院收治的还有一个60岁的老人,他胸部有刺刀留下的伤口。他告诉我们从难民营出来后,他到南京城的另一个地方去找一个亲戚。半路上碰到了日本兵,被刺刀刺伤后被当成死人扔进了排水沟里。六个小时后,他才恢复知觉并被送进了医院。自1937年12月13日南京陷落后,这样的事实就层出不穷。医院的床位是180张,在这段时期,床位天天爆满。"

问:"医生,在这段时期有没有孩子被送进医院呢?"

答:"我提到过一个8岁的男孩,我还记得另外两个孩子。其中一个是个七八岁的小姑娘,肘部严重受伤,肘关节的骨头都清晰可见。她告诉我们日本兵当着她的面杀死了她的父母亲,并将她砍伤。另一个是被约翰·马吉牧师带到医院的15岁的姑娘,她说自己被强奸了,检查之后证实了她所说的。两个月之后,这个姑娘又被送回医院,被诊断出得了二期梅毒。"

问:"这些病人有没有告诉你是谁使他们受伤的呢?"

答:"他们只说——他们无一例外地说他们是被日军所伤。"

问:"医生,这两个病人——梁上尉和伍长德在日本吗?"

答:"你称为梁上尉的这个人我认识,当时他是中国军队的担架手,现在他在日本。伍长德——我前面提到的那位警察也在日本。"

庭长:"莫罗(Morrow)上校,很显然,他没有听到证人已结束了回答。"

问:"医生,1937年12月13日南京陷落后,在鸦片买卖方面有什么变化呢?"

沃伦先生:"假如许可,我想提请法官注意——显然,这是一个和本案无关的问题。我们要求不允许证人回答这个问题。而且提议这个话题的直接询问到此结束。"

庭长:"这个问题当然会引起反对,在一个重要的问题上,导向性很强,但它在相关性上呢?我想听听你的见解。这个问题是导向性的,并且在一个重要问题上导向性很强,但辩护律师也以它与本案无关而提出反对,我想听听你的意见。"

(对Warren先生说):"沃伦先生,我想听听萨顿先生的观点。"

萨顿先生:"如果法庭允许,佐证的目的就是想弄清南京陷落后鸦片或其他麻醉品的销售有没有明显的增长。如果是,增长的程度如何。"

庭长:"起诉书中有一项关于麻醉品的指控,但我忘了确切的用词。"

萨顿先生:"正是在起诉书的这个指控下才导向此方面的证据。"

庭长:"那好,把指控朗读一下。"

萨顿先生:"请原谅我要花点时间找一下它究竟在起诉书的什么地方。"

庭长:"那么,让我们暂时休庭到明早9点30分。"

(然后,16点休庭,直到1946年7月26日的9点30分。)

图8-1 威尔逊在远东国际军事法庭作证

(二)贝德士证词

这个委员会成立于1937年11月下旬,我们预计到日本军队会对南京发起进攻。

我们模仿了上海的法国牧师雅坎诺(Jacquinot)神父的做法,他建立的国际委员会对保护那里的大量中国平民起到了重大的帮助作用,我们试图在南京,在非常不同的条件下做一些相同的事情。

这个委员会成立之初是由一位丹麦人任主席和来自德国、英国和美国的成员组成的。但是由于外国政府把几乎所有的本国侨民都撤出了这个城市,当日本进攻时,只有德国和美国的成员还留在这个委员会里。

委员会主席是一位杰出的德国商人约翰·拉贝先生。该委员会通过美国、德国和英国大使馆的通讯、调停等帮助,得以与中国和日本的指挥官们取得联系。我们的目的是在一个小的非战斗区建立一个难民营,使平民们在这里可以躲开战斗与进攻的威胁。

该委员会期望其主要责任是在南京城处于包围的状态下,以及当南京的行政当局消失而日本的军事当局尚未成立期间,在几天或可能是几个星期的时间内提供住房,如果需要的话提供一些食品。

但实际情况远非如此,因为日本军队对南京的进攻与占领非常迅速,但是问题也随之开始了。他们对待平民非常恶劣,以至于委员会的主席和秘书要定期去找他们能够找得到的日本军官,并且每天准备报告,通报在安全区内发生的对平民的严重伤害事件。在几周内,总共以书面或口头形式向日本军官通报了数百起此类事件,其中有很多报告涉及多起事件,涉及大量人员。这些文件后来由徐淑希教授编辑,通过上海的英国凯利沃尔什(Kelly & Walsh)出版公司在1939年或1940年出版。

图8-2 贝德士在远东国际军事法庭作证

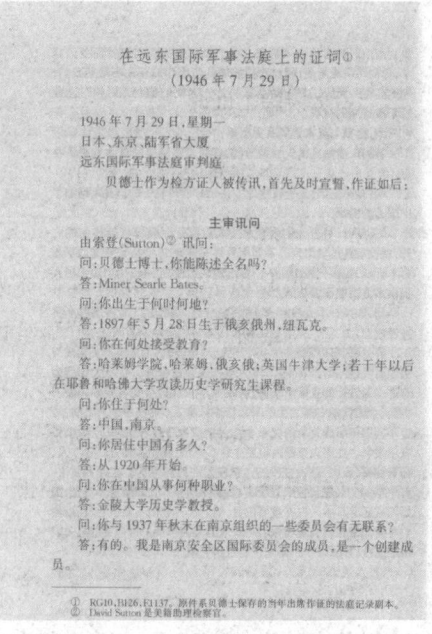

图8-3 贝德士在远东国际军事法庭上的证词

(三) 许传音①证词

南京陷落第三天,我才获得日本军事官员的许可绕城转转,由一个日本人在车上陪着我。我此行的目的是估算在街头和房屋里的死尸数量。我可以看到尸体遍布,有些尸体遭到严重损毁。有些像刚死去前一样躺着,有的屈膝,有的身子蜷缩着,有的侧卧,有的仰面躺着,四肢张开。他们遭到射击或遭到谋杀。种种迹象表明,这是日军的所作所为,就在那时,我还看到一些日军正在做同样的事。我开始数主干道两侧的死尸,很快就数到

图8-4　许传音(右二)在远东国际军事法庭作证

了500多具,我说没有必要再数了,我再也数不下去了。那时同车的还有一个在日本受过教育的中国人,他会说日语。我们一起到了他的家,却发现他的弟弟就在家里被打死了,就在台阶上,还没有被拖走。在城南、城北、城东、城西,可以发现相同的情况。无数人死了,仍然躺在那儿。所有的日军,没有一个日本兵对任何人表现出礼貌。我还算幸运的,同车有一名日本人陪伴,确切地说,他是一个会讲日

---

① 许传音:字澄之,1884年出生于安徽贵池。1905年,毕业于汇文书院,并获得农士学位,毕业后留校任教,长达10年,并于1915年获硕士学位。1917年,许传音在美国伊利诺伊州立大学获得经济学(铁路管理方向)博士学位。1928年,许传音来到南京,从事铁路方面的工作,曾担任湘桂黔专员、铁道部营业司司长等职。1937—1938年任南京安全区委员。

语的中国人。有无数次,我们的车被拦下,我险些被拉下车来,而这个日本人帮了我,因为在此之前我们已经得到日本方面的许可。我们发现这些尸体没有一具是穿制服的,没有一具是士兵。他们都是老百姓,老老少少,妇女儿童。遍及全城,我未发现一具军人的尸体。

我的职责是照顾在安全区里有房户和无房户的膳宿。那时,很多人有亲戚或朋友在安全区内,于是他们也到了那里。他们不但自己到了那里,而且把随身的物品也带过去了。对于那些没有亲戚朋友的人,我们的任务就是帮助他们找到房子并安顿下来。这些人为数众多。最后,我们为他们建了25个难民营,都在我的直接管辖下。我安排的这些房子,有民房也有公共建筑物。

图 8-5 南京大屠杀主犯松井石根(左二)在美国宪兵的押送下到庭受审

第二节 南京审判

抗日战争胜利后,国民政府于 1945 年冬成立了战争罪犯处理委员会。1946 年 2 月 15 日,南京国防部审判战犯军事法庭成立,主要审理制造南京大

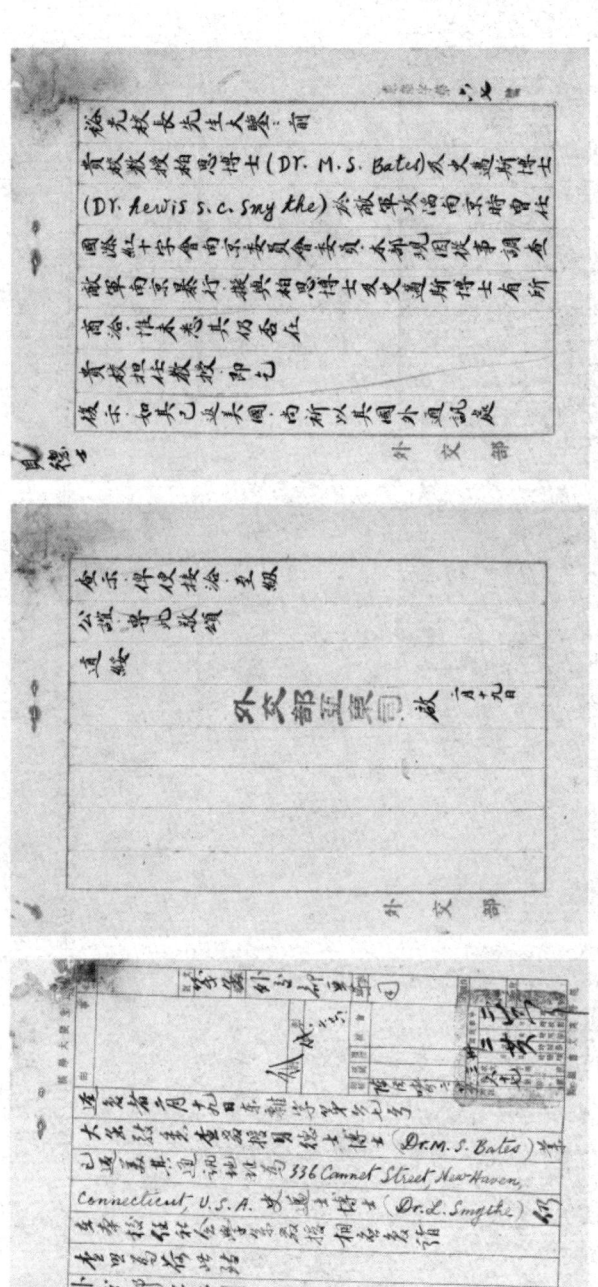

图8-6 1944年2月,国民政府外交部亚东司为查找南京大屠杀目击证人与金陵大学的来往公函

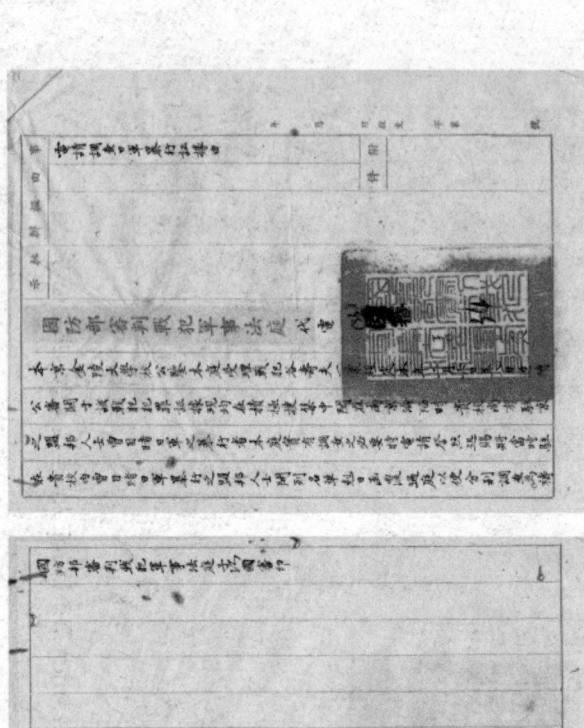
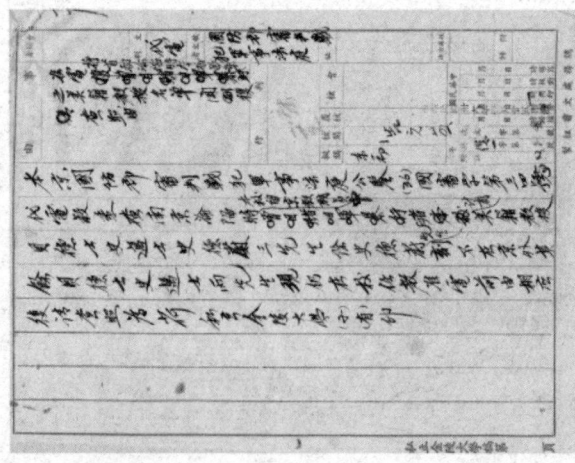

图 8-7 1947 年 1 月，南京"国防部审判战犯军事法庭"为查证南京大屠杀目击证人与金陵大学的来往电文

屠杀惨案的日本战犯和其他日本战犯。法庭向东京远东盟军最高统帅部提出,要求将制造南京大屠杀的主犯和其他罪大恶极的战犯引渡到中国,接受中国对他们的审判。1946年8月,战犯谷寿夫被押解至中国。1947年,战犯田中军吉、向井敏明、野田毅等先后被引渡到中国。

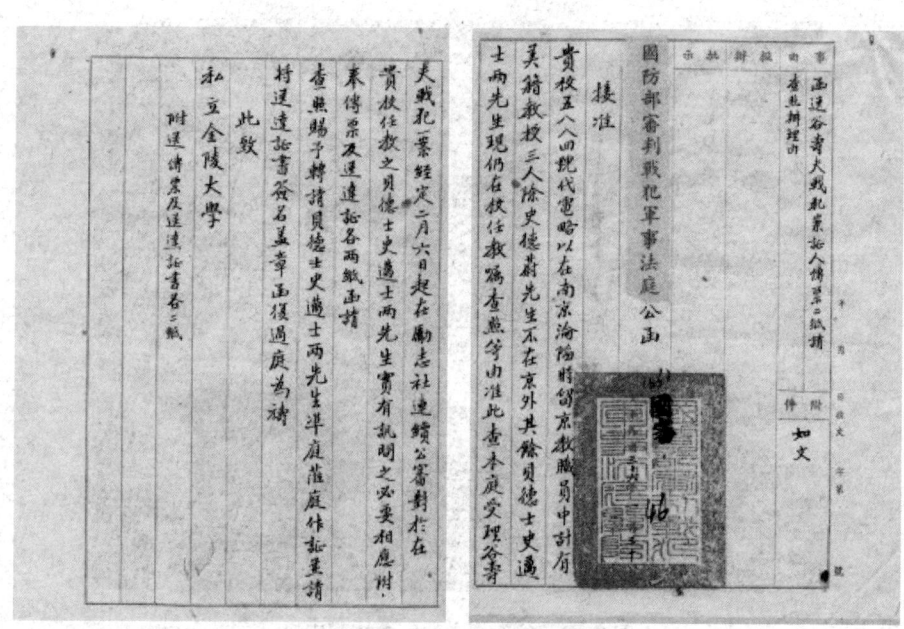

图8-8　1947年1月30日,国防部审判战犯军事法庭为请贝德士、史迈士教授到庭指证战犯谷寿夫罪行致金陵大学的公函

1947年2月6日,审判战犯军事法庭在南京第一次开庭。公诉人指控谷寿夫在侵华战争、特别是在南京大屠杀中所犯下的暴行。谷寿夫是原日军第6师团中将师团长,1937年12月日军攻占南京后,命令所部在南京进行了40余天的大屠杀,用集体枪杀、活埋、刀劈等残忍手段,杀害大量的中国军民,烧毁全城三分之一的建筑。

1947年3月10日,法庭对谷寿夫进行最后一次公审,宣判其犯有危害和平罪、战争罪和违反人道罪,判处死刑。4月26日,谷寿夫在南京雨花台被执行枪决。

1947年12月18日,审判战犯军事法庭宣判:战犯野田毅、向井敏明、田中军吉犯有战争罪及违反人道罪,判处死刑。战犯野田毅和向井敏明在日军攻占南京后,曾以百人为目标进行"杀人比赛"。1937年12月,日本《东京日日新闻》在《超纪录的百人斩》一文中,对此有详细报道。战犯田中军吉在南京期间,一人就屠杀了300余名平民。

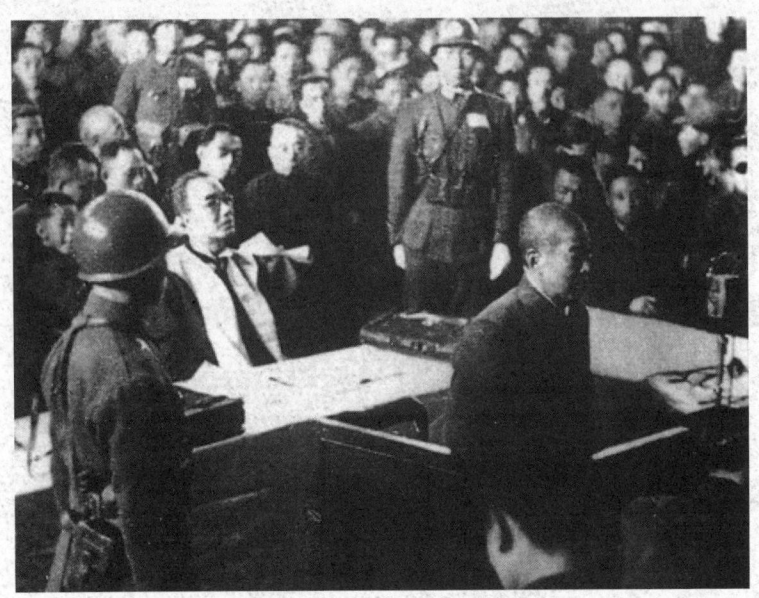

图 8-9　谷寿夫在法庭上接受审讯

第九章　重建历史记忆

2020年是中国人民抗日战争胜利75周年,今日南京大学对抗战历史的记忆,无论以何种方式记录下来,都不能被忘却。人们从知晓南京大屠杀的史实,了解到拉贝的事迹,发现了《拉贝日记》,寻找到拉贝故居,再修缮拉贝故居,直至拉贝故居入选国家抗战遗址名录;同时,南京大学校园内的南京大屠杀死难同胞丛葬地等,也都时刻提醒人们要铭记这段耻辱的历史,不忘那些舍生忘死救助苦难人民的英雄。

第一节　发现《拉贝日记》

1938年2月,拉贝离开了南京。同年4月返回德国后,拉贝先后在柏林西门子城、德国外交政策局、远东协会、国防部等地连续举行报告会,播放约翰·马吉牧师拍摄的大屠杀影片,并向德国当局呈送书面报告,揭露日军在南京的罪恶。拉贝于1938年6月8日寄给希特勒本人一份揭露日军暴行的报告,同时附上他自己在现场拍摄的南京惨案的照片,呼吁德国出面阻止盟国日本的这种非人道暴行。1938年6月,报告寄给希特勒没几天,他就被秘密警察逮捕了。由于拉贝在西门子公司的业务发展中立下了汗马功劳,公司总裁卡尔·弗里德里希以拉贝在国际上享有声望为由,将他保释出狱。但拉贝被警告,从此以后,不得再作报告、不准出书,尤其不准再放映马吉在南京拍摄的有关日军暴行的影片,甚至不许他写信、打电话。1945年7月底,战胜国首脑在柏林西南小镇波茨坦会议上,确定在德国集中力量实施非军事化、非纳粹化、分散化和卡特尔化政策。拉贝因为1934年在中国南京成立了一所德国学校,为得到国家拨款,必须加入德国国家社会党(纳粹党)。拉贝还因他担任过党小组长一职,他的非纳粹化手续办得极为艰难,直到1946年6月,他才被宣布为非纳粹化人士。二战结束时,拉贝已是63岁的老人。全家六口生活无任何来源,但中国人民从未忘记这位善良正直的老人。1948年,当南京人民得知拉贝老人生活窘困时,南京市参议会成立了救助拉贝劝募委员会,很快将募集的2000美元汇给拉贝。南京市长沈怡在1948年3月又在瑞士购奶粉、香肠、茶叶、牛肉等食品寄交拉贝。此后,南京各界又决定从6月份起按月寄赠食物一包,以表示南京市民对其由衷的感谢。拉贝两次复函,表示南京人民的友好支援使他重新树立起生活的信心。1950年1月5日,拉贝因中风而去世,遗体安葬于柏林。拉贝走了,走得悄声无息。半个世纪以来,他似乎被人们遗忘了。他的名字鲜为人知,即使研究南京大屠杀的中外历史学家,也只知拉贝记有日军暴行的日记而不知其人。

一、黄慧英发现拉贝事迹

1988年,南京市档案馆工作人员黄慧英(南京大学历史系毕业生),发现了当年南京市参议会的一则简讯,称时任南京安全区国际委员会主席的拉贝生活陷入困境,拟成立拉贝募捐委员会对他进行资助。这段文字引起了黄慧英女士的极大的兴趣。1988年12月,她在《南京史志》上发表题为《南京沦陷时期一位德国友人拉比》的文章。1995年抗日战争胜利50周年之际,她又根据新发现的材料在《上海档案》第三期上撰写《南京大屠杀中的庇护神》一文,并在《扬子晚报》上发表了《一个可敬的德国人与南京的生死缘》等系列文章,较为详尽地介绍了拉贝的生平事迹。介绍拉贝的文章发表后,当时似乎并未引起国内外人士对拉贝的应有关注。

二、张纯如与《拉贝日记》

1995年8月,美籍华裔女作家张纯如,准备写一本有关南京大屠杀的书,在搜集史料时,发现史料中常提到德国商人拉贝。1996年,张纯如开始调查约翰·拉贝的生平,随后通过有关途径找到了曾任中学教师的拉贝外孙女莱因哈特夫人,才了解到有关拉贝日记的情况,并最终发现了约翰·拉贝在南京大屠杀期间写下的数千页的日记。这些日记使她得出这样的结论:拉贝是"中国的辛德勒"。美国哈佛大学历史系主任威廉·柯比这样评价《拉贝日记》:张纯如发现了约翰·拉贝的日记——实际上它是一份小型档案。他是一名德国商人,领导了保护南京平民的国际行动。通过拉贝的视角,我们看到了南京居民在手无寸铁地面对日本攻击时的恐惧与勇气。通过张纯如的描述,我们赞赏勇敢的拉贝和其他国际友人。在城市被焚烧、居民被袭击时,在医院关门、太平间尸横遍地时,在周围混乱不堪时,他们试图改变那里的局面。我们也读到那些了解当时所发生的一切,并为之感到耻辱的日本人的内容。

图 9-1　拉贝在南京大屠杀期间写下了长达两千多页的日记

张纯如母亲张盈盈女士表示,张纯如对于南京大屠杀历史的最重要的贡献之一在于她发现了《拉贝日记》。

1997年,经过几年艰苦的史料搜集过程,张纯如写就历史巨著《南京浩劫》。该书从三个不同的角度讲述日军在南京的暴行。首先是从日本人的角度,讲述了一次有计划的侵略——日军奉命干什么,怎么干,为什么干;第二个是从中国受难者的角度,讲述了当时的国民政府面对外来侵略,因无力保护市民,而使一个城市遭受的劫难的史实;最后是从当时留守南京的欧美人士的角度,看大屠杀期间的西方义士如何冒死救助中国平民,并向外界发出警报,通报浩劫真相的史实。1994年,张纯如在加州库珀提诺的一次会议中看到了关于南京战争罪行的海报般大小的照片,她写新书的灵感由此而来。"我感到震惊,"她后来写道,"尽管从小我曾听过许多有关南京大屠杀的讲述,但面对这些图片我还是没有做好心理准备——毫无掩饰的黑白图像:被砍下的头颅、被开膛的腹腔以及裸体的妇女,强奸她们的士兵迫使她们做出各种色情的姿势,而她们的脸上则露出了令人难忘的痛苦和羞辱的表情。"

张纯如为了写书来到中国南京,见到了南京大屠杀的幸存者。每个幸存者谈论起他或她的故事时,都很痛苦,她后来表示,她和每个人交谈好几个小时,从录像带记录的他们的经历中获得细节。一些人在采访过程中因为过度紧张的情绪而落泪,但是他们都期望在临终之前能够有机会讲述大屠杀的事实。在此漫长和艰难的写作过程中,尽管存在着压倒性的证据,许多日本著名的政治人物、学者和经济界领导人甚至顽固地拒绝承认南京大屠杀发生过,这为张纯如提供了强烈的写作动机……正是某些日本人这种故意歪曲历史的企图使其确信写此书的必要性。

她最大的愿望是这本书能够激发其他作家和历史学家的兴趣,使他们在这些来自过去的声音正在逐年减少并终将全部消失之前,能尽早调查、研究南京大屠杀幸存者的经历。或许更为重要的是,她希望本书能唤起日本的良知,承担对此事件应负的责任。

三、《拉贝日记》公之于众

拉贝外孙女莱因哈特1931年出生在中国,常随母亲去南京看望拉贝。1938年,拉贝返德后把其在南京的经历告诉外孙女。1950年拉贝去世后,莱因哈特夫人收到拉贝日记作为遗产继承。她打开日记,才发现其内容不忍卒读。为了心灵平静,她把日记全部送给舅舅奥托·拉贝。

美籍华裔人士组成的"纽约纪念南京大屠杀受难同胞联合会"主席邵子平,通过美籍华裔女作家张纯如得知拉贝外孙女莱因哈特夫人下落,遂拜托德国老同学戴克牵线。因为邵子平相信,一位新教牧师在莱因哈特夫人的眼中当然是非常值得信赖的人。断断续续通了两三个月电话之后,戴克最终打动了她。1996年11月,莱因哈特夫妇亲往德国南部说服舅舅取来日记,然后送到戴克办公室,《拉贝日记》封印终获解除。

1996年12月12日下午,美国纽约曼哈顿岛洲际大饭店云集了世界各国的记者和学术界人士。下午2时整,在59年前南京城沦陷的同一时刻,记者招待会开始,拉贝的外孙女莱因哈特夫人向各国记者展示她外祖父当时所记的战时日记。日记的公布,立即在全世界引起了极大轰动,引起国际社会的普遍关注,约翰·拉贝这个名字也随之驰名世界,被誉为"中国的辛德勒"。《人民日报》从1996年12月24日到28日对拉贝日记的有关史料进行了长篇连续报道,在国内引起了强烈的反响。

图9-2　1996年12月12日,《纽约时报》刊登的关于发现拉贝日记的文章

第二节　寻找《拉贝日记》的诞生地——拉贝故居

1950年拉贝去世,随着时间的流逝,拉贝的名字很少被提及。南京小桃园10号(今小粉桥1号)更是淹没在历史的长河里,半个多世纪以来,无人知晓它曾经有过的惊心动魄,拉贝故居似乎从人们的记忆中消失了。

其实,这座默默承载着人类厚重历史的建筑从来就没有真正地离开过人们的生活。1938年拉贝离开南京后,其租住的房子自然归还金陵大学农学院院长谢家声。1947年4月谢家声赴美,其妻汤硕彦书面委托教友任文瑛代管,最先出租给美国基督教宣教会;1949年,又出租给华昌木行;1952年4月,任文瑛将之交南京市房地产管理局代管,曾由市建筑公司使用,后转交南京大学代管。1952年,院系大调整后,此房产闲置多年,直到1958年重新修缮后,作为南京大学的教职工住宅,一直得到很好的保护,包括副校长孙叔平、地质系主任张祖还等家人都曾在这里居住过。

1996年,《拉贝日记》公之于世后,全国掀起一股拉贝热,当年他在南京的故居引起媒体关注。1997年3月,中央电视台向全国人民介绍了这栋具有历史意义的建筑,《拉贝传》作者黄慧英和中央电视台《焦点访谈》栏目组记者找到一位名叫王世清的老人,老人把他们领到小粉桥1号。老人回忆说他当年曾在这里避过难,他清楚地记得拉贝就住在这座宅院内,院子四周的围墙还是当年模样。院子大门口有西门子公司牌子,当时贴有布告,用于禁止日本兵骚扰。81岁的丁永庆老人,当年居住在广州路10-1号,与拉贝住宅近在咫尺。他也说:"艾拉培(拉贝)是个大个子,待人很好。当年他在院子内搭有芦席棚,让周围的居民居住,供吃供穿。我在这里住了近一年。"他带着记者来到小粉桥1号,用手指着小楼对记着说:"这个楼就是艾拉培住的楼。"

这样,拉贝故居在尘封半个世纪以后,终于被确认为现在的广州路小粉桥1号。

第三节 拉贝故居的前世今生

一、20世纪30年代的拉贝故居

位于小粉桥1号的拉贝故居有一段不平凡的历史,是拉贝在20世纪30年代住宿兼办公的地方。1931年11月2日,拉贝到达南京,临时租住在下关。1932年夏天,拉贝同金陵大学农学院院长谢家声签订了一份协议。根据这份协议,同时按照拉贝的要求,在金陵大学校园里建立一座房屋出租给拉贝。拉贝的庭院内有新式楼房1幢(13间),有新式平房3幢(15间),靠南院墙还有车库、小房 2 间。房屋主要为砖木结构,占地面积 1905 平方米,其中,建筑占地总面积约 491 平方米(主楼 145.54 平方米,主楼后平房 123 平方米,德语学校 128.6 平方米,学校后平房 52 平方米,车库 31.75 平方米,小房 9 平方米)。

图 9-3　20 世纪 30 年代的拉贝寓所

日军南京大屠杀期间,拉贝故居作为安全区内的 25 个难民收容所之一,取名"西门子难民收容所",保护了 600 多位中国人的生命。1937 年 7 月 7 日,震惊中外的卢沟桥事变发生了。8 月 15 日始,日军屡屡派飞机轰炸南京,拉贝在庭院内亲自设计了救济难民的防空洞,随后带领大家对防空洞进行改造加固。12 月 13 日,南京城陷落,惨绝人寰的南京大屠杀拉开了帷幕。成群的中国人涌向这里,拉贝成了中国难民的保护伞和让日本兵奈何不得的人物。他曾不容抗辩地用德语痛斥企图强奸妇女的日本士兵,把卐袖标举到日本兵的眼前,揪住他,把他扔出院子。以致那些日本兵一见到蓝眼睛的德国人,就大呼"德意志",悻悻而去。在院子防空洞旁边,他还撑起了一块长 6 米、宽 3 米的帆布,在帆布上画了有卐字标记的德国国社党党旗,以警告日本轰炸机。当时的难民们把拉贝故居这块绿色的小岛当成他们的"诺亚方舟",把拉贝看作一只衔着绿色橄榄枝的"和平鸽"!由于拉贝的得力呵护,他院子里的 600 多名难民,没有一个伤亡。1938 年的新年,西门子难民收容所的难民们为了表示对恩人的感激,在院子里排队向拉贝三鞠躬,并献给他一块大红绸布,上面写着"您是几十万人的活菩萨"。拉贝也在他的日记中高兴地记载了当时的情形:"我得到了一份预料不到的再好不过的圣诞礼物,那就是 600 多个人的性命。"

图 9-4 2005 年 12 月,南京大学党委副书记张荣(左一)与德国驻上海总领事馆总领事芮悟峰博士(左二)、西门子(中国)有限公司副总裁艾伟先生(右二)、博西家用电器(中国)有限公司总裁盖尔克先生(右一)在签订共建"拉贝与国际安全区纪念馆"和"拉贝国际和平与冲突化解研究交流中心"协议

同样重要的是,拉贝在这座曾经温馨而雅致的西式小楼里,留下了大量的记载日军暴行的手稿。在目击惨无人道的南京大屠杀后,拉贝的良心和愤怒促使他偷偷做下了详细的笔录,真实地记录了侵华日军在南京犯下的一桩桩令人发指的暴行。拉贝从 1937 年 9 月 19 日在这里开始了他的"战时日记",直至翌年 2 月 26 日。日军在南京每一种类型的罪恶——集体屠杀、砍头、活埋、水淹、火烧、奸杀等几乎都可以在他的日记里里找到对应的案例。拉贝回国后,自 1941 年开始,他花了一年多时间和精力,誊清了自己 1937 年至 1938 年在南京的全部日记,共计 2100 多页,记载了南京大屠杀的 500 多个案例。1942 年拉贝将在南京所记日记《敌机飞临南京》整理成书稿《轰炸南京》。《拉贝日记》就是江苏人民出版社和江苏教育出版社依据后者原稿于 1997 年 8 月

共同翻译出版的。之后,德文版《拉贝日记》,由原德国驻华大使维克特编纂,于1997年月10月由德意志机构公司(DVA)出版,书名为《南京好德国人》。日文版的《拉贝日记》参照德文版编著而成,于1997年10月由日本的株式会社讲谈社出版,书名为《南京之真实》。英文版《拉贝日记》,以德文版维克特编纂本为蓝本,由美国出版公司克诺普夫(Alfred A. Knopf)于1998年出版,书名为《南京的好德国人——约翰·拉贝日记》,后英国出版公司也出版了与之完全相同的版本。《拉贝日记》是近年发现的研究南京大屠杀事件数量最多、保存得最为完整的史料。拉贝的祖国在第二次世界大战中是日本的盟国,他本人是德国纳粹党南京小组的负责人(代理)。这就使他的记述具有别人难以代替的特殊作用。

图9-5　2006年10月,拉贝纪念馆开馆揭牌仪式

二、修善拉贝故居,建立纪念馆

正是拉贝故居这段不平凡的历史成就了它的不朽。随着拉贝故居的确认,它的修缮工作也引起了国内外有关方面、有关人士的广泛关注。2003年9月,时任德国总统约翰内斯·劳访问南京大学,当他得知拉贝的事迹后,对拉贝故居的修缮深表关注。自2004年开始,南京大学对拉贝故居进行清理与保

护,人们一致认为,对于这位曾救下成千上万中国人的老朋友,这位具有特殊历史意义的人物,我们有责任和义务把他的故居保护好。2005年12月6日,为了永久纪念拉贝这位和平的勇士,德意志联邦共和国驻上海总领事馆、西门子(中国)有限公司、江苏博西家用电器销售有限公司三方与南京大学共同签署了共建"拉贝与国际安全区纪念馆"和"拉贝国际和平与冲突化解研究交流中心"协议。签约仪式上,主持人低沉有力的签字仪式开场白,震撼了每个人的心灵:"我们今天会聚这里,是为了纪念一个人。他不是战士,却在危难关头挺身而出,扶困济弱;他不是政客,却奔波于各国政府之间,让千万个生命免于涂炭。他是良知的使者、正义的战士、勇气的化身,是人道主义博爱精神的光辉典范。"

图9-6　2005年修缮前的拉贝故居

2006年10月31日,"拉贝纪念馆"开幕典礼暨新闻发布会在南京大学隆重举行。150多位中外来宾和省市领导出席了开幕典礼。会议由南京大学党委副书记张荣主持,南大党委书记洪银兴,南京市委常委、宣传部部长叶浩,德国驻上海总领事馆芮悟峰博士,西门子公司全球副总裁吴贺乐博士,西门子(中国)有限公司总裁、首席执行官郝睿强博士,江苏博西家用电器销售有限公司总裁盖尔克及拉贝的孙子托马斯·拉贝等先后在大会上致词。在尘封69

年之后,一位"南京好人"的义举和他那颗正直善良的心灵通过实物、图片、影音资料,再次完整地呈现在后人面前。

图 9-7　2006 年修缮一新的拉贝故居外观

拉贝纪念馆的建立对于记录这段不愿令人回顾但又难以忘怀的历史,缅怀拉贝和其他国际安全区成员,促进各国文化交流,倡导世界和平,在世界范围内弘扬人道主义精神和正义、仁爱的崇高品质都具有不可估量的意义。当地时间 2009 年 2 月 7 日,由华谊兄弟与德、法等国合作出品的战争史诗大片《拉贝日记》在柏林电影节举行了盛大的全球首映式。《拉贝日记》成为唯一一部得到中国官方授权的、由外国导演拍摄的南京题材影片。随着电影在各地的公映,世人能从那段惨烈的历史中感受到人性的温暖,从中国人民的顽强不屈中获得正义的力量。拉贝虽然离开了我们,但知恩图报、热爱和平的中华民族从来没有忘记他,我们已经为他树碑立传。这座具有民国时期古朴风格的独立小楼,已被定为全国重点文物保护单位,也被南京市政府列为"南京市重要近现代建筑"。如今,南京已经被命名为国际和平城市,拉贝的旧居也建设为和平博物馆,并于2014年入选首批国家级抗战纪念设施遗址名录。① 2016年,拉贝故居开放10年后,南京大学再次对故居进行全面修缮,以全新的面貌接待参观的人们。

静静矗立的拉贝纪念馆仿佛是和平的象征,关于和平的话题和研究也将一直深入下去。让我们在和平的阳光下充分享受和平,也让我们在对和平的思考中感受和平的责任。

中国人民纪念拉贝,是因为他对生命有大爱,对和平有追求。

图9-8 全国重点文物保护单位——拉贝旧居

第四节 平仓巷3号的历史变迁

在鼓楼平仓巷3号,南京大学鼓楼校区北园西墙根下,矗立着一座砖木混合结构的近代西式小楼。小楼坐西朝东,地下一层,地上两层加一层阁楼,这

---

① 2014年,为隆重纪念中国人民抗日战争暨世界反法西斯战争胜利69周年纪念日,经党中央、国务院批准,国务院发出通知,公布第一批80处国家级抗战纪念设施遗址名录,拉贝故居名列其中。

里曾是美国著名作家赛珍珠与其前夫卜凯(曾任金陵大学农经系主任)于1920年至1934年在金陵大学执教时期的住宅。赛珍珠于1932年获得普利策奖,1938年荣获诺贝尔文学奖,是唯一获得普利策奖和诺贝尔文学奖的女作家,也是目前作品流传语种最多的美国作家。她的获奖作品《大地》等正是在此创作完成的。南京大屠杀期间,这座不平凡的小楼又成为南京国际安全区委员会的重要活动场所。因此,平仓巷3号小楼,蕴含着非同寻常的文化价值和历史意义。小楼于2011年开始修缮,建立"赛珍珠纪念馆",以纪念这位对东西方文化交流作出杰出贡献的作家。

一、诺贝尔文学奖获奖作品诞生地

赛珍珠(Pearl S. Buck),1892年6月26日出生在美国弗吉尼亚州西部,几个月大时被传教士父母带到中国,在中国生活了约40年时间。

图9-9　南京平仓巷3号(原金大美籍教授卜凯的居所),南京安全区国际委员会的"智囊所在地"(拉贝语)

纵观赛珍珠在中国的生活,共分为四个阶段:愉快的童年生活是在镇江度过的;从美国的大学毕业后回到镇江教书;婚后随丈夫卜凯(John Lossing Buck)在宿州进行了为期两年半的农村考察;1919年下半年受邀去金陵大学执教直至1934年离开前往美国。在到金陵大学执教之前,她曾在镇江市私立崇实女子中学(今镇江市第三中学)教书。在金陵大学执教之后,她结识了包括林语堂、徐志摩在内的一批中国知识分子,并分别在金陵大学和国立东南大学两处教授英语和英国文学。金陵的文脉为赛珍珠的创作提供了适宜的人文环境,她得以潜心思考之前所接触到的中国农民的生活并记录下来,这使她之前多年生活的积累得以集中爆发。

她在传记《我的中国世界》中写道:"我在南京的房子,由于大女儿的离开而显得空荡荡的,就连我朋友们和家里人也不能填补。这时,我觉得,我该坐下来真正开始写作了。一天上午,我整理了一下我的小阁楼,把我那张宽大的中式写字台摆在窗口,正好面对紫金山。每天上午做完家务后,我便坐在打字机前,开始写《大地》。故事是久熟于心的,因为它直接来自我生活中种种耳闻目睹的事情,所以写起来得心应手。正是为自己直到今天仍热爱和景仰的中国农民和普通百姓而积郁的愤慨,驱使我写下了这个故事。""这段时间,我一直在写《大地》,前后共花了三个月,自己用打字机把稿子打了两遍。""写完《大地》后,我依然心潮难平,几乎马上又开始写另外一篇小说《母亲》。"①

赛珍珠创作了长篇小说《大地》三部曲,由《大地》(1930)、《儿子们》(1932)和《分家》(1935)三部作品组成,通过祖孙三代的经历,讲述了一个时代的中国故事。在这个中国故事里,土地是一个举足轻重的关键词,它或显或隐,承载和构建了王家祖孙三代不同的历史空间,揭示了农民受到横扫中国的日新月异的经济发展模式、西方技术以及社会宗教运动影响而改变传统生活方式的故事。凭借《大地》等作品,赛珍珠登上了世界顶级的文学圣坛。她是美国历史上首位获得诺贝尔文学奖的女作家。在诺贝尔文学奖颁奖典礼致辞中,她说道:"中国人民的生活多年来也就是我的生活,的确,他们的生活始终是我的生活的一部分。"同时,她也被誉为"一座沟通东西方文明的桥梁""一位伟大的艺术家,一位敏感而富于同情心的人"。

---

① 赛珍珠:《我的中国世界》,尚营林等译,湖南文艺出版社,1991年,第280页,第285页,第286页。

二、赛珍珠故居原址争议

20世纪初期，金陵大学校园内建有很多传教士和教职工住宿的小楼，赛珍珠故居地处的平仓巷就有许多同时代的建筑，因此赛珍珠故居原址众说纷纭，存在许多争议。一是位于南京大学西门外小坡上，与赛珍珠故居仅隔平仓巷的建筑（平仓巷5号），现为南京大学工程管理学院的办公楼；二是位于赛珍珠故居西南方位不远处的一栋洋房（汉口路71号），原是金陵大学校长陈裕光的故居，现为爱德基金会办公所在地，这两幢洋房都是与赛珍珠故居同一时期的住宅，故在一些书籍和报刊杂志中都曾被误认为是赛珍珠故居。在此通过历史文献、口述档案、影像档案对故居原址进行考证。

一、历史文献档案。南京赛珍珠故居现有的老照片共四张：民国二十二年的《文艺月刊》第4卷第6期"勃克夫人（Mrs. Pearl S. Buck）的创作生活"和民国二十三年的《现代》第4卷第5期"勃克夫人访问记"，分别刊登了赛珍珠故居寓所外观图；卜凯的个人网站上发现故居的"冬景"和"夏景"图。根据这四张照片，经过南京大学建筑与城市规划学院教授们的多次比对和研究，初步证实赛珍珠故居就是南京大学西南楼后面的洋房（原南京大学中文系办公大楼）。

二、亲历者口述。作为金陵大学教师，当时孙明经一家也住在平仓巷，正好住在赛珍珠楼斜对面。为此，建筑与城市规划学院的两位学生专程拜访了孙明经的后人孙健三和孙建秋，并分享了采访内容。孙健三回忆，当时他经常被父亲（孙明经）罚抄书，被关在他家二楼的房间里，有窗户对着赛珍珠家的院子，所以他"看这个院子是很清楚的"。他对赛珍珠楼外面的院门记忆尤为深刻，并且画了一张当时平仓巷沿线的平面图，还特别放大画了赛珍珠家院门的部分。这些口述档案为赛珍珠故居的原址考证提供了重要的依据。

三、影像档案。2005年赛珍珠养女詹尼丝（Janice）访问中国，参观了各地的赛珍珠故居。詹尼丝在美国被赛珍珠夫妇领养后，就与他们一起回到中国并居住在这栋房子内，是唯一在世的曾在南京赛珍珠故居居住过的人。南京大学刘海平教授作为国内赛珍珠研究的专家，陪同参观并作翻译。他为我们提供了当时詹尼丝参观的影像档案，这份珍贵的影像档案提供了最有价值的信息。原金陵大学校长陈裕光的小女儿陈佩结也陪同参观了赛珍珠楼。金陵大学时期,他们两家都住在平仓巷,陈佩结印象深刻。

录像中,Janice 在小楼门前即开始回忆起小楼内各个房间的情况,她指出,赛珍珠与卜凯家当时的门牌号是平仓巷 3 号,而陈裕光家的门牌号是平仓巷 5 号。一进故居,她就认出门厅右手的大房间就是原来的餐厅,左手是原来的客厅,客厅、餐厅与门厅的连接处都是推拉门(sliding door)。餐厅里放着一张圆形的大餐桌(one big round table),当时赛珍珠的助手龙墨芗也和他们一家居住在这个小楼里,并常使用这个餐厅作为他做翻译工作的地方。她还指出小楼一层西北角的房间是原来的厨房。她称现在东北角这个堆放杂物的小房间为"备餐间"(pantry),而小楼南面突出的房间为"露台"(porch)。

通过对上述历史档案的有效利用,我们最终确定了赛珍珠故居,也理清了故居内部的空间布局以及各房间的功能。

三、建立赛珍珠纪念馆

赛珍珠在中国生活了近 40 年。她在镇江度过了自己的童年时期,大学毕业后作为中学教师在镇江生活了一段时间,1919 年随卜凯搬到南京后作为大学教师及职业作家在此楼居住生活,1934 年回美后作为慈善家和社会活动家致力于慈善事业。赛珍珠居住在南京的这段时光是其人生中非常重要的阶段,是她思想日益成熟并逐渐步入文学创作的阶段,而这栋小楼也与她的文学创作生涯息息相关。想要真正了解她,就必须了解她在金陵大学生活的这段岁月,这也是位于南京大学校园内的赛珍珠故居有别于其他赛珍珠故居的特色所在。

1998 年,美国第 41 任总统乔治·布什探访了赛珍珠故居,当时的报道援引老布什总统的话说:"我当初对中国的了解,以至后来对中国产生爱慕之情,就是受赛珍珠的影响,是从读她的小说开始的。"两年后的 2000 年 5 月,南京大学正式给赛珍珠故居挂牌,2006 年 6 月 5 日,南京赛珍珠故居被列为江苏省文物保护单位。为了纪念这位对中国人民和中国文化充满热爱,为中美文化交流做出重要贡献的杰出女性,2011 年起,南京大学着手修缮故居。经过反复商讨,采用故居复原与生平展示相结合的方式,一方面通过情景再现,复原当时赛珍珠在日常生活中的点点滴滴；另一方面用图文结合的方式向观者叙述赛珍珠与中国的不解之缘。2012年5月19日，南京大学110周年校庆之际，南京大学赛珍珠纪念馆正式揭牌，赛珍珠故居修缮后首次面向公众开放。

图9-10　南京大学赛珍珠纪念馆

　　纪念馆共4层，包括地下室以及阁楼，总面积约为600平方米，采用展墙、展板、展柜、照片墙、灯箱、投影等多种展示手段，生动形象地展示了赛珍珠的一生，尤其是她在南京的生活细节。同时，纪念馆收集了赛珍珠著作百余部及大量的图片、文字等史料，其中大部分为民国时期的档案。开放后的赛珍珠纪念馆分为以下展区：1. 地下室多媒体播放厅，主要播放赛珍珠的纪录片《东风·西风》；2. 一楼的赛珍珠生平展以及厨房、备餐间等场景复原的相关展示；3. 二楼金陵大学展和创作成果展，结合赛珍珠夫妇卧室以及钢琴房等展示；4. 阁楼的《大地》故事展，包括《大地》影片循环放映等展示；5. 外围展示区，通过史料考证，赛珍珠故居当年外围空旷，花影摇窗，绿草茸茸，由于种种原因，不能完全复原外围环境，但是也尽量开辟出了一片天地。现在赛珍珠故居四周生长茂密繁盛的松树将小楼映衬得古朴而又富有文化气息。楼前草坪上，矗立着一座由镇江校友会捐赠的赛珍珠半身女性人物铜像，她手中拿着一本书，若有所思地凝望着前方，底座上刻着"赛珍珠，1892—1973"字样。

四、南京安全区国际委员会的智囊所在地

鼓楼平仓巷3号的小楼始建于1919年,除了是赛珍珠诺贝尔文学奖获奖作品诞生地以外,还曾是南京大屠杀期间,南京安全区国际委员会的智囊所在地。如今,我们重启那段难忘的记忆,缅怀抗日烽火岁月中那些难以忘却的勇士们。

金陵大学西迁成都华西坝期间,为保护学校资产,校长陈裕光委任金大历史系教授贝德士以应变委员会主席兼副校长名义留守南京,承担起守护校产的重任。和他一起留守的还有社会学系教授史迈士、林学院教授林查理,以及一些中国籍教职员工。他们最早发起和组织了国际组织救济委员会,并利用金大校园为中国平民设立了难民收容所。

1937年10月14日以后,贝德士、史迈士、米尔士、威尔逊等入住于平仓巷3号,为南京安全区的发起和创立创造了条件。12月1日上午9时30分,南京安全区国际委员会在此小楼开会,讨论人员的分工。南京大屠杀时期,有8位从事安全区工作的美籍人士曾居住于此,他们分别为麦卡伦、米尔士、费吴生、史迈士、宋煦伯、威尔逊、贝德士、林查理。此外,国际安全区委员会会议、国际红十字会会议也经常在此举行,委员会的很多重要文件也是在此拟定及签发的。1938年国际安全区委员会主席拉贝离开中国前的招待会也在此举办。

孙建秋是金大教师孙明经之女,曾随父母居住在平仓巷7号,在平仓巷3号对面。她曾谈起这段历史:"当时那个米尔士,史迈士,贝德士,他们自己都有房子的,但是为了讨论安全区的问题,他们都放弃了自己家里,他们都聚到这儿来,结果他们家都被抢了。"这里是"安全区的头脑","七位西方传教士一度住在此处,包括金大的贝德士,安全区的策划好像也是在此进行的。曾被活菩萨魏特琳戏称'光棍楼'(bachlors' house)",此处可能是孙建秋记忆有误,根据史料应有8位外籍人士居住于此。

根据程瑞芳日记出版的书籍《无畏的金陵女儿》中也提到这段历史,"因为在这里当时居住着有无线电的各位外国教授","当时所有的美国教授都聚集在平仓巷3号的赛珍珠楼内,以至于他们自己的家惨遭洗劫"。[①]《魏特琳日

---

① Tsen Shui-fang. *The Undaunted Women of Nanking*, Southern Illinois University Press. 2010: 110.

记》中也提到:"晚上 8 时。我在平仓巷 3 号参加了为拉贝先生举行的另一个招待会,大使馆的成员也出席了招待会,包括日本大使馆的福井、田中和安井。人们发表了演说,拉贝也致了辞,他的讲话得体、谦虚和真诚,并表达了为了南京的难民而进一步合作的愿望。"①

南京大屠杀期间,赛珍珠故居也收容了部分难民。史迈士于 1938 年致朋友函中写道:"一些美国朋友的房屋都遭到日本士兵的洗劫——不错,我们在阁楼里抓住他们正在翻箱倒柜,在藏有妇女的地下室将他们撵走——但我们的房屋挤满了难民,他们掩盖了我们的大部分物品!""我们八个人住在这所房子里,白天我们却没有一个人能留下保护逃难者。"②由此推测赛珍珠故居在 1937 年至 1946 年间一直被用作南京国际安全区委员会成员的居住及办公用房,同时也收容部分难民。1946 年金大复校,该小楼闲置。

图 9-11　这两张照片是 1937 年 10 月底或 11 月初在卜凯家附近(金大校园内)拍摄的,一次空袭开始后,卜凯等美国人在草坪上铺上美国国旗,以防止日本飞机轰炸他们

---

①　明妮·魏特琳:《魏特琳日记》,南京师范大学南京大屠杀研究中心译,江苏人民出版社,2015 年,第 216 页。
②　章开沅编译:《天理难容:美国传教士眼中的南京大屠杀(1937—1938)》,南京大学出版社,1999 年,第 343—344 页。

1952年院系调整之后,南京大学设于金陵大学原址,平仓巷3号被用作中文系办公楼。1990年前后中文系迁出,这里又被用作南大资产经营公司的办公楼,直至2011年修复工作开始。

第五节　校园里的遇难同胞丛葬地

1937年12月13日侵华日军攻陷南京,在以后的六周内,日军对南京市民、中国士兵进行惨绝人寰的大屠杀。遇难同胞30多万人。遇难同胞遇难地和丛葬地有江东门、中山陵西洼子村、挹江门、清凉山、煤炭港、北极阁、中山码头、汉中门、草鞋峡、上新河、五台山、南京大学、燕子矶等17处。1937年12月,日军在江东门血腥屠杀中国被俘军人及逃难群众28万余人,其中,江东门集市被集体屠杀的军民即达万人之众。为纪念死难同胞、铭记历史,1985年在江东门"万人坑"遗址旁建有"侵华日军南京大屠杀遇难同胞纪念馆"。在煤炭港建有侵华日军南京大屠杀死难同胞遇难处及丛葬地纪念碑。在水西门外上新河亦建有纪念碑。

图9-12　金陵大学难民收容所及遇难同胞纪念碑

随着时间的推移,侵华日军南京大屠杀遇难同胞的丛葬地越来越多地被发现,迄今为止,已经发现且被认定的丛葬地有 24 处,其中绝大多数已立碑。

南京大学鼓楼校区,既是侵华日军南京大屠杀时期原金陵大学难民收容所所在地,也是遇难同胞尸骨丛葬地之一。这里曾收容保护难民三万余人,也曾有 300 余名青壮年难民被掳走杀害,还曾掩埋了 744 具在周围遭屠杀的遇难者遗体。1996 年 5 月,南京大学在此(鼓楼校区天文台旁)设立了侵华日军南京大屠杀金陵大学难民收容所及遇难同胞纪念碑,让后人永远记住日本侵略中国这段血淋淋的历史,永远纪念不幸遇难的同胞。

碑文:

一九三七年十二月,日军侵占南京时,留在南京的外侨代表,为了收容我未及撤离的大批难民,以原金陵大学等处为中心,在城内设立了"国际安全区",占地约三点八六平方公里,内设二十五个难民收容所,收容难民约二十五万人,其中原金陵大学校园本身就是较大的难民收容所之一,收容难民多达三万余人。

原金陵大学附近,也是侵华日军对我遇难同胞实施集体屠杀的场所之一。一九三七年十二月二十六日,日军以办理难民"登记"为由,将避难于原金陵大学图书馆内之两千余名难民,迫令集中在网球场上(现该地已建为地质实验楼),从中搜捕了三百余名青壮年,驱至五台山及汉中门外悉加杀害。

原金陵大学校园范围内,也是我遇难同胞尸骨丛葬地之一。据当时慈善团体红卍字会埋尸资料记载:一九三八年一、二月间,该会曾先后在城北各处收殓,于金银街原金陵大学农场及阴阳营南秀村埋葬遇难者尸体达七百七十四具。五十年代,南京大学在南秀村建设天文台时,还曾掘出过这批尸骨。

前事不忘,后事之师。今立此碑,永志哀痛,藉慰死者,兼勉后人:自强不息,振兴中华。

图 9‑13　2014 年 12 月 13 日,首个国家公祭日,南京大学在"侵华日军南京大屠杀金陵大学难民收容所及遇难同胞纪念碑"前举行祭奠仪式。时任南京大学党委副书记朱庆葆致辞

第六节　南京大学对南京大屠杀史的研究

前事不忘,后事之师。为还原历史真相,揭露日军在南京的残暴行为,回击日本右翼势力对大屠杀史实的歪曲,南京大学一直从事南京大屠杀史的研究,以客观严谨的科学态度出版了系列研究成果,成为侵华日军南京大屠杀史研究的重镇。

从 20 世纪 60 年代起,高兴祖等 4 位南京大学的老师带着 7 名学生,对南京大屠杀进行调查,成果被油印出版,成为南京大学历史系的教材。1979 年 3 月,高兴祖老师的研究成果从油印本变成了白皮书,成为国内最早的关于南京大屠杀记忆的著作。

20 世纪 90 年代,南京大学师生查到耶鲁档案,2009 年,南京大学档案馆赴耶鲁大学将相关金陵大学的胶片档案带回南大,把第三方证据率先向世界展示,在学术界形成重要影响。

第九章 重建历史记忆   333

图9-14 《南京大屠杀史料集》首发式暨新闻发布会

2011年出版的《南京大屠杀史料集》,共72卷,加上特辑6卷,约4000万字,是南京地区的历史学者、档案学者和翻译工作者花费十多年的时间,跑遍世界各地搜集而来的大批有关南京大屠杀的原始档案。其中包括中国军队为保卫南京与来犯日军进行顽强作战的历史档案材料;日军南京大屠杀遇难者尸体掩埋情况的大批资料;大量的侵华日军官兵的日记、书信、回忆和证言;一大批西方人士关于南京大屠杀的文字史料;一批南京大屠杀幸存者的证言;远东国际军事法庭和中国国防部审判战犯军事法庭的史料;战后国民政府所做的有关南京大屠

图9-15 南京大学教授张宪文主编的《南京大屠杀全史》

杀的大量调查统计材料等。

2012年出版的《南京大屠杀全史》，共14章，近110万字，是一批历史学家深入英、美、法、德、意、俄、日等国家的档案馆、图书馆，在掌握大量第一手汉文及域外文字原始文献和口述史料的基础上撰写而成的原创性研究成果。

第十章　保护利用记忆遗产

拉贝纪念馆是以南京大屠杀历史为背景的国际和平博物馆,同时也是南京大学对外交流的重要窗口,在国际社会有重要的影响力。纪念馆由当初名不见经传的民国故居发展为今天的国际和平博物馆、国家重点文物保护单位和第一批抗战遗址,很多人付出了辛苦的劳动。

第一节　"拉贝纪念馆"发展历程

一、拉贝发展基金

为了确保拉贝纪念馆的正常运作,充分发挥拉贝纪念馆的巨大作用,同时也是为了实践在故居的修缮协议中曾做出的今后成立一个管理基金的承诺,原有出资的德意志联邦共和国驻上海总领事馆、西门子(中国)有限公司、江苏博西家用电器销售有限公司、南京大学四方再度携手,而此次又得到来自南京市委宣传部和扬子石化-巴斯夫的大力支持。6家捐赠方决定共同出资在"南大基金会"下设立"拉贝与国际安全区纪念馆和拉贝国际和平与冲突化解研究交流中心发展基金"(简称"拉贝发展基金"),以保证"拉贝纪念馆"和"拉贝中心"的持续发展。

2007年9月5日,6家捐赠方正式签署协议,共同捐赠人民币300万元。时任江苏省副省长张桃林、时任南京市副市长许慧玲出席了签字仪式并讲话。

时至今日,"拉贝发展基金"协议已经成功签署三期,随着以后捐赠方投入的增加、新的捐赠方加入,基金资产数额及其影响力将进一步扩大延伸。

二、海内外交流

拉贝纪念馆作为南京大屠杀历史教育主题馆,自建馆以来,十分重视展馆交流协作,通过举办和协办各类学术研讨会、参加馆际交流活动、积极加入国际和平组织、举办不同主题的历史图片展等,致力于将拉贝的感人事迹和拉贝精神传递给每一个人,充分发挥了其作为宣传教育与文化交流平台的作用,对进一步缅怀拉贝先生仁爱之心、促进世界和平与人类文明进步,产生了积极的影响。到2019年12月为止,拉贝纪念馆接待了包括德国前总统、日本驻中国副总领事等国内外参观者近20万人。特别是挪威政治家、国际公认的和平学之父、超越国际大学创始人约翰·加尔通先生,在察哈尔学会柯银斌秘书长、中国和平学推进者南京大学历史系刘成教授的陪同下,亲临拉贝纪念馆指导工作,对拉贝纪念馆未来的和平学研究具有里程碑式的意义。为了方便说明,以下仅从拉贝纪念馆举办的活动中选取两个例子加以介绍。

1. 举办国际和平学术研讨会

2010年6月8日,拉贝纪念馆主办的"纪念拉贝逝世六十周年暨国际和平学术研讨会"在南京大学召开。来自德国、加拿大、日本以及国内部分高校的120余名专家学者参加会议,并围绕国际和平问题进行了长达3个多小时的热烈研讨。时任南京市委宣传部副部长王嵬,德国驻上海领事馆总领事海盾,西门子(中国)有限公司副总裁、南京大学拉贝基金管理委员会主任委员王伟国,扬子石化-巴斯夫有限公司总裁布铭邦,博西家用电器(中国)有限公司副总裁兼首席财务官魏博等出席开幕式。南京大学校长助理周宪致辞时说,今年是拉贝先生逝世六十周年,本次会议主要是为了纪念以约翰·拉贝为首的南京安全区国际委员会成员,弘扬国际人道主义精神,呼唤世界和平与和谐。王嵬在讲话中说,拉贝先生扶危济困、救苦救难的正义善举,七十多年来一直广为传颂。拉贝纪念馆和交流中心正式对外开放以来,充分发挥了作为宣传教育与文化交流平台的作用,对进一步缅怀拉贝先生仁爱之心、促进世界和平与人类文明进步,产生了积极的影响。海盾总领事在致辞中说,本次活动的举办不只是纪念过去,对未来也有很大启迪意义。他还深情回忆了二战期间德国犹太难民逃往中国上海避难的情景,并对中国人民当时的救助善举表示感谢。

图 10-1 2010 年 6 月 8 日,拉贝纪念馆主办"纪念拉贝逝世六十周年暨国际和平学术研讨会"

2.《拉贝日记》电影媒体发布会

2009 年 4 月 14 日,"拉贝日记重返南京/重返历史"媒体发布会在南京大学拉贝纪念馆召开。南京电视台著名节目主持人大刚主持了这次媒体发布会。《拉贝日记》电影主创王中磊、张静初(金女大学生扮演者)、李明(拉贝司机扮演者)介绍了电影拍摄感想,国内外 60 多家媒体记者出席会议并分别采访了他们。会议还邀请拉贝纪念馆建设与管理资金捐资单位的代表及当年被拉贝保护过的幸存者代表出席了发布会。《拉贝日记》是唯一一部得到中国官方授权,由外国导演拍摄的南京题材影片。这一战争史诗大片的全球首映式于当地时间 2009 年 2 月 7 日在柏林电影节举行。由于影片正面表现了南京大屠杀的历史事实,因此剧组在寻找相关日本演员时遇到了很多困难,最后还是香川照之勇敢地迈出这一步。他说:"在日本没有多少人知道约翰·拉贝,这是个很复杂的电影,表现了很多面,但我愿意把它介绍给日本观众。"影片的中国制片方华谊兄弟总裁王中磊表示:"制片和出品《拉贝日记》这部影片是中国电影人的荣耀所在。电影由之前的《约翰·拉贝》更名为《拉贝日记》也是考虑到这部作品在中国民众中的崇高地位。希望在电影暑期档公映时,铭记南京历史的中国观众能从那段惨烈历史中感受到人性的温暖,从中国民众的顽强不屈中获得力量。"

图 10-2 2009 年 4 月 14 日,"拉贝日记重返南京/重返历史"媒体发布会在拉贝纪念馆召开

第二节 拉贝纪念馆志愿者服务与和平教育

1937 年,南京正值最危难的时刻,约翰·拉贝不顾个人安危,选择留在南京,联合各界友人,共同建立南京国际安全区委员会,保护无辜的难民。拉贝是早期志愿者精神的典范,拉贝纪念馆的建立不仅是为了纪念历史和事迹,更是为了让更多的人去认识拉贝的人性光辉和传承拉贝精神。许多国内外大中学生积极参与了大量的基础业务工作,如志愿服务工作与和平教育工作。

一、志愿服务工作

拉贝纪念馆自 2008 年开始正式接收来自国内外的学生志愿者,到目前为止,包括来自奥地利、美国、日本等国家的 28 位国际学生志愿者来馆服务。10 年来,他们付出了大量的辛勤劳动,为拉贝纪念馆的发展立下了汗马功劳。在志愿服务期间,他们不但学习了历史,而且互相之间建立了友谊。2010 年,来自日本国际基督教大学的中村(U Nakamura)在拉贝纪念馆志愿服务时说："我们不应该忘记拉贝,不应该忘记日军当年在南京的所作所为。中国、奥地利的学生们带我们参观了南京,我们都成了朋友。我回日本后,我会将我的经历分享给我的同学们。"再以奥地利志愿者为例,奥地利国外服务机构(The Austrian Service Abroad)通过与南京大学签署志愿服务协议,每年向拉贝纪念馆派送一到两位志愿者。按照奥地利兵役法规定,所有18岁至36岁的男性公民,都必须服兵役或者参加政府认可的替代服务。奥地利国外服务就是政府认可提供替代服务的机构。大量的年轻人决定以各种方式为他们的国家服务,比如加入红十字会等在奥地利的社会机构工作。同时,一个致力于和平与纪念工作的特别项目给了他们在国外服务的机会,通过这个项目,他们为拉贝纪念馆以及世界各地的其他非盈利组织做出了贡献。奥地利的兵役期为6个月,但替代服务要做10个月。其间,志愿者只领取食宿等生活津贴,不领工资。政府的初衷是培养年轻人对历史的认知和责任感,并为促进国际间的和平与理解做贡献;让这些年轻人的生活和工作有更多的选择;让他们代表奥地利去国外工作,不但可以提升他们的使命感,而且通过与国外年轻人的交流,对国外的认知,有助于其人生的规划。奥地利国外服务机构自1992年成立以来,向中国两个单位派送了志愿者,一个是拉贝纪念馆,另一个是上海犹太研究中心。

　　拉贝纪念馆共接收11位奥地利志愿者来馆服务(相关信息如表10-1所示)。他们的主要任务包括:1. 参与接待外宾来访并提供参观讲解;2. 担任国内外学生来拉贝纪念馆进行志愿活动或学术研讨的组织工作;3. 参与大屠杀幸存者采访,征集、整理、翻译与拉贝纪念馆及南京安全区有关的史料;4. 与国际和平博物馆、和平学研究机构及相关和平组织保持联系与合作;5. 代表拉贝纪念馆参加国际会议;6. 提供创新的工作思路并付诸实施;7. 利用业余时间学习汉语及中国传统文化;8. 承担拉贝纪念馆安排的其他相关工作。

表 10-1 奥地利国外服务机构委派志愿者信息表

中文名字	英文名字	服务时间
吴家齐	Thomas Plesser	2008年8月1日—2009年7月31日
赵家堃	Tim Urban	2010年3月1日—2011年7月31日
管大维	Davis Guan	2010年8月1日—2011年7月31日
沈飞	Philippe Schennach	2010年8月1日—2012年3月3日
孟阿难	Ananda Mundstein	2012年8月1日—2013年7月31日
黄大伟	David Stockinger	2012年8月1日—2013年7月31日
福睿阳	Florian F. Windberger	2013年8月1日—2014年3月1日
麦珂	Michael Schlemmer	2014年2月1日—2014年7月31日
墨文达	Daniel Moser	2014年8月1日—2015年7月31日
英格	Ingo Zipser	2018年1月1日—2018年5月31日
马库斯	Markus Bencsits	2018年9月1日—2019年1月17日

  这些志愿者因为有强烈的使命感和较高的独立生活能力,都能圆满地完成任务。他们在向拉贝纪念馆提供志愿服务的同时,通过理论学习和实践经历,带着满满的收获回国继续深造。更为可贵的是,即使离开了拉贝纪念馆,他们依然通过各种方式延续着他们的志愿工作,和拉贝纪念馆保持密切的联系和交流。比如,志愿者吴家齐不但在拉贝纪念馆服务期间获得第十届"汉语桥"比赛冠军,而且回国以后继续担任宣传南京的形象大使,并于2014年被评为"南京对外文化交流使者"。2016年拉贝纪念馆举办"南京大学拉贝与国际安全区纪念馆10周年庆典",他作为优秀国际志愿者代表受邀参加庆典开幕式时说:"在一年内采访了几十个幸存者,然后听这些老人讲当时的一些故事,特别是关于拉贝、魏特琳、贝德士这些人物,听他们讲在这么黑暗的一个时刻居然有些好人和有些好的事情发生,我觉得听这些故事非常非常感动。"

  拉贝纪念馆除了这些专职服务的学生志愿者以外,还有一大批兼职志愿者,其中,大多数是南京的中学生。他们利用假期、周末和课余时间通过做一些文本翻译工作、代表拉贝纪念馆参加国际会议等形式参与拉贝纪念馆的志愿服务工作,有些学生由于在拉贝纪念馆志愿服务的社会实践经历成功被国外大学录取。例如:南京外国语学校的黄思萌在拉贝纪念馆志愿服务一年,后来被美国耶鲁大学录取,并获得了全额奖学金;在新加坡"国家初级学院(National Junior College)"读高中的王昱超回宁度假期间在拉贝纪念馆做志愿者,目前正在美国"哈弗福德学院(Haverford College)"读大学。去年,在读学校两次资助他代表拉贝纪念馆参加在英国和马来西亚召开的国际和平会议,并做主题发言。另一位来自南京外国语学校的志愿者周健融,虽然目前就读于美国"埃默里大学(Emory University)",仍然一直通过微信、邮件等方式接受拉贝纪念馆安排的工作。当谈及在拉贝纪念馆的志愿服务工作时,她说:"从一开始的扫描留言簿、扫描文献,到后来的翻译各种文献和网页,甚至有的时候帮助接待访问团,拉贝纪念馆的一点一滴给我带来了非常深的影响。我觉得拉贝故居这段经历不仅仅是志愿者这么简单,它带给我一种财富,它让我认识到了、接触到了很多本来我接触不到的人。"

总之,拉贝纪念馆的志愿服务工作不仅具有生源的国际性、制度的规范性,还具有参与形式的多样性,服务时间的持续性等特点;不仅缓解了纪念馆因人力不足带来的压力,还提升了服务质量,起到了拉贝纪念馆和社会交流与合作的桥梁、纽带作用。

二、和平教育工作

作为国际和平博物馆、青少年和平教育基地,发挥自身优势,积极开展和平教育工作是拉贝纪念馆应尽的职责。

拉贝纪念馆的馆藏档案(或称拉贝档案)主要有南京大学源头之一金陵大学的档案和包括拉贝、贝德士等南京安全区国际委员会或其他国际救援组织成员的全宗档案,成员中有四位是金陵大学的教授。"没有史料便没有历史"[①],因此,所有这些档案史料当然成为校史研究不可或缺的内容。拉贝纪念馆通过对馆藏档案的整理挖掘,利用各种方式对学生进行校史教育,为学校的中心工作服务,为老师和学生的教学服务。

和平与发展是世界的永恒主题,拉贝纪念馆依托南大的和平学、历史学和国际关系等领域的学术力量,致力于促进和平、化解冲突的学术研究和国际合

---

① 石田一良:《文化史学:理论与方法》,浙江人民出版社,1989年,第101页。

作交流。拉贝纪念馆挖掘馆藏中的和平文化元素,对青少年进行和平教育,契合时代发展的需求,也是和平教育活动的初衷。无论是拉贝、《拉贝日记》,还是拉贝纪念馆,都包含着和平的元素:日军侵占南京前,拉贝扮演了和平使者的角色,为了尽量避免不必要的牺牲,在中日双方进行穿梭式外交,他利用防空洞和纳粹党旗帜警告日军轰炸机;南京大屠杀期间,拉贝利用纳粹袖标和他德国人的身份等非暴力形式成功阻止武装到牙齿的日本士兵。同时,拉贝每天还以战时日记的形式,记录下他亲眼看见的日军所犯下的种种暴行,这就是后来闻名于世的《拉贝日记》。南京大屠杀是人类历史上最残忍的暴行之一,牢记这段历史,防止此类事件的再次发生,也是对人类和平的巨大贡献。总之,拉贝是一位和平的使者,是中德友好关系的象征。所有这些都可以作为青少年和平教育的研究案例。

拉贝纪念馆利用自己的馆藏档案,通过举办一系列活动,彰显档案的文化价值。

1. 举办南京大屠杀国家公祭日活动。2014年12月13日,拉贝纪念馆主办"诚·祭"集体悼念仪式。时任南京大学党委副书记朱庆葆出席仪式。

2. 专题讲座。2014年12月4日,举办以"和平勇士约翰·拉贝"为主题的和平专题讲座。南师大附中600多名学生聆听拉贝故事。《东方卫报》《南京日报》《现代快报》进行报道。

3. 参加国际和平博物馆年会。自拉贝馆加入国际和平博物馆协会以来,在吴玫馆长的带领下,拉贝馆一直积极参与国际和平博物馆的各项活动,通过论文交流、签署合作协议等方式,加强与世界各和平博物馆与和平学研究机构的联系。

4. 专题展览。2015年5月,举办"给全球以和平,给人类以慈悲"的专题展览。7月,英国内政部国务大臣麦克·贝茨勋爵,在中国"为和平行走"期间,两次参观拉贝纪念馆。10月20日,习近平主席在英国议会发表讲话中特别提到,贝茨勋爵在中国开展了为期两个多月的慈善徒步行走,将募捐来的善款,投入中国慈善事业,并呼吁人们珍爱和平。

拉贝纪念馆的和平育人工作开展以来取得了成绩,获得了诸多荣誉:荣获全国高校博物馆育人联盟主办的优秀育人项目二等奖;成功入选第七批全国

图 10-3　2014 年 12 月 13 日,南京大学师生在拉贝故居举行"诚·祭"集体悼念仪式

重点文物保护单位;列入第一批国家级抗战纪念遗址名录;获教育部第七届高校校园文化建设优秀成果奖;荣获"南京大学校园文化十大品牌"荣誉称号、鼓楼区公益开放优秀文博场馆;等等。

为了发掘大学精神和南大底蕴,南京大学于 2015 年 3 月正式启动"南京大学校史文献资料整理与研究重点工程"。拉贝纪念馆乘势而为,主动请缨,积极参与其中,通过充分挖掘、利用馆藏档案,为完成学校的中心工作做出自己的贡献。在对侵华日军南京大屠杀史料深入研究的基础上,对金陵大学教授在发起建立救助难民的"南京安全区"中的贡献做出了客观的概括表述,提出了新论断。

十二年的实践证明,这项志愿服务与和平教育工作已经成为拉贝纪念馆的一个重要品牌。究其原因,主要有以下三个方面:

1. 围绕学校中心工作发挥档案作用,得到了学校的认可和领导的支持。拉贝纪念馆参与南京大学纪念中国人民抗日战争暨世界反法西斯战争胜利 70 周年系列活动,配合制作《抗战中的南大记忆》专题展览时,对金陵大学教授在发起建立救助难民的南京安全区中的贡献进行了客观详细的介绍,成为展览的一个亮点。

2. 吸收国内外志愿者的加盟,不但避免了拉贝纪念馆成为信息孤岛的可能,而且提高了拉贝纪念馆的国内和国际影响力。拉贝纪念馆为了改变以前档案"养在深闺人未识"的尴尬局面,决定主动拓展服务空间。通过走出去、请进来等创新工作思路和方法,发挥移动纪念馆功能。例如,拉贝纪念馆通过招收国内外学生志愿者来馆服务,让他们零距离感受档案的氛围和魅力;我们走出拉贝纪念馆,进社区、进讲堂,利用参加国际和平博物馆年会的契机,通过展板展示、主题报告、播放视频等方式立体展示拉贝档案,取得了良好的社会效果。

3. 通过对馆藏档案的编研,研究成果为教育活动提供了生动的教材。我们不满足于只做档案的管理者,还是档案的研究员。实践证明,档案的价值之所以历久弥新,很大程度上是因为我们对档案文化的深层次挖掘,满足了实践的需要。比如,传统的观点有这样的疑问:从现存的研究成果中,为什么很少发现中国人民在大屠杀期间奋起反抗的内容?为了解答这个问题,我们通过对拉贝档案的深入解读后发现,其中很多事例证明中国人民在遭受屈辱的同时,不断地通过各种方式进行抗争,体现了中华民族的不屈精神。用这样的研究成果,对青少年进行爱国主义教育,不仅可以增强他们的民族自豪感和自信心,还体现了我们兰台人对未来负责的使命与担当。南大档案馆馆长吴玫主编的《影像南大》,更是将浩如烟海的抗战校史以图文并茂的形式部分展现出来,成为学校校史教育的内容之一。

2017年9月4日,"国际和平城市协会"通过视频向全球公告,南京成为中国第1个,世界第169个国际和平城市。"国际和平城市协会"项目执行会长弗雷德·寇兹先生日前在发给南京大屠杀史与国际和平研究院和南京大学和平学院研究所的信中说,南京成为国际和平城市有很多重要原因,其中特别强调:"南京这座城市就是在第二次世界大战中饱受战火摧残的一个典型。据资料统计,二战时,在臭名昭著的南京大屠杀事件中,三十多万中国军民丧生,约两万妇女遭受强暴。"从日本侵华战争中遭受蹂躏的殇城建设为今天的国际和平城市,南京始终坚持和平理念,为铭记历史,珍爱和平做了大量的工作。作为"南京对外文化交流基地"的拉贝纪念馆不但见证了这一建设过程,而且积极参与其中。拉贝纪念馆充分发挥自身优势,通过举办各种重大活动,提高了知名度,增强了国际影响力,为展示南京在国际上的和平形象做出了贡献。2018年国际和平日纪念活动于9月19日在南京举行,中国国家主席习近平向纪念活动致贺信,日本前首相鸠山由纪夫等多国政要出席并致辞,拉贝交流中心学术委员会成员、南京大学联合国教科文组织和平学教席负责人刘成发表了主旨演讲。纪念活动以"推动构建人类命运共同体,携手建设持久和平、普遍安全的世界"为主题,契合国际和平日设立宗旨,符合世界各国及各国人民根本利益。随着拉贝纪念馆被列入第七批全国文物保护单位及第一批国家级抗战纪念设施、遗址名录,拉贝纪念馆将永久地成为记录历史、弘扬国际人道主义精神及青少年和平教育的重要场所。我们会在这些阶段性成果的基础上,将志愿者服务与和平教育工作一以贯之地进行下去。一批批学生志愿者就像一粒粒和平的种子播撒在世界各地。我们有理由相信,假以时日,他们一定会生根发芽,春华秋实,为社会贡献爱与和平的力量。

第三节　拉贝纪念馆在国内外的影响

一、和平形象的传播者

2014年3月28日,国家主席习近平在访问德国期间发表演讲时说:"德国人说,山和山不相遇,人和人要相逢。中国人民同德国人民有着悠久交往历史和深厚友谊。此时此刻,我不由得想起了一位中国人民爱戴的德国友人,他就是拉贝。70多年前,日本军国主义侵入中国南京市,制造了屠杀30多万中国军民的惨绝人寰的血案。在那个危急关头,拉贝联络了其他十几位在华外国人士,设立了'南京安全区',为20多万中国人提供了栖身之所。拉贝在日记中详细记录了大屠杀内情,成为研究这段历史的重要证据。1996年,中德共同建立的拉贝纪念馆在南京开放。2013年底,由南京市建造的拉贝墓园修复工程落成。中国人民纪念拉贝,是因为他对生命有大爱、对和平有追求。"习近平主席的讲话,不仅赞扬了拉贝的国际人道主义精神,表现了中国人民对和平的追求,展示了中国的和平外交形象,还肯定了拉贝纪念馆在传播中国和平形象中发挥的重要作用。

二、拉贝纪念馆成为南京大屠杀的历史见证

2013年12月26日,日本前首相安倍晋三悍然参拜供奉有14名二战甲级战犯的靖国神社。之后,少数日本右翼分子又一再恣意歪曲历史,在南京大屠杀死难者人数上做无谓的文章,甚至妄图否认南京大屠杀这一历史事实。如此错误行为不但粗暴地践踏了中国和其他亚洲战争受害国人民的感情,而且引起了国际社会的高度警惕。为此,中国外交部外国记者新闻中心和江苏省外办联合组织包括美国有线电视新闻网、美国《华尔街日报》、英国路透社、法国新闻社、日本《东京朝日新闻》、日本时事通信社、韩国联合通讯社等26家媒体45位外国驻华媒体代表,赴南京大屠杀遇难同胞纪念馆、南京市档案馆、拉贝纪念馆及抗日航空烈士纪念馆实地参观采访,亲身感受历史真相。2014年2月20日上午9时许,记者一行来到位于南京大学校园内的拉贝纪念馆。为了让国际社会更多地了解日本侵华战争的历史真相,认清日本军国主义企图复活的本质,拉贝纪念馆除向记者们介绍了常规展示内容外,还从档案柜里将几种馆藏档案第一次完整地展示出来。其中主要包括:拉贝的《轰炸南京》书稿、南京大屠杀史料集和南京大屠杀全史,以及拉贝故居保护的难民名单。

在本次近三个小时的活动中,拉贝纪念馆始终以史料展示为主线,以档为证,用事实说话。各种介质历史档案的立体展示在媒体代表中产生了强烈的反响。来自俄通-塔斯社的记者马利宁·安东(Marinin Anton)、英国《每日电讯报》的童飞(Phillips Tom)说:"之前从没听过约翰·拉贝的名字,这次参观和采访给我们留下了很深的印象。"美国有线电视新闻网(CNN)记者查理(Miller Charles)和麦大伟(McKenzie David)表示:"南京大屠杀遇难人数是一件令人痛苦的事实,不应该在政治上再引起更多的争论。"约翰·鲁魏奇(John Ruwitch)当日就在英国路透社的新闻网上以"中国敦促日本正视南京大屠杀历史"为题进行报道。《大公报》记者查理在2月21日发行的《大公报》上,以"揭开伤疤认识中日历史与今天"为题,对记者一行在南京的参观活动进行了报道。同时,随报纸还附有一份查理写给拉贝馆的亲笔信,信中写道:"作为长期报道中国外交政策的记者,我十分感谢你们对历史严谨和负责的态度。愿真

理永远战胜谎言。"就此次参观活动,外交部发言人华春莹 24 日介绍说:"正如不少外媒报道评论所指出的,面对这么多有力史实,如果日方仍试图抵赖,不思悔改,不仅世人无法理解,也会使国际社会对日本未来走向感到忧虑。"华春莹最后强调,"历史不可忘却,只有正视历史,以史为鉴,才能面向未来。"

2014 年 3 月,中国外交部部长王毅在回答关于有人将目前中日关系比喻为第一次世界大战时德英关系时说,与其拿一战前的德国做文章,不如以二战后的德国为榜样。中日关系、中德关系,以及德国和日本对二战截然不同的态度在拉贝纪念馆都可以得到充分的体现。拉贝纪念馆作为日军南京大屠杀主题馆,是日本侵华战争的历史见证;拉贝纪念馆也是中德友好交流的结晶,承载着两国人民的友好情谊。

三、中德友谊的历史见证

建筑是凝固的历史,也是时代的缩影。拉贝先生本着人道主义精神,给中国人民以保护和救济。滴水之恩,涌泉相报。在拉贝先生最困难的时候,中国人民也向他伸出了援助之手。1938 年 2 月,拉贝奉调回国。不泯的良知仍驱使拉贝先生在德国继续揭露日寇在南京的滔天罪行,因此遭到纳粹的威胁与迫害,晚年的处境极其艰难。拉贝的遭遇传到南京后,当时的中国政府并没有忘记这位曾被难民敬奉为"活菩萨"的国际友人,想方设法提供各种帮助。由一市议员提议成立的拉贝劝募委员会向银行、钱业、大商店及地方慈善机关和当年受救济保护的市民劝募,不几日便募得 1 亿元,按市价折成美金 2000 元,辗转汇至德国援助拉贝。由于德国战后状况恶劣,任何可供食用之物均加以限制,有钱也买不到食物。时任南京市市长沈怡在 1948 年 3 月得悉此讯后,以最迅速的方法,在瑞士购买 4 大包食品寄交拉贝,以表示南京市民对他昔日义举的感谢。正是这些食品,帮助拉贝一家度过最为艰难的"柏林危机",给衰龄暮景中的拉贝先生以安慰。

在拉贝纪念馆开馆当日,面对承载着中德友谊的拉贝纪念馆,专程前来参加开幕式的中德双方贵宾感慨万千。拉贝先生之孙、海德堡大学医学教授托马斯·拉贝先生在祖父的雕塑前献上了一捧鲜花。他说:"祖父约翰·拉贝一直是全家人的榜样,他在二战期间保护中国朋友的勇敢行为,尽了一个人应尽的责任。祖父一生在中国待了三十年,他热爱中国,了解中国,所以才会冒死帮助中国朋友。"他真诚地说,"祖父能拯救超过 25 万人的生命,是有了南京安全区国际委员会所有国际友人的支持才得以实现的,这是国际和平人士的共同行动,而非个人行为。拉贝故居将作为中德友谊的载体,为人们理解和记住历史的真相、避免冲突做出贡献。"时任德意志联邦共和国驻上海总领馆总领事芮悟峰说:"我们带着尊敬和谦卑的心情怀念约翰·拉贝先生的事迹。尊敬,因为他在正确的时间做了正确的事情,冒着生命危险,向需要帮助的人们伸出援手。谦卑,因为在此不久之后,带着德国名义的罪行发生了,在这位'南京好人'的行为上投下了长期的阴影。我们可以公正地为这样一个曾经生活在南京的德国人而感到骄傲,他在艰难的时候留了下来,以保护他的中国朋友。还能找出比约翰·拉贝更好的代表中德友谊的事例吗?"

四、拉贝是和平勇士

拉贝纪念馆之所以能在国际社会产生重大的影响,主要是因为其举办的不同形式的活动反映了和平的内容,满足了世人对和平的需求。今日世界虽以和平为主流,但依然因为种族、宗教、集团利益等问题而产生局部战争、暴力冲突和恐怖事件。为了解决这些冲突,还有人主张要采取以暴制暴的方式。这就使原本复杂的矛盾雪上加霜,给这些地区的人民带来深重的灾难。拉贝纪念馆通过举办活动,赞扬作为和平勇士的拉贝,解读具有和平宣言式的《拉贝日记》,契合了当今世界和平的主题,顺应了时代发展的潮流。

拉贝的身份虽然是一位普通的商人,但在人类受到战争威胁的时候,毅然决然挺身而出,发挥了他和平外交家的潜力,向世人展示了和平勇士的形象。在日军占领南京之前,大多数外国人都选择离开了。拉贝拒绝了政府、公司以及家人和朋友要其离开的请求,勇敢地和受难的中国人民站在一起。此时的拉贝扮演了和平使者的角色。为了尽量避免不必要的牺牲,他在中日间进行穿梭式外交。通过对双方军事力量的对比,拉贝帮助委员会提出了一个和平建议,试图说服作战双方同时放下武器。1937 年 12 月 9 日,由委员会主席拉贝签名的一号和二号电文分别传给蒋介石和东京及上海的日本当局,建议"在城内不采取军事行动。为了达到这个目的,委员会建议南京附近的所有武装力量停火3天,在这3天内,日军在现有阵地按兵不动,中国军队则从城内撤出。考虑到大量受到危害的平民的困境,委员会请求立即对此建议表态"[①]。日军攻占南京后,为了安全区更好地发挥救助难民的作用,委员会极力呼吁平民,甚至劝说被困南京的中国士兵放下武器,进入安全区避难。作为安全区委员会主席和纳粹党地方小组的领导人(这个头衔对日本当局来说还是有分量的),拉贝频频写信给日本大使馆,通报日军的残暴行为;利用防空洞和纳粹党旗帜警告日军轰炸机;利用纳粹袖标和他德国人的身份阻止武装到牙齿的士兵。即使在战后给他子孙的信中,他也明确告诫后人不要互相仇恨和复仇。他说:"对暴行可以宽恕,但不可以忘却。"这就是拉贝先生的和平观,正是由于这种博大胸怀和悲天悯人的精神,拉贝先生成为南京大屠杀中中国人的保护神。

五、《拉贝日记》是和平宣言

从1937年9月19日到1938年2月26日这段时间里,拉贝每天以战时日记的形式,记录下他的所见所闻,《拉贝日记》是日军暴行的逐日编年史。

1996年12月12日,拉贝的外孙女乌苏拉·莱因哈特在纽约向世人首次公布《拉贝日记》。日记的公布立刻引起世人的广泛关注,《人民日报》从1996年12月24至28日,对《拉贝日记》进行长篇连续报道。自1997年8月开始,《拉贝日记》先后在中国、德国、日本、美国和英国出版了中文版、德文版、日文版和英文版。大约2100页的日记记载了南京大屠杀的500多个惨案。在写作日记的同时,拉贝还精心地保存了多份报告、公函以及80多张现场拍摄的照片,并对这些照片作了详实的说明。胡绳在《拉贝日记》的序言中说道:"《拉贝日记》是近年发现的研究南京大屠杀事件中数量最多、保存得最为完整的史料。"拉贝的祖国在二战中是日本的盟国,他本人又是纳粹党南京小组的负责人。这就使他的记述具有别人难以替代的特殊作用。拉贝站在中立的立场上,让事实说话,对中日交战双方的实际情况和政治是非做了客观公正的评价。南京大屠杀是人类历史上最残忍的暴行之一,记录这段历史,防止此类事件的再次发生,也是对人类和平的巨大贡献。

---

① 约翰·拉贝:《拉贝日记》,江苏人民出版社,2017年,第122页。

拉贝是维护国际和平的杰出人物。2009年10月,拉贝成功入选百年来最受中国人民爱戴、与中国缘分最深的"十大国际友人",仅位于白求恩之后,名列第二。拉贝之孙托马斯·拉贝也因此在人民大会堂受到全国政协主席贾庆林的接见。昔日的拉贝故居经历了鲜血与战火的洗礼,如今的拉贝纪念馆结出了仁爱与和平的硕果。随着被列入全国文物保护单位、国际和平博物馆,拉贝纪念馆在国际舞台上频繁发出和平的声音,体现了中国人民对和平的追求,拉贝纪念馆已经成为中国和平形象的重要传播者。

六、拉贝纪念馆成立十周年

2016年是拉贝诞辰134周年,拉贝纪念馆成立10周年,《拉贝日记》问世20周年,侵华日军南京大屠杀79周年,南京大学举办"南京大学拉贝与国际安全区纪念馆10周年庆典"纪念活动,具有十分重要的意义。

拉贝纪念馆是一个以南京大屠杀为背景的和平纪念馆。自对外开放以来,接待了包括德国前总统等国内外参观者近25万人。拉贝纪念馆通过举办一系列宣传、教育、研究、交流等形式的公共外交活动,提高了知名度,增强了国际影响力。2007年拉贝发展基金成立;2008年开始接收国际志愿者;2009年10月,拉贝入选中国"十大国际友人";2010年,列入国际和平博物馆;2011年拉贝发展基金延续协议签署;2012年举办拉贝诞辰130周年系列纪念活动;2013年,成功入选第七批全国重点文物保护单位;2014年9月拉贝故居列入第一批国家级抗战纪念遗址名录;2015年,纪念中国人民抗日战争暨世界反法西斯战争胜利70周年,参与江苏省暨南京市举办的"抗战记忆"寻访活动,被评为鼓楼区公益开放优秀文博场馆。

与会领导在庆典上讲话,高度赞扬了拉贝及其他国际友人的国际人道主义精神,一致肯定了拉贝纪念馆在传承历史、反对战争、促进和平等方面发挥的重要作用。德意志联邦共和国驻上海总领事彼得·罗腾说:"拉贝以及他领导的安全区国际委员会代表了人道主义行为的精神本质。那就是无私地帮助他人,不计个人利益得失,全心帮助有困难的人。他来到中国工作,后来回国,最后重新来到中国,因为他由衷地喜欢与中国人生活、工作。当他看到中国人陷入危难,他决定向他们施以援手。"西门子(中国)有限公司总裁兼首席执行官赫尔曼说:"展望未来,我相信拉贝纪念馆是弘扬人道主义精神的重要平台和主要力量、推动世界和平的研究与发展,我坚信拉贝的事迹能为更多人所了解并将他的人道主义精神世代相传。"博西家用电器投资(中国)有限公司董事长兼总裁盖尔克说:"拉贝纪念馆设立的目的就是促进世界和平,传播人道主义精神,发展中国人民和各国人民的友谊,我们相信拉贝纪念馆将在这些方面继续发挥重要作用。"扬子石化-巴斯夫有限责任公司总裁康智杰:"我读过《拉贝日记》,这本书是他生平的重要资料,我对他的行为生出由衷的敬佩,这些行为出自他内心的正义感,也出自他诚心助人的责任感,他帮助了那些处境危险甚至身处绝境的人,我赞赏他表现出的无畏勇气,拉贝先生当年的英雄行径是冒了生命危险的,我个人对他的行为非常敬仰,用现在的话说,他的所作所为是正义的楷模。"南京大学历史系刘成教授说:"南京大学拉贝纪念馆是中国唯一入选世界和平博物馆的纪念馆,我们展现这样一个博物馆的目的,一方面是为了牢记历史,不能让过去那样一段惨痛历史重演;但是另外一方面,甚至是更重要的,我们是为了和平。拉贝纪念馆正是通过这样一种素材,展示我们人类热爱和平的一面,从而通过这样一种展示让我们人类对未来的和平充满着希望。"

南京大屠杀的暴行虽已远去,但人类应该对历史进行反思。作家张纯如说,只有反思历史,悲剧才不会重演;无以书其罪,难以洗其恶。拉贝也说,可以宽恕,但不可以忘却。日本侵略者的足迹可能已经被时光冲洗殆尽,但他们的罪恶不但呈现在全国各地的抗战遗址,而且被钉在人类历史的耻辱柱上。饱受战争伤害的中国人民,特别是南京人民,对战争与和平的理解更为深切。正如时任南京大学党委书记张异宾教授在拉贝纪念馆十周年庆典采访中说:"拉贝故居能够在南京大学的支持下,在德国政府、德国文化机构、德国企业的支持下成功保留一段非常不错的历史见证,我个人觉得它的意义超过了一般的历史博物馆。南京大学在拉贝故居基础上建立的国际和平与冲突化解研究交流中心,恰恰最重要的是研究和平学。研究的是不要忘了历史,让我们永远不要有战争,不要有杀戮。人们在拉贝或者在拉贝故居那里得到的不是仇恨,实际上是一种记忆,这种记忆也是一种警醒。对于每一个活在和平年代的,不管是老一辈的人还是年轻一代的人,可能都会从当中获得我们自己对目前生活的一种深刻的反思。"

参考文献

一、原始档案

1. 中国第二历史档案馆馆藏:国立中央大学档案[A],全宗号:648.
2. 中国第二历史档案馆馆藏:金陵大学档案[A],全宗号:649.

二、资料汇编、史料集

1. 南京大学校庆办公室校史资料编辑组,学报编辑部.南京大学校史资料选辑[G].南京大学出版社,1982.
2. 南京大学高教研究所校史编写组.金陵大学史料集[G].南京大学出版社,1989.
3. 南京大学校史编写组.南京大学史[G].南京大学出版社,1992.
4. 王德滋.南京大学百年史[G].南京大学出版社,2002.
5. 张宪文.金陵大学史[G].南京大学出版社,2002.
6. 《南大百年实录》编辑组.南大百年实录[G].南京大学出版社,2002.
7. 吴玫.影像南大:南京大学百年图传[G].南京大学出版社,2015.
8. 谢世廉.川渝大轰炸:抗战时期日机轰炸四川史实研究[G].西南交通大学出版社,2005.
9. 《中国抗日战争史》编写组.中国抗日战争史[G].人民出版社,2011.
10. 教育部教育年鉴编纂委员会.第二次中国教育年鉴·高等教育[G].商务印书馆,1948.
11. 金陵大学南京校友会.金陵大学建校一百周年纪念册[G].南京大学出版社,1988.
12. 国立中央大学校刊编委会.三十周年校庆特刊[G].1945.
13. 清华大学校史编写组.清华大学校史稿[G].中华书局,1981.

三、著作、论文、忆述资料等

1. 缪凤林.中国通史要略:第1册[M].上海商务印书馆,1946.
2. 龚放,王运来,袁李来.南大逸事[M].辽海出版社,2000.
3. 中共南京市委党史工作办公室.革命青年满腔热血:青年江泽民与南京[M].中央文献出版社,2013.
4. 首都学生运动临时指导委员会第一次会议记录[C].1935.
5. 钟叔河,朱纯.过去的大学[M].长江文艺出版社,2005.
6. 朱希祖.朱希祖日记[M].中华书局,2012.
7. 倪蛟.抗战时期国立中央大学的学生生活[M].南京大学出版社,2017.
8. 陈洁、陈天白.重拾历史的碎片:中国艺术界抗战备忘录:1931—1945[M].江苏凤凰美术出版社,2015.
9. 冯步云.冯端传[M].科学出版社,2017.
10. 党跃武.四川大学史话[M].四川大学出版社,2017.
11. 黄振惇,黄西孟,黄晓衡.走出太平砦:黄氏家族百年沧桑[M].南京师范大学出版社,2011.
12. 《梁希纪念集》编辑组.梁希纪念集[M].中国林业出版社,1983.
13. 张宪文.民国南京学术人物传[M].南京大学出版社,2005.
14. 汪守军.九三学社在重庆时期的抗日活动[J].统一战线学研究,2010(6).
15. 周巧生.对九三学社成立过程的史实梳理及考辨[J].统一战线学研究,2017(4).
16. 九三学社中央研究室.中国科学家回忆录[M].光明日报出版社,1988.
17. 金善宝.风雨同舟忆当年[J].九三中央社讯,1995(9).
18. 石田一良.文化史学:理论与方法[M].浙江人民出版社,1989.
19. 赵瑞蕻.梦回柏溪:怀念范存忠先生,并忆中央大学柏溪分校[J].新文学史料,1998(3).
20. 程瑞芳.程瑞芳日记[M].南京出版社,2016.

四、报刊、网络媒体

1. 民生报,1932.
2. 中央日报,1931.
3. 申报,1931—1946.
4. 新民报,1933—1935.
5. 光明日报,2005.
6. 重庆商报,2013.
7. 人民网,2017.9.10.

后 记

2015年,为纪念中国人民抗日战争暨世界反法西斯战争胜利70周年,南京大学档案馆成功举办了《抗战中的南大记忆》图片展,全景展示了从九一八事变爆发到抗战胜利后的中大、金大西迁办学至东还复校这一历史时期师生的爱国史实。2015年9月1日,时任南京大学党委书记的张异宾教授为展览揭幕并讲话;翌日,时任南京大学校长的陈骏带领校党委常委会全体成员集体参观了展览,并指出:"抗日战争中的南大记忆是南大爱国传统的重要体现,也是南大办学史上的宝贵精神财富。"该展览自开展以来,参观的师生络绎不绝,好评如潮。中科院院士、南大天文与空间科学学院苏定强教授,专门发来了邮件:"(展览)非常好,清楚地表现了中央大学和金陵大学师生的爱国精神,也展现了南大前身中央大学和金陵大学在国内学术上的崇高地位和在艰苦的抗战条件下培养了众多人才……希望将这次展览的全部图片交由南京大学出版社出版……不久后能看到这本书。"

鉴于学校各方面的反响,档案馆同仁在图片展览的基础上,历经数年之心血,在浩如烟海的《中央大学档案》《金陵大学档案》里,在泛黄的《中央日报》《申报》等报刊中,深度查阅、挖掘、遴选出大量的原始档案和新闻报道等,进行系统分析、研究和编撰,丰富了内容,将碎片式的史料形成了较为完整的体系,编入此书中,还原了这段历史的真实性,其中不少史料是首次披露。

本书共十章,由南京大学档案馆(校史博物馆)组织编著而成。吴玫馆长任主编,王雷任副主编。参加编写人员主要有王雷(第一章至第三章)、杨小妹(第二章、第三章)、树珊(第四章、第五章)、姜艳(第六章、第七章)、杨善友(第四章、第八章)、郁青(第九章、第十章)同志。杨冬权、王瑞宇、杨金荣等同志对本书进行了审阅和修改。

战争的硝烟早已远去,唯有记忆永留人间。书中的每一段故事、每一张照片,都是先贤们在难忘岁月留下的真实履痕,我们永远记住那无数个艰难困苦而又感人至深的瞬间。今年,是抗战胜利75周年,出版《抗战中的南大记忆》是我们对南京大学办学历程中那段难忘记忆最好的怀念,是我们继承和弘扬学校爱国传统,增强全校广大师生的使命感、责任感,继续奋发努力,为建设"第一个南大"做出的新的更大的贡献。同时,《抗战中的南大记忆》的出版,是南京大学首次对南大这段值得记忆的历史进行系统研究的成果体现。当然,这项研究将会一直进行下去,由于编者的水平及史料所限,书中还有不足之处,敬请大家批评指正。

编　者
2020年12月